Die unselbständige Stiftung von Todes wegen

Bochumer Studien zum Stiftungswesen

Herausgegeben von Karlheinz Muscheler

Band 15

Zur Qualitätssicherung und Peer Review der vorliegenden Publikation

Die Qualität der in dieser Reihe erscheinenden Arbeiten wird vor der Publikation durch externe, von der Herausgeberschaft benannte Gutachter geprüft.

Notes on the quality assurance and peer review of this publication

Prior to publication, the quality of the work published in this series is reviewed by external referees appointed by the editorship.

Cathrin Krämer

Die unselbständige Stiftung von Todes wegen

PETER LANG

Bibliografische Information der Deutschen Nationalbibliothek
Die Deutsche Nationalbibliothek verzeichnet diese Publikation in der Deutschen Nationalbibliografie; detaillierte bibliografische Daten sind im Internet über http://dnb.d-nb.de abrufbar.

Zugl.: Bochum, Univ., Diss., 2019

Gedruckt auf alterungsbeständigem, säurefreiem Papier.
Druck und Bindung: CPI books GmbH, Leck

D 294
ISSN 1864-936X
ISBN 978-3-631-79465-4 (Print)
E-ISBN 978-3-631-81411-6 (E-PDF)
E-ISBN 978-3-631-81412-3 (EPUB)
E-ISBN 978-3-631-81413-0 (MOBI)
DOI 10.3726/b16620

Peter Lang – Berlin · Bern · Bruxelles · New York · Oxford · Warszawa · Wien

Diese Publikation wurde begutachtet.

www.peterlang.com

Für Philipp und Paula

Vorwort

Die vorliegende Arbeit wurde im Wintersemester 2018/2019 von der Ruhr-Universität Bochum als Dissertation angenommen. Tag der mündlichen Prüfung war der 18. März 2019. Rechtsprechung und Literatur konnten bis Oktober 2019 berücksichtigt werden.

Betreut wurde mein Promotionsvorhaben von Herrn Prof. Dr. Karlheinz Muscheler. Ihm gebührt für seine stets motivierende und umsichtige Betreuung mein ganz besonderer Dank. Die regelmäßigen Gespräche mit ihm sorgten dafür, dass ich nie die Freude an dieser Arbeit verlor. Prof. Dr. Bernd Andrick danke ich herzlich für die zügige Erstellung des Zweitgutachtens und seine wichtigen Hinweise und Anmerkungen.

Ein großer Dank geht auch an meine Eltern und Schwiegereltern für die liebevolle Betreuung meiner Tochter während meiner Promotionszeit. Allen voran aber gilt mein Dank Philipp Lienhard, der mit seiner uneingeschränkten Unterstützung im Wesentlichen zum Gelingen dieser Arbeit beigetragen hat. Ihm und unserer Tochter Paula ist sie gewidmet.

Berlin, den 16.10.2019
Cathrin Krämer

Inhaltsverzeichnis

1. Kapitel: Einführung

Nach Informationen des Bundesverbands Deutscher Stiftungen wächst die Anzahl unselbständiger Stiftungen rasant.[1] Die Anzahl von „Treuhandstiftungen" wird zum 31.12.2016, wie bereits im Jahr 2014,[2] auf mindestens 20.000 geschätzt, wovon im Jahr 2017 in der Datenbank Deutscher Stiftungen 5.534 erfasst sind.[3] Da die Erfassung unselbständiger Stiftungen schwierig ist, ist das nur eine grobe Schätzung.[4] Die Anzahl selbständiger Stiftungen belief sich zum selben Stichtag auf 21.806.[5]

Wie viele der unselbständigen Stiftungen zu Lebzeiten errichtet werden und wie viele von Todes wegen, ist nicht bekannt. *Bächstädt* vermutet in seiner Dissertation im Jahr 1965, dass die meisten unselbständigen Stiftungen solche von Todes wegen seien.[6] Nach den Zahlen des Bundesverbands Deutscher Stiftungen waren zwischen den Jahren 1951 und 1980 ca. ein Drittel der errichteten Stiftungen Nachlassstiftungen.[7] Das Blatt hat sich jedoch drastisch gewendet. Mittlerweile werden 89% aller Stiftungen zu Lebzeiten errichtet.[8] Als Grund für die Wende wird vom Bundesverband Deutscher Stiftungen das lebzeitige Engagement der Stifter genannt. Fast drei Viertel der befragten Stifter engagieren sich in der von ihnen gegründeten Stiftung.[9]

Insgesamt hat es den Anschein, die unselbständige Stiftung von Todes wegen sei weitgehend unbekannt – sowohl unter juristischen Laien wie auch unter Juristen. Sie scheint irgendwo im 20. Jahrhundert aus dem Gedächtnis der Kautelarjurisprudenz verschwunden zu sein. In der Praxis spielt sie dementsprechend

1 Bundesverband Deutscher Stiftungen, Zahlen, Daten, Fakten (2014), S. 25.
2 Bundesverband Deutscher Stiftungen, Zahlen, Daten, Fakten (2014), S. 25.
3 Bundesverband Deutscher Stiftungen, Zahlen, Daten, Fakten (2017), S. 25.
4 Bundesverband Deutscher Stiftungen, Zahlen, Daten, Fakten (2017), S. 42.
5 Bundesverband Deutscher Stiftungen, Zahlen, Daten, Fakten (2017), S. 25.
6 Bächstädt, Unselbständige Stiftung des Privatrechts, S. 36.
7 Bundesverband Deutscher Stiftungen, Zahlen, Daten, Fakten (2017), S. 85. Allerdings differenziert der Bundesverband nicht zwischen selbständigen und unselbständigen Stiftungen, sondern trifft hier nur eine allgemeine Aussage.
8 Bundesverband Deutscher Stiftungen, Zahlen, Daten, Fakten (2017), S. 85. Allerdings differenziert der Bundesverband nicht zwischen selbständigen und unselbständigen Stiftungen, sondern trifft hier nur eine allgemeine Aussage.
9 Bundesverband Deutscher Stiftungen, Zahlen, Daten, Fakten (2014), S. 30 und Abb. S. 54.

nur eine geringe Rolle. Das ist umso erstaunlicher, als ein Großteil der Stifter mittels Stiftungsgründungen Erben für ihr Privatvermögen schaffen will.[10]

Die vorliegende Arbeit soll die Unwissenheit über die unselbständige Stiftung von Todes wegen beseitigen und untersuchen, ob diese Stiftungsform nicht doch „das Zeug zum Gestaltungsmittel besitzt". Dabei beschränkt sich die Untersuchung auf die „echte"[11] unselbständige Stiftung von Todes wegen. Damit ist jene unselbständige Stiftung gemeint, die unmittelbar durch eine letztwillige Verfügung errichtet wird.[12] In der Literatur werden teilweise auch solche Stiftungen als Stiftung von Todes wegen bezeichnet, die aufgrund einer erbrechtlichen Auflage des Erblassers vom Auflagenbeschwerten mit einem Dritten errichtet werden.[13] Tatsächlich handelt es sich hierbei jedoch um eine unselbständige Stiftung unter Lebenden, die vom Auflagenbeschwerten mit dem ihm zur Verfügung stehenden Vertragswerkzeug – also entweder mittels Schenkungs- oder Treuhandvertrag – errichtet wird. Eine Stiftungserrichtung wird vom Erblasser zwar angeordnet, aber nicht selbst vollzogen. Stifter ist daher der Auflagenbeschwerte, den Stiftungsträger wählt er aus. Das einzig erbrechtliche Element in diesem Konstrukt ist die Auflage zur Stiftungserrichtung.[14] Gesprochen werden kann bei dieser Gestaltungsform daher höchstens von einer „unechten unselbständigen Stiftung von Todes wegen"[15].

Die Untersuchung beginnt in Kapitel 1 mit den Grundlagen des Stiftungsrechts. Kapitel 2 widmet sich der Ausgestaltung der unselbständigen Stiftung von Todes wegen mittels erbrechtlicher Gestaltungsmittel und stellt gleichzeitig die Basis für die weitere Untersuchung dar. In Kapitel 3 werden die Beziehungen der Beteiligten innerhalb einer unselbständigen Stiftung von Todes wegen unter Berücksichtigung der erbrechtlichen Besonderheiten untersucht. Das praxisrelevante Problem der Gefahren für die unselbständige Stiftung von Todes wegen behandelt Kapitel 4. Die wesentlichen Elemente einer Stiftungssatzung erörtert Kapitel 5. Kapitel 6 befasst sich im Gegensatz zu den übrigen Kapiteln nicht mit der Errichtung der Stiftung und der Gestaltung eines Testaments, sondern

---

10 Bundesverband Deutscher Stiftungen, Zahlen, Daten, Fakten (2017), S. 30.

11 Bezeichnung nach Muscheler, ZEV 2014, S. 573 (573).

12 S. Muscheler, ZEV 2014, S. 573 (574), der die Errichtung einer Stiftung in einer letztwilligen Verfügung als „echte" unselbständige Stiftung von Todes wegen bezeichnet.

13 Staudinger/Hüttemann/Rawert (2017), Vorbem 1 zu §§ 80 ff., Rn. 353; Hof, in: Richter (Hrsg.), Stiftungsrechts-Handbuch, § 36 Rn. 117, der diese Errichtungsform unter den Begriff „Stiftungsgeschäft von Todes wegen" fasst; Werner, ZStV 2014, S. 144 (144).

14 Zu dieser Konstruktion: Muscheler, ZEV 2014, S. 573 (573).

15 In Anlehnung an Muscheler, ZEV 2014, S. 573 (574).

mit der Auslegung bereits errichteter letztwilligen Verfügungen mit Bezug zur unselbständigen Stiftung von Todes wegen. Steuerrechtliche Aspekte, die bei keiner Gestaltung außer Acht gelassen werden dürfen, finden sich in Kapitel 7.

A. Grundlegendes zur unselbständigen Stiftung

I. Historische Entwicklung

1. Antike

Existiert die mit Rechtsfähigkeit ausgestattete Stiftung erst seit Ende des 19. Jahrhunderts, gab es die schenkweise Übertragung von Vermögen unter Lebenden oder von Todes wegen schon weit früher. Zurückverfolgen lassen sich stiftungsartige Institutionen bis in die Antike. Sowohl im alten Ägypten, in der griechisch-römischen Antike wie auch in der islamischen Welt gab es stiftungsartige Gebilde.[16] Über den Ursprung des Stiftungswesens und seine Verbreitung ist jedoch wenig bekannt.[17]

Urform der Stiftung ist das, was wir heute als unselbständige Stiftung bezeichnen.[18] Bereits bestehenden Rechtssubjekten wurden Hingaben unter Lebenden oder von Todes wegen mit der Auflage zugewandt, die Erträge für einen vom Stifter bestimmten Zweck zu verwenden.[19] Einen einheitlichen Begriff für diese Gebilde gab es damals allerdings noch nicht. Der Terminus „Stiftung" wird erst im Hochmittelalter gebräuchlich.[20]

Die damaligen Motive für die Schaffung zweckgebundenen Sondervermögens waren Fürsorge für die Seele nach dem Tode, Ahnenkult und Götterverehrung.[21]

2. Mittelalter

Eine große Veränderung erfuhren Stiftungen mit der Christianisierung im Frühmittelalter. Die von den Kirchenvätern verbreitete Lehre vom „Sohnesteil Christi" trug wesentlich zu einem Entwicklungsschub bei.[22] Danach sollte

---

16 V. Campenhausen, in: Richter (Hrsg.), Stiftungsrechts-Handbuch, § 5 Rn. 4.

17 Borgolte, in: v. Campenhausen/Mecking (Hrsg.), Liermann, Geschichte des Stiftungsrechts, S. 13 (13).

18 Liermann, Handbuch des Stiftungsrechts, S. 2.

19 Liermann, Handbuch des Stiftungsrechts, S. 3.

20 V. Campenhausen, in: Richter (Hrsg.), Stiftungsrechts-Handbuch, § 5 Rn. 4.

21 V. Campenhausen, in: Richter (Hrsg.), Stiftungsrechts-Handbuch, § 5 Rn. 4.

22 V. Campenhausen, in: Richter (Hrsg.), Stiftungsrechts-Handbuch, § 5 Rn. 7.

jeder Erblasser Christus in Gestalt der Kirche und in der Gestalt des bedürftigen Nächsten mit einem Kindesanteil bedenken und damit für sein Seelenheil sorgen.[23] Für die christlichen Wohltätigkeitsanstalten (Fremden-, Armen-, Kranken-, Waisen-, Findelhäuser und Altenheime) entwickelte sich der Begriff der „piae causae", der bis zur Neuzeit für Stiftungen stand.[24]

Die Zuwendungen zugunsten des eigenen Seelenheils und die frommen Stiftungen hielten an. Die Aufsicht über diese zweckgebundenen Vermögensmassen und die Ausführung letztwilliger Verfügungen besaßen die Bischöfe.[25] Das Institut der „piae causae" entwickelte sich im hohen Mittelalter weiter und verband sich mit traditionellen germanischen Vorstellungen der Gemeinschaft der Lebenden mit den Toten. Viele Stifter waren der Überzeugung, mit Hilfe einer Stiftung könnten sie einen Verband mit den Lebenden bilden.[26]

Gleichzeitig entstanden weltliche Stiftungen, wie bspw. Familienstiftungen, die den Unterhalt von bedürftigen Familienangehörigen sichern sollten. Ebenso wurden Spitäler gegründet, die von Bruderschaften übernommen wurden.[27]

3. *Reformation und Aufklärung*

Im Zuge der Reformation wurden viele Stiftungen unter dem Vorwand der Unvereinbarkeit mit den Lehren des Protestantismus aufgehoben. Fürsten und andere Landesherren griffen auf Stiftungsvermögen zu und übernahmen deren Aufsicht.[28] Während des Zeitalters der Aufklärung traf das geistesgeschichtliche Phänomen der Säkularisation auch die Stiftungen und führte zu einem großen Stiftungssterben.[29] Der Polizeistaat des 17. und 18. Jahrhunderts betätigte sich als Feind und Vernichter der Stiftungen. Er misstraute privater Wohltätigkeit, deren Motive abergläubisch wirkten.[30] Der mittelalterliche Rechtsmystizismus verlor

23 Liermann, Handbuch des Stiftungsrechts, S. 1.

24 V. Campenhausen, in: Richter (Hrsg.), Stiftungsrechts-Handbuch, § 5 Rn. 7.

25 V. Campenhausen, in: Richter (Hrsg.), Stiftungsrechts-Handbuch, § 5 Rn. 9.

26 Schulze, in: Hopt/Reuter (Hrsg.), Stiftungsrecht in Europa, S. 55 (59); v. Campenhausen, in: Richter (Hrsg.), Stiftungsrechts-Handbuch, § 5 Rn. 15.

27 Schulze, in: Hopt/Reuter (Hrsg.), Stiftungsrecht in Europa, S. 55 (60).

28 Schulze, in: Hopt/Reuter (Hrsg.), Stiftungsrecht in Europa, S. 55 (63).

29 Liermann, Handbuch des Stiftungsrechts, S. 169; Andrick, Stiftungsrecht und Staatsaufsicht unter besonderer Berücksichtigung der nordrhein-westfälischen Verhältnisse, S. 23.

30 V. Campenhausen, in: Richter (Hrsg.), Stiftungsrechts-Handbuch, § 5 Rn. 30.

an Bedeutung für das Stiftungswesen.[31] Es folgte die Loslösung der Stiftung von ihren frommen bzw. gottgefälligen Zwecken.[32]

Die frommen Zwecke traten hinter den neuen umfassenden Zweck des gemeinen Nutzens. Das Vermögen von Stiftungen diente nach der damaligen Auffassung dem Gemeinwesen am ehesten, wenn es der staatlichen Verwaltung unterstellt wurde.[33] Es entwickelte sich die Lehre vom Obereigentum des Staates (dominium eminens) über alles Kirchengut. Der Staat war die höchste Körperschaft. Alle anderen juristischen Personen, Körperschaften und Stiftungen existierten nur unter ihm.[34] Die Gewalt über die „piae causae" wurde daher den Landesherren übertragen. Durch die Vermengung von Kirchengewalt und Staatsgewalt gewann der Fürst die Aufsicht über sämtliche Stiftungen, egal ob kirchlich oder nichtkirchlich.[35]

4. 19./20. Jahrhundert

Das liberale 19. Jahrhundert zeigte neues Interesse für das Institut der Stiftung und verhalf ihr zu erneuter Anerkennung.[36] Die Begründung der Stiftung im modernen Sinne vollzog sich im 19. Jahrhundert. Dabei musste die Jurisprudenz auf neuen Grundlagen aufgebaut werden, da die kanonische Lehre von der „pia causa" den veränderten Verhältnissen nach der Aufklärung nicht mehr gerecht wurde.[37] Anstoß dafür gab ein Rechtsstreit – der Erbrechtsstreit um die Errichtung des Städel'schen Kunstinstituts im 19. Jahrhundert.[38] Hintergrund des Streits war das Testament des Frankfurters Johann Friedrich Städel, der mittels Testament im Jahr 1815 eine Stiftung errichtete und die Stiftung gleichzeitig zu seinem Universalerben einsetzte. Er verstarb allerdings, bevor die Stiftung genehmigt wurde.[39] Der „Städel-Fall" warf unter anderem die Frage nach der Rechtspersönlichkeit einer Stiftung auf.

---

31 Stumpf/Suehrbaum/Schulte u.a. Stiftungsrecht/Stumpf (2018), lit. A, Rn. 5.

32 Staudinger/Hüttemann/Rawert (2017), Vorbem 1 zu §§ 80 ff., Rn. 65.

33 Schulze, in: Hopt/Reuter (Hrsg.), Stiftungsrecht in Europa, S. 55 (64).

34 Andrick, Stiftungsrecht und Staatsaufsicht unter besonderer Berücksichtigung der nordrhein-westfälischen Verhältnisse, S. 23.

35 V. Campenhausen, in: Richter (Hrsg.), Stiftungsrechts-Handbuch, § 5 Rn. 32.

36 Andrick, Stiftungsrecht und Staatsaufsicht unter besonderer Berücksichtigung der nordrhein-westfälischen Verhältnisse, S. 25.

37 Andrick, Stiftungsrecht und Staatsaufsicht unter besonderer Berücksichtigung der nordrhein-westfälischen Verhältnisse, S. 26.

38 V. Campenhausen, in: Richter (Hrsg.), Stiftungsrechts-Handbuch, § 5 Rn. 43.

39 Sachverhalt nach v. Campenhausen, in: Richter (Hrsg.), Stiftungsrechts-Handbuch, § 5 Rn. 43.

Heise ordnete die Stiftung erstmalig als juristische Person ein.[40] Unter dem Einfluss von Friedrich von Savigny erhielt die Stiftung den Status als eine von personalen Eigentümern gelöste juristische Person und damit ihre klassische Form.[41] Das System der staatlichen Kontrolle über Stiftungen wurde beibehalten. Die bislang dominierende unselbständige Stiftung begann aufgrund dieser Entwicklungen ein Schattendasein zu führen.[42]

Die Autoren des BGB trennten schließlich die unselbständige von der selbständigen Stiftung. Die §§ 80 ff. BGB sind ausdrücklich nur auf die selbständige Stiftung anwendbar.[43] Die unselbständige Stiftung wurde auf die Regelungen des Schenkungs- und Erbrechts verwiesen.[44] Diese Entscheidung blieb nicht kritiklos, eine Reaktion des Gesetzgebers darauf blieb jedoch aus.[45]

5. *Nationalsozialismus*

Die Zeit des Nationalsozialismus war für das gesamte Stiftungswesen verheerend: Die Instrumente des Stiftungsrechts eigneten sich hervorragend zur Umsetzung rassisch-völkischen Gedankenguts.[46] Mit dem im nationalsozialistischen Sinne ausgelegten Begriff des Gemeinwohls konnten sämtliche, dem Staatsziel nicht gefällige, Stiftungen aufgelöst werden.[47]

6. *Entwicklung seit 1945*

Nach Ende des Zweiten Weltkriegs entwickelte sich das Stiftungswesen in der DDR und in der Bundesrepublik in verschiedene Richtungen.

Während es in der DDR zerschlagen wurde, blühte es in Westdeutschland wieder auf.[48] Hier wurde in den 60er Jahren über eine Neuregelung des Stiftungsrechts diskutiert – insbesondere über ein bundeseinheitliches Stiftungsrecht. Anregungen zu stiftungsrechtlichen Reformen gab der 44. Deutsche

---

40 Heise, Grundriß eines Systems des gemeinen Civilrechts, S. 25f., Anmerkung 15.

41 V. Savigny, System des heutigen römischen Rechts, Bd. II, S. 243.

42 V. Campenhausen, in: Richter (Hrsg.), Stiftungsrechts-Handbuch, § 5 Rn. 51; Pleimes, Irrwege der Dogmatik im Stiftungsrecht, S. 92.

43 Mugdan, I, S. 660 (Protokolle).

44 Mugdan, II, S. 755 (Protokolle).

45 Zur Kritik: Pleimes, Irrwege der Dogmatik im Stiftungsrecht, S. 94; Kohler, in: Kohler/Ring (Hrsg.), Archiv für bürgerliches Recht, S. 228 (291 f.).

46 Staudinger/Hüttemann/Rawert (2017), Vorbem 1 zu §§ 80 ff., Rn. 73.

47 V. Campenhausen, in: Richter (Hrsg.), Stiftungsrechts-Handbuch, § 5 Rn. 56 ff.

48 V. Campenhausen, in: Richter (Hrsg.), Stiftungsrechts-Handbuch, § 5 Rn. 62.

Juristentag in Hannover. Im Zuge dessen kam auch eine Neuregelung des Rechts der unselbständigen Stiftung zur Sprache.[49] Man sah jedoch keine Gründe für deren Kodifizierung.[50] Eine neue Regelung wurde bewusst nicht aufgenommen. Diese Ansicht behielt der Gesetzgeber auch bei der Novellierung des Stiftungsrechts im Jahr 2002 bei. Aus dem Gestaltungsspielraum bei der Ausgestaltung der Stiftung wie auch aus ihrer „rechtlichen Wandelbarkeit"[51] ergibt sich eine große Flexibilität der Stiftung.[52] Diese Flexibilität, die eine ihrer Stärken sei, könne laut Arbeitsbericht der Bund-Länder-Arbeitsgruppe aus dem Jahr 2001 nur aufrechterhalten werden, wenn für sie keine eigenständige gesetzliche Regelung bestehe.[53] Daher sind für die unselbständige Stiftung nach wie vor die Regelungen des Schuld- und Erbrechts anwendbar.

II. Abgrenzung der unselbständigen von der selbständigen Stiftung

Für die vorliegende Arbeit ist das Verständnis der Unterschiede wie auch der Gemeinsamkeiten von selbständiger und unselbständiger Stiftung unabdingbar.

1. Unterschiede

a) Rechtsfähigkeit

Das charakteristische Merkmal und gleichzeitig der entscheidende Unterschied der unselbständigen zur selbständigen Stiftung ist ihre fehlende Rechtsfähigkeit. Sie ist keine juristische Person und bedarf daher eines Stiftungsträgers, der ihre Rechte und Pflichten wahrnimmt.

(1) Selbständige unselbständige Stiftung?

Obwohl die fehlende Rechtsfähigkeit in Literatur und Rechtsprechung ganz überwiegend anerkannt ist,[54] wurde und wird sie immer wieder in Zweifel gezogen.

---

49 Ballerstedt/Salzwedel, DJT 44, S. 51f.

50 Bericht der interministeriellen Arbeitsgruppe „Stiftungsrecht, in: Hauer/Pilgram/v. Pölnitz-Egloffstein (Hrsg.), Deutsches Stiftungswesen 1966–1976, S. 361 (409).

51 A. Werner, in: Werner/Saenger/Fischer (Hrsg.), Die Stiftung, § 13, Rn. 28.

52 A. Werner, in: Werner/Saenger/Fischer (Hrsg.), Die Stiftung, § 13, Rn. 28.

53 Bund-Länder-Arbeitsgruppe Stiftungsrecht 2001, S. 53f.

54 RG, LZ 1918, S. 268; KG StiftRspr. III, S. 35 f.; MüKo BGB/Weitemeyer (8.Aufl.), § 80 Rn. 260; Westebbe, Stiftungstreuhand, S. 38; Hof, in: Richter (Hrsg.), Stiftungsrechts-Handbuch, § 36 Rn. 1; Schlüter/Stolte, Stiftungsrecht (3. Aufl.), Kap. 1, lit. C Rn. 43.

Joseph Kohler bspw. spricht der unselbständigen Stiftung in seinem Lehrbuch im Jahr 1906 ohne weitere Erklärungen Rechtspersönlichkeit zu.[55]

Koos entwickelte in seiner Habilitationsschrift von 2004 ein Konstrukt, durch welches die unselbständige Stiftung mittels Stifterwillen eine Teilpersonifikation erhält.[56] Seiner Ansicht nach sind die Vertragstypen des BGB nicht dazu geeignet, die Besonderheiten der unselbständigen Stiftung zu erfassen.[57] Er begründet das Stiftungserrichtungsgeschäft durch einen stiftungsrechtlichen Vertrag eigener Art – den Widmungsvertrag.[58] Die Widmung sorge für die Verbindung von Vermögen und Zweck. Das wiederum führe zur Verselbständigung des Stiftungsvermögens, entziehe Stiftungszweck und Stiftungsvermögen der Dispositionsfreiheit des Stifters und sei damit nicht mehr disponibel.[59] Die Widmung schaffe eine verbandsartige Struktur der Stiftung als Grundlage für eine Teilpersonifikation des Gebildes.[60] Nach *Koos* ist der Stiftungsträger so nicht gegenüber dem Stifter verpflichtet, sondern besitzt eine mitgliedsähnliche Pflicht im Rahmen der Stiftungsorganisation. Das Stiftungsvermögen werde wirtschaftlich ausschließlich dem verobjektivierten Stiftungszweck zugeordnet.[61] Die Errichtung einer unselbständigen Stiftung werde zu einem einseitigen Akt der Vermögensverfügung.[62] Der Stiftung könne infolge ihrer Teilpersonifikation wirtschaftliches Eigentum zugeordnet werden.[63] Da die Stiftung nach *Koos'* Modell ein organisationsschaffendes Stiftungsgeschäft ist, wäre der Stifter nicht mehr deren Stiftungsträger und damit nicht mehr daran gehindert, einen Vertrag mit sich selbst zu schließen. Als Folge davon wäre nach *Koos* sogar die Gründung einer Eigenstiftung möglich.[64]

Wie *Herzog* aber richtig anführt, sind die Parteien eines Vertrags im Rahmen der Privatautonomie jederzeit berechtigt, eine einmal getroffene Vereinbarung einverständlich wieder aufzuheben. So ist es ausgeschlossen, dass sich die Parteien die Befugnis zur Änderung ihrer getroffenen Vereinbarung nehmen. Ein, zwischen den Stiftungsbeteiligten, vertraglich vereinbarter Stiftungszweck kann

55 Kohler, Lehrbuch des bürgerlichen Rechts, S. 265f.
56 Koos, Fiduziarische Person und Widmung, S. 354.
57 Koos, Fiduziarische Person und Widmung, S. 353.
58 Koos, Fiduziarische Person und Widmung, S. 297 ff. und S. 345.
59 Koos, Fiduziarische Person und Widmung, S. 298f.
60 Koos, Fiduziarische Person und Widmung, S. 354.
61 Koos, Fiduziarische Person und Widmung, S. 301.
62 Koos, Fiduziarische Person und Widmung, S. 287 ff.
63 Koos, Fiduziarische Person und Widmung, S. 355.
64 Koos, Fiduziarische Person und Widmung, S. 357.

sich daher nicht von den Parteien des Vertragsverhältnisses abspalten. Eine Verobjektivierung des Stiftungsgeschäfts ist somit nicht möglich. Es fehlt folglich bereits an der Grundlage der von *Koos* kreierten Teilpersonifikation.[65]

Ferner ist dieser Konstruktion entgegenzuhalten, dass die Anerkennung wirtschaftlichen Eigentums als absolute, dingliche Rechtsposition bereits gegen den Numerus clausus des Sachenrechts verstößt.[66] Darüber hinaus verstößt sie gegen das Abstraktionsprinzip, da durch den Widmungsvertrag angeblich wirtschaftliches Eigentum übertragen werden soll, also eine Verfügung stattfindet.[67] Die Theorie von *Koos* widerspricht zudem dem Gesetzgeber, der der unselbständigen Stiftung bewusst keine Rechtsfähigkeit verliehen hatte.[68] Die Zulassung einer fiduziarischen Eigenstiftung kann von der Rechtsordnung im Interesse der Vermeidung von Haftungsexklaven nicht geduldet werden. Anderenfalls hätte der Stifter die Möglichkeit, durch einen einseitigen Willensakt ohne staatliche Anerkennung ein haftungsimmunes Gebilde zu errichten.[69]

Im Jahr 2009 unternimmt *Bruns* einen Begründungsversuch, warum eine unselbständige Stiftung unter bestimmten Voraussetzungen rechtsfähig und der selbständigen Stiftung gleichgestellt werden sollte.[70]

Geibel wiederum qualifiziert die Stiftungstreuhand als atypische GbR.[71] Die Gesellschaft könne so ausgestaltet werden, dass der Stifter das Treuhandverhältnis nicht beherrschen könne. Dennoch bleibe der Stifter Treugeber und könne damit die Rechte aus § 771 ZPO und § 47 InsO ausüben, sofern ihm im Treuhandvertrag die Geschäftsführung hierfür ausdrücklich eingeräumt wurde.[72]

Fraglich ist jedoch, ob dieser Ansatz der unselbständigen Stiftung Vorteile bringen würde. Auch die GbR kann unabdingbar vom Stifter und von dessen Erben gekündigt werden. Sowohl Gläubiger des Stifters als auch die des Stiftungsträgers können den Gesellschaftsanteil ihres jeweiligen Schuldners pfänden und nach § 725 BGB fristlos kündigen.[73] Die Möglichkeit des zeitweisen

---

65 Herzog, Unselbständige Stiftung des bürgerlichen Rechts, S. 61.

66 Heiner, ZSt 2004, S. 216 (216f.).

67 Das erkennt Koos auch selbst, nimmt aber die Durchbrechung des Abstraktionsprinzips hin, s. Koos, Fiduziarische Person und Widmung, S. 343; Staudinger/Hüttemann/Rawert (2017), Vorbem 1 zu §§ 80 ff., Rn. 322.

68 S. Kapitel 1, lit. A. Ziff. I. 4.

69 Staudinger/Hüttemann/Rawert (2017), Vorbem 1 zu §§ 80 ff., Rn. 322; Rawert, in: FS Schmidt, S. 1323 (1335).

70 Bruns, JZ 2009, S. 840 (846): kritisch hierzu Schiffer, StiftungsrechtPlus 7/2010.

71 Geibel, Treuhandrecht als Gesellschaftsrecht, S. 423.

72 Geibel, Treuhandrecht als Gesellschaftsrecht, S. 423.

73 MüKo BGB/Weitemeyer (8. Aufl.), § 80 Rn. 270.

Ausschlusses der Kündigung lässt diesen Mangel nicht verschwinden. Problematisch ist für den Stifter zudem seine persönlich unbeschränkte Haftung gem. § 128 HGB analog für die Schulden der GbR.[74] Insgesamt ist durch diese Konstruktion also nicht viel gewonnen.

Überzeugen konnten die genannten Ansätze zur Umdeutung der unselbständigen Stiftung bisher auch die Rechtsprechung nicht.[75]

Unabhängig von allen dogmatischen Bedenken stellt sich die Frage nach der Notwendigkeit einer rechtsfähigen unselbständigen Stiftung. Auch *Geibel* erkennt, zumindest teilweise, die fehlende Notwendigkeit einer rechtsfähigen unselbständigen Stiftung.[76] Eine unselbständige Stiftung kann bei richtiger Organisation funktionieren wie eine selbständige Stiftung. Die Vor- und Nachteile beider Formen hängen im Wesentlichen mit ihrer rechtlichen Selbständigkeit bzw. Unselbständigkeit zusammen. Es ist überflüssig, die Wahlfreiheit potentieller Stifter hinsichtlich der Stiftungsform einzuschränken. Der Bedarf unterschiedlicher Stiftungsarten zeigt sich vielmehr darin, dass beide seit Jahren erhebliche Zuwachsraten erleben.[77]

(2) „Virtuelle Stiftung"

Ein neuer Ansatz zur rechtlichen Einordnung der unselbständigen Stiftung wurde vor einiger Zeit von *Karsten Schmidt* entwickelt.

Karsten Schmidt begreift die unselbständige Stiftung als „virtuelle Stiftung".[78] Er will ihr ausdrücklich keine Rechtspersönlichkeit im juristischen Sinne verleihen.[79] Er fingiert lediglich ein Treuhandverhältnis zwischen Treuhänder und der unselbständigen Stiftung. In *Schmidts* Denkmodell ist die Stiftung die Treuhänderin. Der Stiftungsträger verwaltet das Stiftungsvermögen nun für die Stiftung selbst und nicht mehr für den Stifter.[80] Zwischen Stifter und Stiftungsträger hingegen findet eine Schenkung unter Auflage statt.[81] Gegenstand der Auflage ist die Verpflichtung des Stiftungsträgers zur Verwaltung der unselbständigen Stiftung wie ein virtuelles Organ einer virtuellen Stiftungsorganisation.[82] Die

---

74 MüKo BGB/Weitemeyer (8. Aufl.), § 80 Rn. 270.
75 BVerwG, npoR 2014, Heft 3, S. 243.
76 Geibel, Treuhandrecht als Gesellschaftsrecht, S. 425.
77 Hof, in: Richter (Hrsg.), Stiftungsrechts-Handbuch, § 36 Rn. 5.
78 Schmidt, in: Hopt/Reuter (Hrsg.), Stiftungsrecht in Europa, S. 175 (176).
79 Schmidt, in: Hopt/Reuter (Hrsg.), Stiftungsrecht in Europa, S. 175 (176).
80 Schmidt, in: Hopt/Reuter (Hrsg.), Stiftungsrecht in Europa, S. 175 (183).
81 Schmidt, in: Hopt/Reuter (Hrsg.), Stiftungsrecht in Europa, S. 175 (181).
82 Schmidt, in: Hopt/Reuter (Hrsg.), Stiftungsrecht in Europa, S. 175 (183).

Vereinbarungen zwischen Stiftungsträger und Stifter erhalten so den Charakter einer fiktiven Stiftung.

Soweit der Ansatz *Schmidts* die Stiftungsorganisation betrifft, ist er durchaus interessant und begrüßenswert. Kritisch und bisher nicht abschließend ausgeführt sind jedoch die haftungsrechtlichen Konsequenzen dieser Konstruktion. Nach *Schmidt* soll dem Stifter oder einem Vollzugsberechtigten in der Zwangsvollstreckung die Widerspruchsklage des § 771 ZPO zustehen bzw. in der Insolvenz ein Aussonderungsrecht nach § 47 InsO, wenn es um Verbindlichkeiten geht, die nicht die Stiftung betreffen.[83] Dritte bzw. Gläubiger würden durch dieses Vorgehen jedoch unbegründet benachteiligt. Zweck von § 47 InsO ist, Gegenstände, die dem Schuldner haftungsrechtlich nicht zugeordnet werden, dem berechtigten Dritten zu verschaffen.[84] Als zwangsvollstreckungsrechtliches Pendant soll § 771 ZPO demjenigen ein Widerspruchsrecht einräumen, dem nach herrschender Meinung das Vermögen wirtschaftlich zugeordnet werden kann.[85] Für eine Zuordnung des Stiftungsvermögens zum Stifter bzw. zu den Vollzugsberechtigten gibt es jedoch keine Anhaltspunkte. Wirtschaftlicher und rechtlicher Eigentümer des Stiftungsvermögens ist aufgrund der Schenkung des Stiftungsvermögens der Stiftungsträger – und das dauerhaft. Daran ändert die Auflage nichts, die eine rein schuldrechtliche Verpflichtung darstellt.[86]

(3) Konsequenz der fehlenden Rechtsfähigkeit

Konsequenz der mangelnden Rechtsfähigkeit ist die Unselbständigkeit der Stiftung. Um rechtswirksame Handlungen vornehmen zu können, bedarf sie eines Stiftungsträgers, auf den der Stifter sein Vermögen überträgt. Dieser verwaltet das Vermögen als Sondervermögen für die Stiftung und erfüllt den vom Stifter bestimmten Zweck. Er ist dabei an die Vereinbarungen zwischen ihm und dem Stifter sowie an die Stiftungssatzung gebunden.[87]

Die unselbständige Stiftung ist damit kein vom Stifter verselbständigtes Rechtssubjekt, sondern ein Rechtsverhältnis zwischen Stifter und Vermögensträger.[88] Sie ist weder Trägerin von Rechten und Pflichten noch Prozesspartei oder Schuldnerin in einem Insolvenzverfahren.[89]

---

83 Schmidt, in: Hopt/Reuter (Hrsg.), Stiftungsrecht in Europa, S. 175 (185).
84 Uhlenbruck/Hirte/Vallender InsO/Brinkmann (14. Aufl.), § 47 Rn. 9.
85 Stein/Jonas ZPO/Münzberg (22. Aufl.), § 771 Rn. 17 m.w.N.
86 So auch MüKo BGB/Reuter (5. Aufl.), vor § 80 Rn. 98.
87 A. Werner, in: Werner/Saenger/Fischer (Hrsg.), Die Stiftung, § 13, Rn. 1.
88 RGZ 105, S. 305 (306).
89 Herzog, Unselbständige Stiftung des bürgerlichen Rechts, S. 18.

b) Errichtung

Aufgrund der fehlenden Rechtsfähigkeit der unselbständigen Stiftung werden an ihre Errichtung weniger strenge Anforderungen gestellt als an die selbständige Stiftung.

Die unselbständige Stiftung wird errichtet, indem der Stifter einem bereits bestehenden Rechtsträger Vermögenswerte mit der Verpflichtung überträgt, deren Erträge dauerhaft zur Verfolgung eines bestimmten Zwecks zu verwenden. Die Übertragung erfolgt durch schuld- oder erbrechtliches Rechtsgeschäft.[90] Für die Eigentumsübertragung sind die für den jeweiligen Vermögensgegenstand geltenden Regeln zu beachten.[91] Die Errichtung einer unselbständigen Stiftung muss grundsätzlich auch nicht schriftlich erfolgen. Theoretisch genügt es, wenn der Stifter dem annehmenden Stiftungsträger das Stiftungsvermögen übergibt und ihm den Stiftungszweck erläutert.[92] Aus Beweiszwecken empfiehlt es sich jedoch, Stiftungsgeschäft und Stiftungssatzung schriftlich zu fixieren. So können Verwechslungen mit einer schlichten Schenkung ausgeschlossen werden. In den Fällen, in denen das Gesetz eine notarielle Beurkundung vorschreibt, muss das Erfordernis auch bei Errichtung der unselbständigen Stiftung eingehalten werden, bspw. § 311b BGB und § 15 Abs. 3 und 4 GmbHG.[93]

Als Stiftungsträger kommen natürliche wie auch juristische Personen in Betracht.[94] Um einen Interessenkonflikt in der Person von Stifter und Stiftungsträger zu vermeiden, kann sich nach überwiegender Ansicht der Stifter nicht selbst als Stiftungsträger einsetzen und eine sog. Eigenstiftung gründen.[95]

c) Analoge Anwendung der §§ 80 ff. BGB

Obwohl die unselbständige Stiftung mit Ausnahme der Rechtsfähigkeit alle Merkmale einer Stiftung besitzt, ist eine analoge Anwendung der §§ 80 ff. BGB auf die unselbständige Stiftung unzulässig.[96] Der Gesetzgeber hat sich bewusst

---

90 Herzog, Unselbständige Stiftung des bürgerlichen Rechts, S. 16.

91 Westebbe, Stiftungstreuhand, S. 33.

92 Hof, in: Richter (Hrsg.), Stiftungsrechts-Handbuch, § 36 Rn. 32.

93 Hof, in: Richter (Hrsg.), Stiftungsrechts-Handbuch, § 36 Rn. 32.

94 Westebbe, Stiftungstreuhand, S. 34.

95 Staudinger/Hüttemann/Rawert (2017), Vorbem 1 zu §§ 80 ff., Rn. 323; Bamberger/Roth BGB/Backert (3. Aufl.), § 80 Rn. 22; Hof, in: Richter (Hrsg.), Stiftungsrechts-Handbuch, § 36 Rn. 69; einschränkend Westebbe, Stiftungstreuhand, S. 48; a.A. Soergel/Neuhoff (13. Aufl.), vor § 80 Rn. 21.

96 RGZ 105, S. 305 (306f.); Württ.-Bad. VGH, StiftRspr. I, S. 11; Ebersbach, Handbuch des Deutschen Stiftungsrechts, S. 175; Staudinger/Hüttemann/Rawert (2017), Vorbem

gegen die Normierung der unselbständigen Stiftung entschieden. Eine planwidrige Regelungslücke ist damit abzulehnen Für diese bräuchte es zudem eine vergleichbare Interessenlage, die ebenso wenig vorhanden ist.[97] Das gilt ausnahmslos für die §§ 80–88 BGB. Nur eine Mindermeinung vertritt eine gegenteilige Ansicht.[98]

d) *Inhalt des Stiftungsgeschäfts*

Anders als für die selbständige Stiftung ist der Begriff des Stiftungsgeschäfts für die unselbständige Stiftung nicht definiert.[99] Das gilt sowohl für die Stiftung von Todes wegen als auch für die Stiftung unter Lebenden.

Für den Inhalt des Stiftungsgeschäfts der unselbständigen Stiftung gibt es daher keine gesetzlichen Vorgaben. Der notwendige Inhalt des Stiftungsgeschäfts einer unselbständigen Stiftung ergibt sich vielmehr aus ihrer Natur. Danach sind Mindestinhalt des Stiftungsgeschäfts die Vermögensübertragung an einen Dritten und seine Zweckbestimmung.[100]

Eine bestimmte Organisationsform oder gar die Schaffung einer Satzung ist nicht erforderlich. Sie kann und sollte aber in das Stiftungsgeschäft mit aufgenommen werden.[101] Der Stifter kann die Befugnis hierzu auch dem Stiftungsträger, dem Beirat oder dem Testamentsvollstrecker übertragen.[102]

e) *Staatliche Aufsicht*

Unselbständige Stiftungen können ohne staatliche Anerkennung errichtet werden. Das langwierige und komplizierte Anerkennungsverfahren fehlt.[103]

Die Staatsaufsicht nach den StiftG der Länder erfasst unselbständige Stiftungen nicht. Mittlerweile hat auch Sachsen-Anhalt als letztes Bundesland mit der

1 zu §§ 80 ff., Rn. 324; Hof, in: Richter (Hrsg.), Stiftungsrechts-Handbuch, § 36 Rn. 15; Westebbe, Stiftungstreuhand, S. 23; Herzog, Unselbständige Stiftung des bürgerlichen Rechts, S. 16; MüKo BGB/Weitemeyer (8. Aufl.), § 80 Rn. 1; einschränkend: Palandt/Ellenberger (2019), Vorb v § 80 Rn. 10; Erman BGB/Wiese (15. Aufl.), Vor § 80, Rn. 10.

97 Schlüter/Stolte, Stiftungsrecht, Kap. 4, lit. B., Rn. 8.

98 Soergel/Neuhoff (13. Aufl.), vor § 80 Rn. 30; Strickrodt, Stiftungsrecht, S. 117.

99 Zum ganzen Absatz: Stumpf/Suehrbaum/Schulte u.a. Stiftungsrecht/Stumpf (2018), lit. B, § 81 Rn. 60 ff.

100 Stumpf/Suehrbaum/Schulte u.a. Stiftungsrecht/Stumpf (2018), lit. B, § 81 Rn. 61.

101 Stumpf/Suehrbaum/Schulte u.a. Stiftungsrecht/Stumpf (2018), lit. B, § 81 Rn. 68; Schmidt, ZEV 2003, S. 316 (318).

102 Hof, in: Richter (Hrsg.), Stiftungsrechts-Handbuch, § 36 Rn. 137.

103 Hof, in: Richter (Hrsg.), Stiftungsrechts-Handbuch, § 36 Rn. 16.

Neufassung des Stiftungsgesetzes vom 20.01.2011[104] die entsprechende Anwendung der Bestimmungen über die selbständige Stiftung auf die unselbständige Stiftung entfallen lassen.[105] Da die Stiftungstätigkeit der unselbständigen Stiftung nicht vom Staat überwacht wird, unterliegen Entscheidungen keiner Anzeige-, Hinweis- oder Genehmigungspflicht des Staates, ebenso wenig wie ihre Auflösung. Bei der selbständigen Stiftung hingegen können Beschlüsse von den Aufsichtsbehörden beanstandet, aufgehoben oder rückgängig gemacht werden.[106]

Teilweise wird vertreten[107] bzw. empfohlen[108], § 87 BGB analog auf die unselbständige Stiftung anzuwenden.

§ 87 BGB gibt der Stiftungsaufsichtsbehörde das Recht, den Stiftungszweck zu ändern oder die Stiftung aufzuheben, wenn die Zweckerfüllung unmöglich geworden oder das Gemeinwohl gefährdet ist.

Die Vertreter dieser Ansicht führen an, die beschleunigenden gesellschaftlichen Veränderungen und die damit immer dringender werdende Anpassungs- und Wandlungsfähigkeit von Organisationen verlange die Anwendung von § 87 BGB auf unselbständige Stiftungen.[109] Die wirtschaftlichen und gesellschaftlichen Verhältnisse erforderten klare rechtsstaatliche Anweisungen, wie bei Stiftungen mit Anpassungsbedarf zu verfahren ist.[110]

Dieser Anschauung ist aber die bewusste Entscheidung des Gesetzgebers entgegenzuhalten, die unselbständige Stiftung gerade nicht zu regeln. Es fehlt die planwidrige Regelungslücke.[111] Zudem ist es mit rechtsstaatlichen Grundsätzen nicht zu vereinbaren, einer staatlichen Behörde ohne Rechtsgrundlage einen Eingriff ins Privatrecht zu gestatten.[112] Aus rein praktischen Gesichtspunkten drängt sich die Frage auf, wie die Stiftungsaufsicht in dem Fall ihre Aufgabe überhaupt ausüben soll. Da unselbständige Stiftungen nicht registriert

---

104 GVBl. LSA 2011, 14.

105 Hof, in: Richter (Hrsg.), Stiftungsrechts-Handbuch, § 36 Rn. 23.

106 Seyfarth, Schutz der unselbstständigen Stiftung, S. 17.

107 Liermann, in: Franz/Liermann/z. Nedden u.a. (Hrsg.), Deutsches Stiftungswesen 1948–1966, S. 229 (245); Pleimes, Irrwege der Dogmatik im Stiftungsrecht, S. 95; Soergel/Neuhoff (13. Aufl.), vor § 80 Rn. 30; Palandt/Ellenberger (2019), Vorb v § 80 Rn. 10.

108 Erman BGB/O. Werner (14. Aufl.), vor § 80, Rn. 12a für die Fälle der Gemeinwohlgefährdung und Unmöglichkeit des Zwecks.

109 Sinngemäß vor dem Hintergrund der Inflation: Pleimes, Irrwege der Dogmatik im Stiftungsrecht, S. 95; Soergel/Neuhoff (13. Aufl.), vor § 80 Rn. 30.

110 Soergel/Neuhoff (13. Aufl.), vor § 80 Rn. 30.

111 Staudinger/Hüttemann/Rawert (2017), Vorbem 1 zu §§ 80 ff., Rn. 362.

112 Westebbe, Stiftungstreuhand, S. 178.

sind, würde die Stiftungsaufsicht nur rein zufällig von den Voraussetzungen des § 87 BGB erfahren.[113] Entscheidet sich ein Stifter für eine unselbständige Stiftung und damit gegen die Staatsaufsicht, ist diese Entscheidung vom Staat zu respektieren und die Konsequenzen sind vom Stifter zu tragen.

f) Grundrechtsschutz

Rechtsfähige Stiftungen des Privatrechts sind juristische Personen i.S.d. Art. 19 Abs. 3 GG. Als solche kommt ihnen daher Grundrechtsschutz zu.[114] Da es unselbständigen Stiftungen jedoch an Rechtsfähigkeit mangelt, erhalten diese den unmittelbaren Grundrechtsschutz des Art. 19 Abs. 3 GG nicht. Sie können allenfalls am Grundrechtsschutz ihres Stiftungsträgers teilhaben.[115]

2. Gemeinsamkeiten

Obwohl die selbständige und die unselbständige Stiftung grundlegende Unterschiede aufweisen, besitzen sie auch Gemeinsamkeiten.

Beide Stiftungsformen können durch Rechtsgeschäft unter Lebenden sowie als Verfügung von Todes wegen errichtet werden.[116] Ebenso sind für beide Stiftungsformen die Festlegung des Stiftungszwecks und ein Stiftungsvermögen essentiell.[117] In der Regel besitzen beide Stiftungsformen auch eine Satzung, die Regelungen zur Stiftungsorganisation enthält. Sie bildet das notwendige Bindeglied zwischen Stiftungszweck und Stiftungsvermögen.[118]

Beide Stiftungstypen stellen eigenständige Steuerobjekte dar, wenn auch die unselbständige Stiftung hierfür bestimmte Voraussetzungen erfüllen muss[119] Die unselbständige Stiftung weist damit mit Ausnahme der Rechtsfähigkeit alle Merkmale einer Stiftung im Sinne der §§ 80 ff. BGB auf.[120] Sie ist Stiftung im Rechtssinne und darf als solche bezeichnet werden.[121]

---

113 Westebbe, Stiftungstreuhand, S. 178.

114 BVerfGE 46, 73 (83); Sachs GG/Sachs (8. Aufl.), Art. 19 Rn. 61; Stumpf/Suehrbaum/Schulte u.a. Stiftungsrecht/Stumpf (2018), lit. A, Rn. 44.

115 Hof, in: Richter (Hrsg.), Stiftungsrechts-Handbuch, § 36 Rn. 15.

116 RGZ 88, S. 335 (339).

117 S. Kap. 5, lit. A, Ziff. I. und II.

118 Herzog, Unselbständige Stiftung des bürgerlichen Rechts, S. 24.

119 S. Kap. 7, lit. B, Ziff. I.

120 Schlüter/Stolte, Stiftungsrecht, Kap. 4, lit. B, Rn. 8.

121 RGZ 88, S. 335 (338f.); Ebersbach, Handbuch des Deutschen Stiftungsrechts, S. 170.

3. *Zusammenfassung*

Zum Grad der Ungleichheit von selbständiger und unselbständiger Stiftung werden diverse Ansichten vertreten. Für das Reichsgericht bspw. sind die beiden Stiftungsformen ihrem rechtlichen Wesen nach grundverschieden.[122] Für *Reuter* sind die Unterschiede der beiden Stiftungsformen wiederum derart groß, dass er der unselbständigen Stiftung im Privatrecht ihre Existenz aberkennen möchte.[123]

Lassen sich die bestehenden Unterschiede zwischen selbständiger und unselbständiger Stiftung nur schwer bestreiten, führt die Leugnung der Existenz der unselbständigen Stiftung zu weit. „Die" Stiftung gibt es nicht.[124] Auch der Gesetzgeber ging von dem Vorhandensein der unselbständigen Stiftung aus. Mit der Nichtregelung der unselbständigen Stiftung wollte er nicht gleichzeitig deren Existenz leugnen. Die unselbständige Stiftung ist eine eigenständige Erscheinungsform der Stiftung. Je nach Organisation können Stifter und Stiftungsträger mit Hilfe des Schuld- und Erbrechts ein Gebilde simulieren, das letztlich zwar nicht rechtsfähig ist, aber dennoch wie eine rechtsfähige selbständige Stiftung agiert.[125]

Beide Stiftungsformen sind daher zwar verschieden und eigenständig, aber dennoch blutsverwandt.

III. Definition der unselbständigen Stiftung

Unter einer unselbständigen Stiftung versteht man die Übertragung von Vermögenswerten auf eine natürliche oder juristische Person mit der Maßgabe, diese als ein vom übrigen Vermögen des Empfängers getrenntes wirtschaftliches Sondervermögen zu verwalten und dauerhaft zur Verfolgung der vom Stifter gesetzten Zwecke zu verwenden.[126]

---

122 RGZ 105, S. 304 (306).

123 Reuter, in: Hüttemann u.a. (Hrsg.), Landesstiftungsrecht, S. 135 (137f.).

124 So auch bereits RGZ 88, S. 336 (338).

125 So auch schon Schreuer, in: Schreiber (Hrsg.), Die Reichsgerichtspraxis im deutschen Rechtsleben, S. 306 (326).

126 BGHZ 180, 144 (148); Muscheler, in: Andrick/Hellmig/Janitzki u.a. (Hrsg.), Die Stiftung, 1. Jg., S. 59; ähnlich, aber auf Zuwendung abstellend: Staudinger/Hüttemann/Rawert (2017), Vorbem 1 zu §§ 80 ff., Rn. 319; MüKo BGB/Reuter (5. Aufl.), vor § 80 Rn. 87.

IV. Abgrenzung von unselbständiger Stiftung unter Lebenden und der von Todes wegen

Innerhalb des Systems der unselbständigen Stiftungen gibt es wie bei der selbständigen Stiftung solche, die von Todes wegen, und solche, die unter Lebenden gegründet werden. Im Ergebnis steht am Ende bei beiden Errichtungsformen eine bestehende unselbständige Stiftung, für die aufgrund ihrer Entstehungsweise in vielen Bereichen gänzlich unterschiedliche Regelungen gelten.

1. Errichtung einer unselbständigen Stiftung unter Lebenden

Die Errichtung einer unselbständigen Stiftung unter Lebenden ist vom Grundprinzip her recht schlicht. Der Stifter schließt mit einem Stiftungsträger seiner Wahl einen Begründungsvertrag zur Errichtung der unselbständigen Stiftung.[127] Der Stifter verpflichtet sich darin, dem Träger die zur Erfüllung des Stiftungszwecks vorgesehenen Vermögensgegenstände zu übertragen. Im Gegenzug verpflichtet sich der Träger, die Vermögensgegenstände dem Stiftungszweck entsprechend zu verwalten und zu verwenden.[128]

In der Literatur stark umstritten ist die rechtliche Einordnung des Stiftungsgeschäfts der unselbständigen Stiftung unter Lebenden. Nach der wohl herrschenden Meinung kann das Stiftungsgeschäft der unselbständigen Stiftung unter Lebenden sowohl eine Schenkung unter Auflage als auch einen Treuhandvertrag darstellen.[129] Nach anderer Ansicht kann das Stiftungsgeschäft nur ein Treuhandvertrag sein,[130] nach wieder anderer Auffassung nur eine Schenkung unter Auflage.[131] Die Rechtsprechung hat sich mit dieser Frage bisher kaum auseinandergesetzt.[132] Welche Vorschriften des BGB anwendbar sind, hat erhebliche Konsequenzen, insbesondere für das Verhältnis von Stifter und Stiftungsträger,

---

127 Muscheler, ErbR 2016, S. 358 (363).

128 Muscheler, ErbR 2016, S. 358 (364).

129 BGHZ 180, 144 (149); Muscheler, ErbR 2016, S. 358 (370); Hof, in: Richter (Hrsg.), Stiftungsrechts-Handbuch, § 36 Rn. 35; A. Werner, in: Werner/Saenger/Fischer (Hrsg.), Die Stiftung, § 13, Rn. 95 ff.; Wochner, ZEV 1999, S. 125 (126); Seyfarth, Schutz der unselbstständigen Stiftung, S. 53.

130 Westebbe, Stiftungstreuhand, S. 188 ff.; in diese Richtung wohl auch: Hof, in: Richter (Hrsg.), Stiftungsrechts-Handbuch, § 36 Rn. 59.

131 Herzog, Unselbständige Stiftung des bürgerlichen Rechts, S. 59; MüKo BGB/Reuter (5. Aufl.), vor § 80 Rn. 92; Staudinger/Hüttemann/Rawert (2017), Vorbem 1 zu §§ 80 ff., Rn. 346.

132 Schlüter/Stolte, Stiftungsrecht, Kap. 4, lit. B., Rn. 7.

die Rechtsstellung der Destinatäre, die Beendigung der Stiftung und die Haftung des Stiftungsvermögens für Verbindlichkeiten des Stiftungsträgers.[133]

2. *Errichtung einer unselbständigen Stiftung von Todes wegen*

Während eine unselbständige Stiftung zu Lebzeiten mittels Vertrag zwischen Stifter und Stiftungsträger errichtet wird, geschieht die Errichtung der unselbständigen Stiftung von Todes wegen im Wege einer letztwilligen Verfügung. Ein Vertrag zwischen Stifter und Stiftungsträger wird bei ihr gerade nicht geschlossen.

Aus rechtlicher Sicht handelt es sich bei der unselbständigen Stiftung von Todes wegen daher zunächst um ein einseitiges Rechtsgeschäft. Trotzdem ist es dem Stifter im Hinblick auf die Ausschlagungsmöglichkeit und Nichtannahme von Erbe und Vermächtnis dringend anzuraten, das Einverständnis des Stiftungsträgers mit seiner Belastung einzuholen.

a) *Einsetzung des Stiftungsträgers als Erbe oder Vermächtnisnehmer*

Der Erblasser kann mittels einer letztwilligen Verfügung eine unselbständige Stiftung von Todes wegen gründen, indem er den Stiftungsträger als Erben oder Vermächtnisnehmer einsetzt.[134]

Setzt er den Stiftungsträger als Erben ein, geht das Nachlassvermögen im Todesfall, bei Miterben nach der Auseinandersetzung, in das alleinige Eigentum des Stiftungsträgers über.[135] Setzt der Erblasser den Stiftungsträger als Vermächtnisnehmer ein, erhält dieser einen einklagbaren schuldrechtlichen Anspruch auf Übertragung des Stiftungsvermögens gegen den Erben des Erblassers. Mit Erfüllung des Vermächtnisses wird der Stiftungsträger Eigentümer des Vermächtnisgegenstandes.[136]

Der Stiftungsträger wird gleichzeitig mit einer Auflage oder einem (Unter-) Vermächtnis beschwert, den Nachlass entsprechend den Zweckvorgaben und den sonstigen Anordnungen des Erblassers zu verwenden. Die Verfügung von Todes wegen begründet damit parallel die Rechtsbeziehung zum Stifter.[137]

---

133 Ebersbach, Handbuch des Deutschen Stiftungsrechts, S. 175.

134 Lange, ZErb 2013, S. 324 (326); Muscheler, ErbR 2016, S. 358 (359); Hof, in: Richter (Hrsg.), Stiftungsrechts-Handbuch, § 36 Rn. 117; Staudinger/Hüttemann/Rawert (2017), Vorbem 1 zu §§ 80 ff. Rn. 350; Westebbe, Stiftungstreuhand, S. 75 ff.; Schmidt, ZEV 2003, S. 316 (316).

135 Lange, ZErb 2013, S. 324 (326).

136 Lange, ZErb 2013, S. 324 (327).

137 Schewe, in: Beck'sche Online-Formulare Erbrecht (24. Edit.), 3.7 Rn. 2.

Ein weiteres Rechtsgeschäft ist nicht notwendig. Die Stiftung entsteht mit dem Tod des Stifters, sofern der Stiftungsträger die Erbschaft oder das Vermächtnis annimmt.[138]

Nur eine Mindermeinung vertrat zu Beginn des 20. Jahrhunderts die Ansicht, die Stiftung komme erst zustande, wenn der Begünstigte mit sich als Stiftungsträger einen Vertrag schließe.[139] Für eine derartige Konstruktion, die wohl auch nicht dem Willen des Begünstigten entsprechen wird, fehlt die Notwendigkeit. Der eingesetzte Begünstigte hat die Möglichkeit, Erbe oder Vermächtnis auszuschlagen, und kann so die Entstehung der Stiftung vereiteln.[140] Die relevanten Pflichten des Stiftungsträgers ergeben sich zudem aus der Verfügung von Todes wegen und dem Gesetz.[141]

Stifter ist bei dieser „echten" unselbständigen Stiftung von Todes wegen der Erblasser.[142] Gem. § 1923 BGB muss der Stiftungsträger bei Anfall von Erbe oder Vermächtnis existieren.[143]

b) „Sukzessive Doppelauflage"[144]

Ein zweiter möglicher Weg, eine unselbständige Stiftung von Todes wegen zu errichten, ist die Beschwerung des Auflagenbegünstigten mit einer Auflage.[145] Die herrschende Ansicht in der Literatur lehnt die Beschwerung eines Auflagenbegünstigten mit einer Auflage allerdings generell ab.[146] Sie begründet das mit dem Verweis des § 2192 BGB auf § 2147 BGB. Nach dessen Wortlaut können nur Erben oder Vermächtnisnehmer mit einer Auflage beschwert werden.[147]

---

138 Ebersbach, Handbuch des Deutschen Stiftungsrechts, S. 180.

139 Hauger, Die unselbständige Stiftung, S. 76.

140 Ebersbach, Handbuch des Deutschen Stiftungsrechts, S. 180.

141 Muscheler, ErbR 2016, S. 358 (359).

142 Muscheler, ZEV 2014, S. 573 (573).

143 Muscheler, ZEV 2014, S. 573 (573).

144 Begriff nach Muscheler, ZEV 2014, S. 573 (574).

145 Muscheler, ErbR 2016, S. 358 (359) wie auch bereits in: Andrick/Hellmig/Janitzki u.a. (Hrsg.), Die Stiftung, 1. Jg., S. 59 (62).

146 Staudinger/Otte (2013), § 2192 Rn. 3; MüKo BGB/Ruby (7. Aufl.), § 2192 Rn. 9; Soergel/Diekmann (13. Aufl.), § 2192 Rn. 3; Bamberger/Roth BGB/Müller-Christmann (3. Aufl.), § 2192 Rn. 4; Burandt/Rojahn/Burandt (3. Aufl.), § 2192 Rn. 9; Erman BGB/Nobis (15. Aufl.), Vor § 2192 Rn. 1; Schmidt, ZEV 2003, S. 316 (317); zweifelnd: Nomos BGB/Kroiß/J. Mayer (5. Aufl.), § 2192 Fn.4; a.A. Muscheler, ErbR 2016, S. 358 (359); Muscheler, ZEV 2014, S. 573 (574); wohl auch OLG München, ZStV 2014, S. 142 (144).

147 S. MüKo BGB/Ruby (7. Aufl.), § 2192 Rn. 9; Soergel/Diekmann (13. Aufl.), § 2192 Rn. 3; Burandt/Rojahn/Burandt (3. Aufl.), § 2192 Rn. 9; Schmidt, ZEV 2003, S. 316 (317).

(1) Diskussion

Allein ein Rückgriff auf den Wortlaut genügt als Begründung jedoch nicht. § 2147 BGB ist eine Regelung für Vermächtnisse. Selbstverständlich wird die Auflage dort nicht erwähnt. Der Verweis von § 2192 BGB auf § 2147 BGB könnte bei Austausch der Begriffe „Vermächtnis" und „Auflage" dementsprechend so gelesen werden, dass auch der Auflagenbegünstigte mit einer Auflage beschwert werden kann.[148]

Um die Frage der Zulässigkeit einer Unterauflage zu klären, muss das § 2147 BGB zugrunde liegende Prinzip betrachtet werden.

§ 2147 BGB beruht auf dem Grundsatz, dass nur derjenige mit einem Vermächtnis beschwert werden kann, der durch den Willen des Erblassers etwas erhält – sei es direkt oder indirekt.[149]

Grundsätzlich sind es Erben oder Vermächtnisnehmer, denen unmittelbar oder mittelbar etwas mit Willen des Erblassers zugewendet wird.[150] Allerdings erhält der Auflagenbegünstigte in dem Moment, in dem er die Leistung tatsächlich empfängt, zumindest mittelbar etwas vom Erblasser zugewandt, und dies aufgrund von dessen Willen. *Der Grundsatz* „dass derjenige onerirt werden kann, der honoriert ist"[151], greift hier ebenso. Es ist daher nicht einzusehen, warum der Auflagenbegünstigte ab Erhalt der Leistung nicht wie ein Vermächtnisnehmer oder Erbe mit einer Auflage beschwert werden kann.[152] Ab Leistungsempfang kann es keine Rolle mehr spielen, dass er ursprünglich keinen eigenen Anspruch auf die Leistung hatte.[153] Die Besserstellung des Auflagenbegünstigten ist in dem Fall ungerechtfertigt.

Eine Unterauflage ist folglich zulässig, falls sie unter der aufschiebenden Bedingung des Leistungsempfangs durch den Beschwerten steht. Auch können Auflagen als letztwillige Verfügungen bedingt angeordnet werden, obwohl in den §§ 2074–2076 BGB nur von Zuwendungen die Rede ist.[154] Die grundsätzliche

---

148 Muscheler, ErbR 2016, S. 358 (359) wie auch bereits in: Andrick/Hellmig/Janitzki u.a. (Hrsg.), Die Stiftung, 1. Jg., S. 59 (62).

149 Mugdan, V, S. 5 (Motive); Mommsen; Entwurf eines Deutschen Reichsgesetzes über das Erbrecht nebst Motiven, S. 362; Windscheid, Lehrbuch des Pandektenrechts, S. 298f.

150 Mugdan, V, S. 5 (Motive).

151 Mugdan, V, S. 5 (Motive).

152 Lange/Kuchinke, Erbrecht, § 30, II. Fn. 42; zur Beschwerung des Auflagenbegünstigten mit einem Vermächtnis: Soergel/Wolf (13. Aufl.), § 2147 Rn. 12.

153 Soergel/Wolf (13. Aufl.), § 2147 Rn. 12.

154 Staudinger/Otte (2013), § 2074 Rn. 1; Bamberger/Roth BGB/Litzenburger (3. Aufl.), § 2074 Rn. 1; Stahl, in: Scherer (Hrsg.), Anwaltshandbuch, § 15 Rn. 3.

Zulässigkeit von bedingten Verfügungen von Todes wegen ist gesetzlich nicht geregelt, wird vom Erbrecht aber vorausgesetzt.[155]

(2) Ergebnis

Im Ergebnis kann man eine unselbständige Stiftung von Todes wegen mittels einer „sukzessiven Doppelauflage" errichten.

Das geschieht dergestalt, dass der Erblasser den Erben oder Vermächtnisnehmer mit einer Auflage beschwert, Vermögenswerte an einen Dritten, den Stiftungsträger, zu übertragen. Mittels einer zweiten Auflage wird der Dritte (= Stiftungsträger) verpflichtet, den Stiftungszweck in der vorgegebenen Art und Weise dauerhaft zu verfolgen.[156] Die Verpflichtung des Dritten zur Verwirklichung des Stiftungszwecks steht jedoch unter der Bedingung, dass er die ihm zugedachte Leistung vom Erben oder Vermächtnisnehmer erhalten hat. Anderenfalls ist die Auflage unzulässig.

(3) Tauglichkeit der Einsetzung des Stiftungsträgers als Auflagenbegünstigten

Trotz der Möglichkeit, eine Stiftung mittels „sukzessiver Doppelauflage" zu errichten, ist davon abzuraten. Im Gegensatz zu einem Vermächtnis erhält der Stiftungsträger bei der Auflage keinen Anspruch auf die ihm zugedachte Leistung. Er ist darauf angewiesen, dass die Vollzugsberechtigten die Vollziehung der Auflage durchsetzen. Einen positiven Ausgleich für dieses Manko bringt die Auflage auf dieser Stufe jedoch nicht. Die Vorteile der Auflage wie die Begünstigung eines unbestimmten Personenkreises sind ausschließlich auf der zweiten Stufe der Stiftungserrichtung, der Zweckbestimmung, bedeutsam. Möchte der Erblasser den Stiftungsträger nicht als Erben einsetzen, kann er ihn als Vermächtnisnehmer bedenken. Sollte der Erblasser über den potentiellen Stiftungsträger bei Testamentserrichtung noch nicht im Klaren sein, bietet ihm das Vermächtnis die Möglichkeit, eine bestimmte Anzahl an potentiellen Stiftungsträgern zu nennen, aus denen am Ende der Beschwerte eine Auswahl treffen kann. Die zeitlichen Grenzen des Vermächtnisses werden im Rahmen der Vermögenszuwendung kaum Bedeutung haben, da der Erblasser in der Regel die Stiftungserrichtung unmittelbar nach seinem Tod wünscht und nicht Jahre später.

155 Stahl, in: Scherer (Hrsg.), Anwaltshandbuch, § 15 Rn. 2; Bamberger/Roth BGB /Litzenburger (3. Aufl.), § 2074 Rn. 1.

156 Muscheler, ZEV 2014, S. 573 (574).

Meint es der Erblasser mit der Stiftungserrichtung ernst, sollte er die Vermögenszuwendung an den Stiftungsträger daher zumindest mit einem Vermächtnisanspruch sichern. Natürlich steht es dem Erblasser frei, zur Absicherung der Auflage einen Testamentsvollstrecker zu ihrer Erfüllung einzusetzen, womit die Vollziehung der Auflage gesichert wäre. Allerdings stellt sich dann die Frage, warum der Erblasser sich die Testamentsvollstreckerkosten nicht erspart und den Stiftungsträger direkt als Vermächtnisnehmer einsetzt.

c) Schuldrechtliches Pendant zur unselbständigen Stiftung von Todes wegen

Die mittels erbrechtlicher Auflage gegründete unselbständige Stiftung von Todes wegen wird als erbrechtliches Gegenstück zur durch schenkungsrechtliche Auflage gegründeten unselbständigen Stiftung unter Lebenden bezeichnet.[157] Beide Stiftungsformen werden regelmäßig unter dem Begriff „Auflagenstiftung" behandelt.[158] Eine Ähnlichkeit der beiden Stiftungsformen ist auch nicht von der Hand zu weisen – bei beiden wird der Stiftungsträger Eigentümer des Stiftungsvermögens. Dennoch darf die Ähnlichkeit nicht darüber hinwegtäuschen, dass für beide Stiftungsformen aufgrund ihrer Entstehungsweise teilweise gänzlich unterschiedliche Regelungen gelten.

V. Verschiedene Typen der unselbständigen Stiftung

Die unselbständige Stiftung hat wie auch die selbständige Stiftung unterschiedliche Erscheinungsformen.

1. Kapital- und Verbrauchsstiftung

Die der selbständigen Stiftung ähnlichste Form der unselbständigen Stiftung ist die Kapitalstiftung.[159] Hier setzt der Stifter Vermögenswerte aus, deren Erträge die Stiftungszwecke erfüllen sollen. Das Stiftungsvermögen besteht aus einem unantastbarem Grundstock und seinem Verwaltungsvermögen, den Erträgen.

Daneben gibt es die sog. Verbrauchsstiftung. Bei ihr wird der angelegte Grundstock verbraucht und in absehbarer Zeit zur Erfüllung des Stiftungszwecks eingesetzt.[160]

---

157 Muscheler, ZEV 2014, S. 573 (574).

158 S. Stumpf, in: Andrick/Gantenbrink/Janitzki u.a. (Hrsg.), Die Stiftung, 11. Jg., S. 23 (29); MüKo BGB/Weitemeyer (8. Aufl.), § 80 Rn. 273 ff.

159 A. Werner, in: Werner/Saenger/Fischer (Hrsg.), Die Stiftung, § 13, Rn. 7.

160 A. Werner, in: Werner/Saenger/Fischer (Hrsg.), Die Stiftung, § 13, Rn. 7.

2. Unselbständige Familienstiftung

Eine unselbständige Familienstiftung kann ebenso wie eine selbständige Stiftung als Familienstiftung errichtet werden.[161] Sie ist eine Familienstiftung, wenn ihre Nutznießer die Mitglieder einer oder mehrerer Familien sind. Entscheidend ist, dass die Stiftung dem überwiegenden oder ausschließlichen Familieninteresse dient.[162]

3. Unternehmensverbundene unselbständige Stiftung

Die unternehmensverbundene unselbständige Stiftung ist nur eine Anwendungsvariante der (unselbständigen) Stiftung und keine eigene Stiftungsform.[163] Sie ist eine Stiftung, die selbst als Unternehmensträgerstiftung das Unternehmen unmittelbar betreibt (Unternehmensträgerstiftung).[164] Beispielsweise liegt sie dann vor, wenn der Stiftungszweck das Betreiben eines Krankenhauses ist und das Stiftungsvermögen in einem Krankenhaus besteht.[165] Alternativ werden die Stiftungen so bezeichnet, welche Beteiligungen an Personen- oder Kapitalgesellschaften halten (Beteiligungsträgerstiftung).[166]

4. Kirchliche Stiftung

Kirchliche Stiftungen dienen zumindest überwiegend kirchlichen Zwecken und sind organisatorisch mit einer Kirche oder einer gleichgestellten Religionsgemeinschaft verbunden.[167] Auch hier werden rechtsfähige und Stiftungen ohne Rechtspersönlichkeit unterschieden.[168]

5. Kommunale unselbständige Stiftung

Ist der Stiftungszweck im Aufgabenbereich einer kommunalen Körperschaft und wird von dieser verwaltet, liegt eine kommunale Stiftung vor. Die Verwaltung unselbständiger kommunaler Stiftungen erfolgt nach den Vorschriften des Kommunalrechts.[169]

---

161 Staudinger/Hüttemann/Rawert (2017), Vorbem 1 zu §§ 80 ff., Rn. 328.
162 Erman BGB/Wiese (15. Aufl.), Vor § 80, Rn. 18.
163 Richter, in: Richter (Hrsg.), Stiftungsrechts-Handbuch, § 12, Rn. 108.
164 Erman BGB/Wiese (15. Aufl.), Vor § 80, Rn. 27.
165 Beispiel angelehnt an Herzog, Unselbständige Stiftung des bürgerlichen Rechts, S. 26.
166 Herzog, Unselbständige Stiftung des bürgerlichen Rechts, S. 26.
167 Staudinger/Hüttemann/Rawert (2017), Vorbem 1 zu §§ 80 ff., Rn. 290.
168 Staudinger/Hüttemann/Rawert (2017), Vorbem 1 zu §§ 80 ff., Rn. 299.
169 V. Campenhausen/Stumpf, in: Richter (Hrsg.), Stiftungsrechts-Handbuch, § 29 Rn. 3.

B. Vor- und Nachteile unselbständiger Stiftungen

Gründe für den in der Einführung geschilderten enormen Anstieg unselbständiger Stiftungen nennt der Bundesverband in der Veröffentlichung seiner Untersuchungsergebnisse nicht. Die Vorteile unselbständiger Stiftungen gegenüber der selbständigen Stiftung sind allerdings nicht von der Hand zu weisen. Aufgrund des fehlenden staatlichen Anerkennungsverfahrens lässt sich die unselbständige Stiftung schneller errichten als eine selbständige Stiftung.[170] Die lebzeitig errichtete unselbständige Stiftung benötigt lediglich einen Vertrag zwischen Stifter und Stiftungsträger, die von Todes wegen lediglich eine letztwillige Verfügung.[171] Die mangelnde staatliche Aufsicht sorgt für einen größeren Entscheidungsspielraum des Stifters und kommt vor allem den Stiftern zugute, die die Unabhängigkeit ihrer Stiftung von der Stiftungsaufsicht bevorzugen.[172] Die unselbständige Stiftung ist flexibler in Bezug auf Satzungsänderungen oder bei einer Auswechslung des Stiftungsträgers.[173] Ein weiterer, häufig angeführter Vorteil der unselbständigen Stiftung ist das Fehlen eines Mindestkapitals für die Stiftungserrichtung.[174] Der Bundesverband Deutscher Stiftungen empfiehlt für die Errichtung einer selbständigen Stiftung dagegen ein Mindestkapital von 70.000 bis 100.000 Euro.[175] Für eine nachhaltige Zweckerfüllung sei diese Summe bei der gegenwärtigen Zinslage sogar oft zu wenig.[176] Aufgaben, die nur auf Grundlage einer Zuwendung ertraglosen Vermögens erfüllt werden, können nur durch eine unselbständige Stiftung verwirklicht werden, bspw. die Zuwendung einer Bibliothek, einer Kunstsammlung oder der Forschung dienender Geräte.[177] Auch entstehen bei Errichtung einer unselbständigen Stiftung nicht die bei der selbständigen Stiftung anfallenden Kosten und Gebühren.[178] Aus gestalterischer Sicht bietet sich die unselbständige Stiftung als eine Vor-Stiftung zur Errichtung einer selbständigen Stiftung an.[179] Das bringt den Vorteil, dass die Stiftung mit

170 Seyfarth, Schutz der unselbstständigen Stiftung, S. 16; Westebbe, Stiftungstreuhand, S. 22.

171 Seyfarth, Schutz der unselbstständigen Stiftung, S. 16.

172 Schmidt, ZEV 2003, S. 316 (316); A. Werner, in: Werner/Saenger/Fischer (Hrsg.), Die Stiftung, § 13, Rn. 32.

173 A. Werner, in: Werner/Saenger/Fischer (Hrsg.), Die Stiftung, § 13, Rn. 34.

174 A. Werner, in: Werner/Saenger/Fischer (Hrsg.), Die Stiftung, § 13, Rn. 29; Schmidt, ZEV 2003, S. 316 (316); Seyfarth, Schutz der unselbstständigen Stiftung, S. 17.

175 Bundesverband Deutscher Stiftungen, Zahlen, Daten, Fakten (2017), S. 113.

176 Bundesverband Deutscher Stiftungen, Zahlen, Daten, Fakten (2017), S. 113.

177 A. Werner, in: Werner/Saenger/Fischer (Hrsg.), Die Stiftung, § 13, Rn. 29.

178 A. Werner, in: Werner/Saenger/Fischer (Hrsg.), Die Stiftung, § 13, Rn. 32.

179 Möller, ZEV 2007, S. 565 (565); Seyfarth, Schutz der unselbstständigen Stiftung, S. 19.

der Verwirklichung des Stiftungszwecks sofort beginnen kann.[180] Zudem besteht die Möglichkeit des Spendenabzugs gem. § 10 Abs. 1, Abs. 1a EStG, § 9 Abs. 1 KStG bei Spenden an eine unselbständige Stiftung - ebenso wie bei Spenden an eine rechtsfähige Stiftung.[181]

Im Vergleich zur selbständigen Stiftung von Todes wegen lässt sich die unselbständige Stiftung von Todes wegen je nach Gestaltungsziel zudem aufgrund des Ausbleibens der daraus resultierenden erbrechtlichen Probleme unkomplizierter errichten. Das betrifft bspw. die Einsetzung der Stiftung als Miterbin oder die Bestimmung eines Dauertestamentsvollstreckers.

Trotz der Fülle an Vorteilen hat die unselbständige Stiftung auch Nachteile. Sie ist in starkem Maße vom Stiftungsträger abhängig. Fehlt ein Kontrollgremium, steht und fällt die Stiftung mit der Tätigkeit des Stiftungsträgers. Wegen der fehlenden Verselbständigung des Stiftungsvermögens besteht die Gefahr des Zugriffs von Gläubigern des Stiftungsträgers.[182] Bei der unselbständigen Stiftung von Todes wegen kommt hinzu, dass deren Anordnung von den Erben in eigenem Interesse oftmals ignoriert wird.[183] Wurde kein Testamentsvollstrecker eingesetzt, ist niemand vorhanden, der die Vollziehung der Auflagen überwacht.

180 Seyfarth, Schutz der unselbstständigen Stiftung, S. 19.

181 Schmidt, ZEV 2003, S. 316 (316), s. hierzu auch Kap. 7, lit. B, Ziff. V.

182 Seyfarth, Schutz der unselbstständigen Stiftung, S. 14.

183 Seyfarth, Schutz der unselbstständigen Stiftung, S. 15.

2. Kapitel Errichtung einer unselbständigen Stiftung von Todes wegen

Die Errichtung einer unselbständigen Stiftung von Todes wegen erfolgt gedanklich in zwei Stufen.

Die erste Stufe bestimmt, wie die Vermögenszuwendung an den Stiftungsträger erfolgt: als Erbe oder Miterbe, als Vermächtnisnehmer oder als Auflagenbegünstigter.

Auf der zweiten Stufe wird festgelegt, wie der Stiftungsträger verpflichtet wird, das erhaltene Vermögen zur Erfüllung des Stiftungszwecks zu verwenden: im Wege der Auflage oder im Wege des Vermächtnisses.

Aus diesen zwei Stufen ergeben sich vielfältige Gestaltungsmöglichkeiten, bei denen die Vor- und Nachteile der jeweiligen erbrechtlichen Verfügung sowie deren Zusammenspiel auf beiden Gestaltungsebenen berücksichtigt werden müssen.

Hinzu kommen unter Umständen steuerliche Überlegungen. 93% aller Stiftungen verfolgen rein gemeinnützige Zwecke.[184] Nicht jeder der steuerfreien Zwecke lässt sich aber mit jedem erbrechtlichen Gestaltungswerkzeug erfüllen – die Anforderungen an die Erfüllung eines steuerfreien Zwecks und die eines erbrechtlichen Gestaltungsmittels können divergieren.[185] Steuerrecht und Erbrecht müssen daher immer auf ihre Kompatibilität geprüft werden.

A. Exkurs: gemeinnützige Stiftungen

Das Gesetz gewährt nach § 51 Abgabenordnung (AO) für Körperschaften, die ihr Einkommen nur für gemeinnützige, mildtätige oder kirchliche Zwecke verwenden, Steuerbefreiungen. Die Zwecke selbst sind in den §§ 52–54 AO definiert.

Die jeweilige Steuerbefreiung ergibt sich aus den Befreiungsvorschriften der einzelnen Steuergesetze. Für die unselbständige Stiftung von Todes wegen sind regelmäßig § 13 Abs. 1 Nr. 16 Erbschaftsteuergesetz (ErbStG), § 5 Abs. 1 Nr. 9 Körperschaftsteuergesetz (KStG) und § 3 Nr. 6 Gewerbesteuergesetz (GewStG) von Bedeutung.

---

184 Bundesverband Deutscher Stiftungen, Zahlen, Daten, Fakten (2017), S. 101.

185 S. bspw. Kap. 2, lit. C, Ziff. I.3a).

Soll eine steuerbefreite Körperschaft errichtet werden, muss die unselbständige Stiftung die Voraussetzungen der Abgabenordnung erfüllen; auf die Steuerbefreiung des Stiftungsträgers kommt es nicht an.[186]

I. Anforderungen der §§ 55–57 AO

Bei Verfolgung satzungsmäßiger Zwecke muss die Stiftung selbstlos, ausschließlich und unmittelbar i.S.d. §§ 55–57 AO tätig werden.

1. Selbstlosigkeit gem. § 55 AO

Verfolgt die Stiftung nicht in erster Linie eigenwirtschaftliche Zwecke und werden die in § 55 AO angeordneten Anforderungen an die Mittelverwendung und die Vermögensbindung eingehalten, ist der Grundsatz der Selbstlosigkeit gegeben.

Von besonders praktischer Relevanz ist in diesem Zusammenhang der Grundsatz der Vermögensbindung aus § 55 Abs. 1 Nr. 4 AO. Er bestimmt, dass das Stiftungsvermögen bei einer Auflösung der Stiftung oder bei einem Wegfall des bisherigen Zwecks weiterhin an steuerbegünstigte Zwecke gebunden sein muss. Dementsprechend kann die Vermögensbindung besonders bei Beendigung der Stiftung Probleme bereiten[187].

Bei Rückübertragungen des Vermögens auf die Rechtsnachfolger des Stifters oder sonstige Dritte muss darauf geachtet werden, dass die gezogenen Nutzungen und Erträge erneut steuerbegünstigten Zwecken zugeführt werden. Geschieht das nicht, wird die Gemeinnützigkeit nach §§ 61 Abs. 3, 175 Abs. 2 AO nachträglich aberkannt.

2. Ausschließlichkeit gem. § 56 AO

Der Grundsatz der Ausschließlichkeit aus § 56 AO fordert die ausschließliche Verfolgung steuerbegünstigter satzungsmäßiger Zwecke. Relevant wird der Ausschließlichkeitsgrundsatz für die gemeinnützige unselbständige Stiftung bspw. bei Vergütung der Organmitglieder. Die Verwaltung der Stiftung darf nicht zum Selbstzweck werden, anderenfalls ist ihre Gemeinnützigkeit gefährdet.[188]

---

186 Hüttemann/Herzog, DB 2004, S. 1001 (1006).
187 S. Kap. 5, lit. B, Ziff. III.
188 Wigand/Haase-Theobald/Heuel u.a., Stiftungen in der Praxis, Kap. 5 Rn. 49.

3. Unmittelbarkeit gem. § 57 AO

§ 57 AO formuliert den Unmittelbarkeitsgrundsatz; die Stiftung muss ihre satzungsmäßigen Zwecke selbst verwirklichen.

II. Steuerlich unschädliche Betätigung, § 58 Nr. 6 AO

Aus gestalterischer Sicht ist die in § 58 Nr. 6 AO steuerlich unschädliche Betätigung interessant. Sie erlaubt es, mit maximal einem Drittel des Stiftungseinkommens den Stifter und seine nächsten Angehörigen zu unterhalten, ihre Gräber zu pflegen und ihr Andenken zu ehren. Die Finanzverwaltung interpretiert den Begriff der Angehörigen enger als § 15 AO und begrenzt ihn auf Ehegatten, Eltern, Großeltern, Kinder, Enkel, Geschwister, Pflegeeltern und Pflegekinder.[189]

B. Erste Stufe: Vermögenszuwendung durch Erbeinsetzung, Vermächtnis oder Auflage[190]

I. Stiftungsträger als Alleinerbe

1. Einsetzung des Stiftungsträgers als Alleinerbe

Die einfachste Form der Vermögenszuwendung an den Stiftungsträger ist dessen Einsetzung zum Alleinerben.

Mangels Rechtsfähigkeit kann die unselbständige Stiftung von Todes wegen nicht als Erbin eingesetzt werden. Stattdessen wird der Stiftungsträger zum Erben eingesetzt, der das als Erbe erhaltene Vermögen treuhänderisch verwaltet.[191]

Erbe kann sowohl eine natürliche Person als auch eine juristische Person sein.[192] Die Erbfähigkeit juristischer Personen ergibt sich aus ihrer allgemeinen Rechtsfähigkeit und findet ihre Bestätigung in zahlreichen erbrechtlichen Normen, wie bspw. in § 2044 Abs. 2 S. 3 BGB oder § 2101 Abs. 2 BGB.

Gem. § 1922 BGB geht im Wege der Gesamtrechtsnachfolge das gesamte Vermögen des Erblassers auf den Stiftungsträger als Erben über.[193] Der Erbe tritt dabei nicht nur in die rechtlichen Fußstapfen des Erblassers, sondern wird auch

189 Vgl. OFD Magdeburg, ZEV 2014, 332.
190 Betitelung nach Schmidt, ZEV 2003, S. 316 (317).
191 Lange, ZErb 2013, S. 324 (326).
192 Lange, Erbrecht, Kap. 2, § 7 Rn. 16.
193 Bamberger/Roth BGB/Müller-Christmann (3. Aufl.), § 1922 Rn. 15.

sein wirtschaftlicher Nachfolger. Nach §§ 1922, 1967 Abs. 1 BGB gehen die Nachlassverbindlichkeiten auf den Erben über, wozu nach § 1967 Abs. 2 BGB Erblasserschulden, Erbfallschulden und Nachlasserbenschulden gehören.[194]

Je nach Umfang des Nachlasses bringt die Auflösung des Nachlasses zusätzlich zur Stiftungsgründung einen enormen Zeitaufwand mit sich. Der Erblasser sollte daher zuvor mit dem potentiellen Stiftungsträger sprechen und sich absichern, dass dieser bereit ist, die Aufgabe zu übernehmen.[195] Anderenfalls würde die Stiftungserrichtung scheitern, würde der Stiftungsträger die Erbschaft ausschlagen und deshalb die gesetzliche Erbfolge eintreten.[196] Sicherheitshalber sollten ein oder sogar mehrere Ersatzerben eingesetzt werden, deren Bereitschaft natürlich ebenfalls geklärt werden muss.[197]

Eine große Gefahr in dieser Konstellation besteht in der Belastung des Nachlasses mit Pflichtteilsansprüchen oder anderen Nachlassverbindlichkeiten.[198]

2. *Formulierungsvorschlag*

Ich, …, geboren am …, in …, derzeit wohnhaft in …, setze zu meinem Alleinerben *ST*[199] ein. Das heißt, mein Vermögen geht in das Vermögen des Erben über und vereinigt sich mit dessen Vermögen zu einer Vermögensmasse.

Sollte mein Erbe *ST* vor oder nach dem Erbfall wegfallen, gleich aus welchem Grund, so bestimme ich entgegen jeder anderslautenden gesetzlichen oder richterlichen Vermutungs- und Auslegungsregel *XYC* zu meinem Ersatzerben, wiederum ersatzweise soll *ABC* Erbe werden.

II. Stiftungsträger als Miterbe

1. *Grundlagen der Erbengemeinschaft*

Setzt der Erblasser neben dem Stiftungsträger weitere Erben ein, wird der Nachlass gem. § 2032 Abs. 1 BGB gemeinschaftliches Vermögen der Erben. Der Nachlass stellt ein Sondervermögen dar, das kraft Gesetzes vom Vermögen der einzelnen Miterben getrennt ist. Die Miterben bilden eine Gesamthandsgemeinschaft, die

---

194 Bamberger/Roth BGB/Lohmann (3. Aufl.), § 1967, Rn. 13. Eine tiefergehende Unterteilung befindet sich u.a. bei Staudinger/Dutta (2016), § 1967 Rn. 8 ff.

195 Schmidt, ZEV 2003, S. 316 (316); Lange, ZErb 2013, S. 324 (326).

196 Schmidt, ZEV 2003, S. 316 (316); Lange, ZErb 2013, S. 324 (326); Hof, in: Richter (Hrsg.), Stiftungsrechts-Handbuch, § 36 Rn. 132.

197 Schmidt, ZEV 2003, S. 316 (316).

198 S. hierzu unter Kap. 4, lit. A.

199 =Stiftungsträger.

sog. Erbengemeinschaft. Sie wird kraft Gesetzes geschaffen und entsteht unabhängig vom Willen der Beteiligten.[200] Den Miterben als Gesamthänder stehen sämtliche Nachlassgegenstände gemeinsam zu. Eine Sondererbfolge von einzelnen Miterben in bestimmte Gegenstände oder Rechte gibt es nicht. Folglich dürfen alle Miterben nur gemeinsam über die Nachlassgegenstände verfügen, § 2040 BGB. Auch die Nachlassverwaltung ist grundsätzlich Angelegenheit der Erbengemeinschaft, § 2038 BGB.

Obwohl jeder Miterbe gem. § 2042 BGB zu jedem Zeitpunkt die Auseinandersetzung des Nachlasses verlangen kann, soll die Erbengemeinschaft erst enden, wenn sämtliche Nachlassverbindlichkeiten beglichen und alle Rechtsbeziehungen der Gesamthand abgewickelt wurden.[201] Die Erbengemeinschaft endet mit Auseinandersetzung über den tatsächlich letzten Nachlassgegenstand, § 2042 BGB.[202] Das nach Tilgung der Nachlassverbindlichkeiten und unter Hinzurechnung der ausgleichungspflichtigen Zuwendungen nach § 2055 BGB verbleibende Vermögen ist der zu verteilende Überschuss nach § 2047 BGB.[203] Erst mit der Verteilung des Überschusses anhand der Erbquoten erhalten die Miterben Alleineigentum an den Nachlassgegenständen.

2. *Auskunftsansprüche des Stiftungsträgers als Miterbe gegen die übrigen Miterben*

Setzt der Erblasser eine ihm nahestehende Person als Stiftungsträger ein, mag diese vielleicht noch Kenntnis von der Zusammensetzung des Nachlasses besitzen. Spätestens mit Einsetzung einer juristischen Person als Stiftungsträger und Miterbe besteht das Problem, dass diese in der Regel die Zusammensetzung des Nachlasses nicht kennt.

Fraglich ist daher, wie der Stiftungsträger als Miterbe an die für ihn notwendigen Informationen gelangt.

a) *Auskunftsanspruch des Stiftungsträgers gegenüber Dritten*

Zunächst kann der Stiftungsträger als Erbe bei Banken[204], Lebensversicherungen, Grundbuchämtern und anderen Instituten selbst Auskunft einholen. Die

---

200 MüKo BGB/Gergen (7. Aufl.), § 2032 Rn. 4.

201 Rißmann, in: Rißmann (Hrsg.), Die Erbengemeinschaft, § 8 Rn. 7f.

202 JurisPK BGB/Otto (8. Aufl.), § 2032 Rn. 23.

203 MüKo BGB/Ann (7. Aufl.), § 2047 Rn. 3; jurisPK BGB/Schütte (8. Aufl.), § 2047 Rn. 2.

204 Der Auskunftsanspruch gegenüber der Bank rührt aus §§ 675, 666 BGB, s. AG Kaiserslautern, ZEV 2011, S. 585; MüKo BGB/Gergen (7. Aufl.), § 2039 Rn. 5. Allerdings ist hier u. U. das Bankgeheimnis zu beachten, von dem die Bank nach überwiegender

Anforderungen für den Erhalt einer Auskunft sind je nach Einrichtung verschieden. Zu beachten ist, dass die Geltendmachung des Auskunftsanspruchs nach überwiegender Auffassung eine Nachlassforderung nach § 2039 BGB ist.[205] Der Stiftungsträger kann sie zwar ohne seine Miterben geltend machen, die Auskunft muss er aber an die Erbengemeinschaft fordern (actio pro socio).[206] Der Schuldner leistet nur mit schuldbefreiender Wirkung, wenn er an alle Gläubiger, also die Erben, leistet.

b) Auskunftsanspruch von Miterben untereinander

Problematisch ist die Auskunftspflicht der Miterben untereinander. Eine spezielle Anspruchsgrundlage, wonach Miterben untereinander verpflichtet wären, sich Auskunft über den Nachlass zu erteilen, ist nicht vorhanden.[207] Eine allgemeine Auskunftspflicht der Miterben allein aufgrund der Verbindung in der Erbengemeinschaft wird überwiegend abgelehnt.[208] Nach mittlerweile gefestigter Ansicht in Rechtsprechung und Literatur kann eine Auskunftsverpflichtung eines Miterben jedoch aus § 242 BGB begründet werden, wenn der einzelne Miterbe in entschuldbarer Weise über den Umfang des Nachlasses und seinen Verbleib im Ungewissen ist, andere Erben hingegen die Auskunft unschwer erteilen können.[209] Weitere Auskunftsansprüche des Miterben gegenüber den übrigen Miterben können sich aus §§ 666, 2027, 2028 und 2050f. BGB ergeben.[210]

Ansicht nur von allen Miterben gemeinschaftlich befreit werden kann, S. Werkmüller, in: Lange/Werkmüller (Hrsg.), Der Erbfall in der Bankpraxis, § 14 Rn. 2; Maibach, in: Linnartz, F./Linnartz, E./Maibach u.a., Bankauskunft im Erbfall, S. 44.

205 AG Kaiserslautern, ZEV 2011, S. 585; Staudinger/Löhnig (2016), § 2039 Rn. 9; MüKo BGB/ Gergen (7. Aufl.), § 2039 Rn. 5; Maibach, in: Linnartz, F./Linnartz, E./Maibach u.a., Bankauskunft im Erbfall, S. 46; für analoge Anwendung von § 2039 BGB: Werkmüller, in: Lange/ Werkmüller (Hrsg.), Der Erbfall in der Bankpraxis, § 14 Rn. 1.

206 Schebesta, in: Ott-Eulberg/Schebesta/Bartsch (Hrsg.), Erbrecht und Banken, § 11 Rn. 17; Rißmann, in: Rißmann (Hrsg.), Die Erbengemeinschaft, § 4 Rn. 174.

207 Rißmann, in: Rißmann (Hrsg.), Die Erbengemeinschaft, § 4 Rn. 152.

208 Lange/Kuchinke, Erbrecht, § 43, II.7c) m.w.N.

209 Generell zum Auskunftsanspruch des Gläubigers aus § 242 BGB: BGHZ 10, 385 (386f.); Lange/Kuchinke, Erbrecht, § 43, II.7c); Rißmann, in: Rißmann (Hrsg.), Die Erbengemeinschaft, § 4 Rn. 156.

210 Rißmann, in: Rißmann (Hrsg.), Die Erbengemeinschaft, § 4 Rn. 157 ff.

3. *Verzögerungen bei der Auseinandersetzung*

Die Gründe für eine mögliche Verzögerung der Auseinandersetzung einer Erbengemeinschaft sind vielfältig. Vor der Auseinandersetzung lässt sich der Wert des auf den Stiftungsträger fallenden Erbteils nicht genau bestimmen.[211] Verfügungen können wegen sich weigernder Miterben nicht vorgenommen werden, Immobilien lassen sich nicht veräußern, nicht selten verstirbt ein Miterbe, der durch dessen Erben ersetzt wird.

Für eine unselbständige Stiftung von Todes wegen bergen diese „erbengemeinschaftsspezifischen" Probleme vor allem die Gefahr, dass ihre Errichtung weit hinausgezögert oder gar vereitelt wird.[212] Benötigt die Stiftung einen bestimmten Gegenstand, um ihre Zweckerfüllung zu sichern, kann dies durch eine Veräußerung der Nachlassgegenstände gefährdet werden.

Um diese Verzögerungen durch zögerliche Miterben zu verhindern, eignet sich am besten die Einsetzung eines Testamentsvollstreckers.

4. *Zuwendung einzelner Gegenstände an den Stiftungsträger*

a) *Teilungsanordnung*

Möchte der Erblasser sichergehen, dass seine Stiftung einen bestimmten Gegenstand erhält, sollen aber dennoch alle Miterben gleich behandelt werden, bietet sich als Gestaltungsmittel die Teilungsanordnung an.

Die Teilungsanordnung ist in § 2048 BGB geregelt und stellt eine Auseinandersetzungsanordnung dar.[213] Mit ihrer Hilfe kann der Erblasser verschiedene Nachlassgegenstände einzelnen Miterben zukommen lassen, ohne dass einer der Miterben mehr erhält, als ihm aufgrund seiner Erbquote zusteht.[214] Sie bewirkt keine dingliche Zuordnung, sondern begründet nur Ansprüche und Verpflichtungen der Miterben für die Auseinandersetzung.[215] Der Nachlassgegenstand gehört so lange zum Nachlass, bis darüber im Rahmen der Auseinandersetzung des Nachlasses verfügt wurde.[216] Da bei einer Teilungsanordnung der erhaltene Gegenstand dem Miterben auf seinen Erbteil angerechnet wird, muss der

211 Hof, in: Richter (Hrsg.), Stiftungsrechts-Handbuch, § 36 Rn. 122.
212 Lange, ZErb 2013, S. 324 (326).
213 MüKo BGB/Ann (7. Aufl.), § 2048 Rn. 1.
214 MüKo BGB/Ann (7. Aufl.), § 2048 Rn. 17.
215 MüKo BGB/Ann (7. Aufl.), § 2048 Rn. 8.
216 MüKo BGB/Ann (7. Aufl.), § 2048 Rn. 9.

Miterbe den Mehrerhalt aus seinem eigenen Vermögen begleichen, falls der ihm zugewandte Gegenstand mehr wert ist, als ihm als Erbe zusteht.[217]

Für den Stiftungsträger als Erben hätte das die Konsequenz, dass er den Ausgleich aus seinem Privatvermögen zu erbringen hätte, da er für sämtliche Verbindlichkeiten, die in Ausübung seiner Geschäftstätigkeit für die Stiftung entstanden sind, mit seinem Privatvermögen haftet.[218] Da er das Erbe jedoch bereits angenommen hat, kann er es nicht mehr ausschlagen, § 1943 BGB. Um das zu vermeiden, sollte bei der Wahl einer Teilungsanordnung eine überquotale Teilungsanordnung angeordnet werden. Damit erhält der Stiftungsträger eine etwaig über seinen Erbteil hinausgehende Zuwendung als Vorausvermächtnis und muss das zu viel Erhaltene nicht ausgleichen.[219]

b) Vorausvermächtnis

Möchte der Erblasser dem Stiftungsträger als Miterben einen wirtschaftlichen Vorteil verschaffen, soll er also mehr erhalten, als ihm aufgrund seiner Erbquote zusteht, kann er ihn mit einem Vorausvermächtnis begünstigen.[220] Das hat zum einen den großen Vorteil, dass das Vorausvermächtnis schon vor der Auseinandersetzung der Erbengemeinschaft geltend gemacht werden kann.[221] Der Stiftungsträger muss also nicht darauf warten, dass die Erbengemeinschaft beendet wird. Zum anderen muss der Stiftungsträger den Erhalt des Vorausvermächtnisses gegenüber den anderen Miterben nicht ausgleichen.[222] Bei größeren Vorausvermächtnissen ist zu beachten, dass pflichtteilsberechtigte Miterben möglicherweise aus dem Restnachlass weniger als den Pflichtteil erhalten würden. Diese Gestaltung ist daher nur bei gleichzeitigen Pflichtteilsverzichtserklärungen sinnvoll.[223]

---

217 JurisPK BGB/Schütte (8. Aufl.), § 2048 Rn. 12; Kurze, in: Rißmann (Hrsg.), Die Erbengemeinschaft, § 10 Rn. 94.

218 Bächstädt, Unselbständige Stiftung des Privatrechts, S. 60 ff.; Westebbe, Stiftungstreuhand, S. 125; Hof, in: Richter (Hrsg.), Stiftungsrechts-Handbuch, § 36 Rn. 197.

219 Kurze, in: Rißmann (Hrsg.), Die Erbengemeinschaft, § 10 Rn. 95.

220 Kurze, in: Rißmann (Hrsg.), Die Erbengemeinschaft, § 10 Rn. 93.

221 MüKo BGB/Rudy (7. Aufl.), § 2048 Rn. 18.

222 MüKo BGB/Rudy (6. Aufl.), § 2048 Rn. 18.

223 Kurze, in: Rißmann (Hrsg.), Die Erbengemeinschaft, § 10 Rn. 93.

5. *Ausschluss und Aufschiebung der Auseinandersetzung*

§ 2043 BGB enthält eine Ausnahme zu § 2042 BGB, wonach jeder Miterbe stets die Auseinandersetzung fordern kann. § 2043 BGB ordnet an, dass der Auseinandersetzungsanspruch so lange nicht geltend gemacht werden darf, solange und soweit Erbteile unbestimmt sind.[224]

Bei der selbständigen Stiftung von Todes wegen führt das zu Problemen. Die Existenz der selbständigen Stiftung hängt von ihrer Anerkennung ab. Da die Anerkennungsbehörde aber vor der Auseinandersetzung keinen genauen Überblick über das der Stiftung zuteilwerdende Vermögen hat, könnte die Anerkennung nicht erteilt werden. Ohne Anerkennung wiederum gibt es keine Auseinandersetzung, da die Erbteile noch unbestimmt sind.[225]

Da die unselbständige Stiftung aber nicht von der Anerkennung abhängt, bereitet § 2043 BGB hier keine Probleme.[226] Allerdings hindert § 2043 BGB die Arbeit der unselbständigen Stiftung bei Vorliegen seiner Voraussetzungen trotzdem, da die Stiftung mangels Stiftungsvermögen ihren Zweck nicht erfüllen kann.

6. *Formulierungsvorschlag*

1. Erbeinsetzung
Zu meinen Erben setze ich A, B und ST zu gleichen Teilen ein. Das heißt, mein Vermögen geht in das Vermögen der Erben über.[227]
2. Teilungsanordnung und Vorausvermächtnis, sog. überquotale Teilungsanordnung[228]
Für die Verteilung meines Nachlasses treffe ich folgende Teilungsanordnung und bestimme bezüglich des über den Erbteil hinausgehenden Wertes folgendes Vorausvermächtnis:
Mein Erbe ST erhält mein Grundstück FG und 50% meines nach Abzug aller Nachlassverbindlichkeiten vorhandenen Geldvermögens[229].

224 MüKo BGB/Ann (7. Aufl.), § 2043 BGB Rn. 4.
225 Schewe, Errichtung der rechtsfähigen Stiftung von Todes wegen, S. 202 ff.
226 Lange, ZErb 2013, S. 324 (326); Schmidt, ZEV 2003, S. 316 (316).
227 Ersatzerbfolge muss für jeden Erben angeordnet werden.
228 Formulierung angelehnt an Uricher, in: Uricher (Hrsg.), Erbrecht, § 7 Rn. 135.
229 Der Begriff Geldvermögen sollte definiert werden.

A erhält meine Grundstücke JB sowie LI und mein Erbe B das Grundstück OU.
Falls einer der Erben durch die Teilungsanordnung mehr erhält, als es seiner Erbquote entspricht, so erhält er diesen Überschuss als Vorausvermächtnis zugewandt. Er ist daher nicht verpflichtet, aus seinem Eigenvermögen einen Ausgleich in den Nachlass zu zahlen. Ein Ausgleich findet hinsichtlich des Mehrwerts also nicht statt.
Ein etwaiger durch Vorausvermächtnis zugewendeter Wertüberschuss wird unter der Bedingung angeordnet, dass der Erbe die Erbschaft annimmt. Das Vorausvermächtnis fällt im Übrigen erst zum Zeitpunkt der Auseinandersetzung des Nachlasses an, etwaige zwischen Eintritt des Erbfalls und der Auseinandersetzung des Nachlasses angefallene Zinsen stehen den Erben und nicht dem Vorausvermächtnisnehmer zu.
Klarstellend bestimme ich, dass das übrige Nachlassvermögen an die drei Erben zu gleichen Teilen gehen soll.

III. Stiftungsträger als Vorerbe oder Nacherbe[230]

1. Grundsätzliches zur Vor- und Nacherbschaft

Das Institut der Vor- und Nacherbschaft ist in den §§ 2100–2146 BGB geregelt. Die mehrfache Erbeinsetzung ermöglicht dem Erblasser auch weit über seinen Tod hinweg Einfluss auf seine Vermögensverhältnisse zu nehmen.[231] Nach § 2100 BGB kann der Erblasser einen Erben dergestalt einsetzen, dass dieser erst Erbe wird, wenn ein anderer Erbe geworden ist. Es können sogar mehrere Nacherben hintereinander eingesetzt werden, solange die zeitliche Grenze in § 2109 Abs. 1 S. 1 BGB beachtet wird.[232] Sowohl Vorerbe als auch Nacherbe sind echte Erben und erben beide direkt vom Erblasser.[233] Auf den Nacherben geht nur die Erbschaft des Erblassers über, die sich als Sondervermögen in der Hand des Vorerben befunden hatte.[234]

Nach § 2109 Abs. 1 S. 1 BGB wird eine Nacherbeneinsetzung mit dem Ablauf von 30 Jahren nach dem Erbfall unwirksam, wenn nicht vorher der Fall der

---

230 Ein Formulierungsvorschlag für den Stiftungsträger als Nacherben findet sich unter Kap. 2, lit. D, Ziff. III.4b).
231 Lange/Kuchinke, Erbrecht, § 28, I.3a).
232 Lange/Kuchinke, Erbrecht, § 28, II.3a).
233 Muscheler, Erbrecht II, S. 1238 Rn. 2477.
234 Lange/Kuchinke, Erbrecht, § 28, I.2a).

Nacherbfolge eingetreten ist.[235] Die 30-Jahres-Frist kann wegen der Ausnahmeregelung in § 2109 Abs. 1 S. 2 BGB auch von längerer Dauer sein.[236]

Vorbehaltlich der gesetzlichen Ergänzungsvorschriften muss der Erblasser die Person des Vorerben und des Nacherben sowie den Zeitpunkt des Nacherbfalls festlegen.[237] Es gilt § 2065 BGB auch für den Zeitpunkt des Nacherbfalls[238].[239]

Hauptziel der Vor- und Nacherbschaft ist es, dem Vorerben die Nutzung des Nachlasses für die Dauer der Vorerbschaft zu überlassen und dem Nacherben die Substanz des Nachlasses zu sichern.[240]

Der Vorerbe unterliegt bereits während der Vorerbschaft Beschränkungen, unterdessen besitzt der Nacherbe schon vor Eintritt des Nacherbfalls eine Reihe von Befugnissen, die ihm helfen sollen, den Nachlass zu sichern. Die Beschränkungen der Verfügungsbefugnis des Vorerben befinden sich in den §§ 2113–2115 BGB.

Schuldrechtlich trifft den Vorerben die Verpflichtung, den Nachlass ordnungsgemäß zu verwalten.[241] Tut er dies nicht, haftet er bei Eintritt des Nacherbfalls, nicht jedoch zuvor.[242] Er haftet bei der Verwaltung zudem nur für diejenige Sorgfalt, die er in eigenen Angelegenheiten anwenden würde, § 2131 BGB.

Zur Sicherung des Nacherben hat dieser Ansprüche gegen den Vorerben auf Unterrichtung über den Nachlassbestand (§§ 2121, 2122, 2127 BGB), auf Festlegung von Art und Weise der Nutzung, auf Sicherheitsleistung (§ 2128 BGB) und auf Sequestration (§ 2129f. BGB).[243]

Steht für den Erblasser nicht die Erhaltung des Vermögens im Vordergrund, sondern die Förderung des Vorerben, kann er den Vorerben von den in § 2136 BGB genannten Beschränkungen[244] in seiner Verfügung von Todes wegen befreien.[245]

---

235 Muscheler, Erbrecht II, S. 1239 Rn. 2480.

236 Lange/Kuchinke, Erbrecht, § 28, I.3c).

237 Muscheler, Erbrecht II, S. 1240 Rn. 2482.

238 BGHZ 15, 199 (200).

239 Muscheler, Erbrecht II, S. 1240 Rn. 2482.

240 Muscheler, Erbrecht II, S. 1238 Rn. 2478.

241 MüKo BGB/Rudy (7. Aufl.), § 2130 Rn. 6; Staudinger/Avenarius (2013), § 2130 Rn. 7; Muscheler, Erbrecht II, S. 1259 Rn. 2503.

242 Muscheler, Erbrecht II, S. 1260 Rn. 2503.

243 Muscheler, Erbrecht II, S. 1261 Rn. 2506; Lange/Kuchinke, Erbrecht, § 28, V.6.

244 Das sind die Beschränkungen und Verpflichtungen aus §§ 2113 Abs. 1, 2114, 2116–2119, 2123, 2127–2131, 2133 und 2134 BGB.

245 Lange/Kuchinke, Erbrecht, § 28, VI.2a).

Mit Eintritt des Nacherbfalls hört der Vorerbe auf Erbe zu sein, die Nacherbschaft gem. § 2139 BGB fällt dem Nacherben an. Ausschlagen kann der Nacherbe die Erbschaft allerdings bereits nach dem Tod des Erblassers, § 2142 Abs. 1 BGB.[246]

2. Der Stiftungsträger als Vor- oder Nacherbe

a) Eignung der Vor- und Nacherbschaft für die Errichtung der unselbständigen Stiftung von Todes wegen

(1) Vorerbschaft

Obwohl der Vorerbe richtiger Erbe wird, besitzt er nur eine zeitlich begrenzte Erbenstellung. Daher kann die Einsetzung des Stiftungsträgers als Vorerbe sinnvoll sein, wenn der Erblasser entweder von vornherein einen zeitlich begrenzten Stiftungszweck vorsieht,[247] der Nacherbe im Eintritt des Erbfalls noch nicht bereit ist, den Nachlass zu übernehmen, oder wenn das Vermögen nicht auf die nächste, sondern auf die Enkelgeneration übertragen werden soll.[248]

Um den Stiftungsträger zur satzungsgemäßen Stiftungsverwaltung anzuhalten, kann der Erblasser dessen Vollerbeneinsetzung unter die auflösende Bedingung setzen, dass er den Stiftungszweck ordnungsgemäß weiterverfolgt.[249] Diese Anordnung stellt gleichzeitig eine aufschiebend bedingte Vorerbschaft und eine aufschiebend bedingte Nacherbschaft dar.[250]

Der Erblasser kann auf diese Weise die Gefahr vermeiden, dass der vorgesehene Stiftungsträger das Stiftungsvermögen zweckwidrig verwendet oder gar völlig untätig bleibt.[251] Handelt der Stiftungsträger der Bedingung zuwider, tritt die Nacherbfolge ein.[252] Obwohl der Stiftungsträger in diesen Fällen zunächst

---

246 Staudinger/Avenarius (2013), § 2142 Rn. 1; Muscheler, Erbrecht II, S. 1278 Rn. 2549.

247 A. Werner, in: Werner/Saenger/Fischer (Hrsg.), Die Stiftung, § 13, Rn. 186; Schmidt, ZEV 2003, S. 316 (316); Hof, in: Richter (Hrsg.), Stiftungsrechts-Handbuch, § 36 Rn. 123.

248 Thoma/Söffing, BB 2003, S. 1091 (1092).

249 A. Werner, in: Werner/Saenger/Fischer (Hrsg.), Die Stiftung, § 13, Rn. 186; Schmidt, ZEV 2003, S. 316 (316); Hof, in: Richter (Hrsg.), Stiftungsrechts-Handbuch, § 36 Rn. 123.

250 Ganz h.M.: RGZ 156, S. 172 (180f.); BGH, FamRZ 1961, S. 275 (276); BGHZ 96, 198 (204); R. Kössinger, in: Nieder/Kössinger (Hrsg.), Handbuch der Testamentsgestaltung, § 10 Rn. 68; Staudinger/Kanzleiter (2019), § 2269 Rn. 42; Stürner JZ 1983, S. 149 (149f.).

251 Schmidt, ZEV 2003, S. 316 (316).

252 Schmidt, ZEV 2003, S. 316 (316).

Vollerbe ist, wird er den Einschränkungen der §§ 2113 ff. BGB unterworfen.[253] Tritt die Bedingung der Nacherbschaft binnen 30 Jahren nicht ein, wird der Stiftungsträger gem. § 2109 BGB Vollerbe.

(2) Nacherbschaft

Neben der Einsetzung des Stiftungsträgers als Vorerben besteht auch die Möglichkeit, den Stiftungsträger als Nacherben einzusetzen. Allerdings ist davon ebenso wie von der Einsetzung des Stiftungsträgers zum Ersatzerben abzuraten. Abgesehen von den Einschränkungen der §§ 2113 ff. BGB ist es dem Vorerben erlaubt, den Nachlass zu verbrauchen.[254] Sowohl das „Ob" als auch das „Wie" der Stiftung hängen in dem Fall ganz vom Vorverhalten des Vorerben ab.[255] Die Errichtung der Stiftung könnte von den Vorerben faktisch vereitelt werden.[256] Eine Einsetzung des Stiftungsträgers als Nacherbe könnte allenfalls Sinn machen, wenn der Erblasser zunächst seine Erben versorgt wissen möchte.[257]

b) Stiftungsträger als Vorerbe und das Merkmal der Dauerhaftigkeit

Ein Wesensmerkmal von Stiftungen ist die auf Dauer angelegte Erfüllung ihres Stiftungszwecks.[258] Der Vorerbe aber tritt nur für einen zeitlich beschränkten Zeitraum in die Erbenstellung ein. Nur für diesen Zeitraum besteht auch die Stiftung. Fraglich ist daher, wie sich das Merkmal der Dauerhaftigkeit mit der zeitlich befristeten Stiftung verträgt.

253 RGZ 156, S. 172 (180); BayObLG NJW 1958, S. 1683 (1684); OLG Hamm, ZErb 2011, S. 250; Staudinger/Kanzleiter (2019), § 2269 Rn. 43, Staudinger/Avenarius (2013), § 2100 Rn. 33; R. Kössinger, in: Nieder/Kössinger (Hrsg.), Handbuch der Testamentsgestaltung, § 10 Rn. 68.

254 A. Werner, in: Werner/Saenger/Fischer (Hrsg.), Die Stiftung, § 13, Rn. 187; Schmidt, ZEV 2003, S. 316 (316); Hof, in: Richter (Hrsg.), Stiftungsrechts-Handbuch, § 36 Rn. 123.

255 A. Werner, in: Werner/Saenger/Fischer (Hrsg.), Die Stiftung, § 13, Rn. 187.

256 Lange, ZErb 2013, S. 324 (326); A. Werner, in: Werner/Saenger/Fischer (Hrsg.), Die Stiftung, § 13, Rn. 187; Schmidt, ZEV 2003, S. 316 (316).

257 A. Werner, in: Werner/Saenger/Fischer (Hrsg.), Die Stiftung, § 13, Rn. 187.

258 S. Kap. 1, lit. A, Ziff. III.

(1) Anforderungen an die Dauerhaftigkeit

i. Merkmal der Dauerhaftigkeit

§ 80 Abs. 2 BGB schreibt für die selbständige Stiftung die dauernde und nachhaltige Erfüllung des Stiftungszwecks vor. Damit verfolgte der Gesetzgeber einen doppelten Zweck. Die Dauerhaftigkeit sollte zunächst den Rechtsverkehr schützen und für diesen die dauerhafte Existenz der Stiftung sichern.[259] Außerdem trägt er dem Wesen der Stiftung Rechnung, dass sie grundsätzlich auf unbegrenzte Dauer angelegt ist.[260]

Auch bei der unselbständigen Stiftung ist das Merkmal der Dauerhaftigkeit Tatbestandsmerkmal, obwohl sie keine juristische Person ist.[261] Stiftungen jeder Form sind typischerweise darauf gerichtet, zeitlich unbegrenzt, zumindest aber für eine längere Dauer zu bestehen.[262] Gerade das Merkmal der Dauer charakterisiert die Stiftung und grenzt sie vom Sammelvermögen und der Spende ab. Zudem hat es einen Schutzcharakter, der sie vor Auszehrung und vor Misswirtschaft schützt.[263]

ii. Mindestdauer

Noch ungeklärt ist die Mindestdauer für die Bejahung der Dauerhaftigkeit. Die ältere Stiftungsliteratur wollte teilweise als Mindestdauer der Stiftung ein Menschenalter verlangen.[264] Sie vertrat die Ansicht, ohne das Merkmal der Dauerhaftigkeit wäre eine unselbständige Stiftung undenkbar.[265]

Der Dauercharakter der Stiftung, ihre theoretische ewige Existenz, wurde im modernen Stiftungsrecht aber mehr und mehr zurückgenommen.[266] Mittlerweile

259 BT-Drs 14/8765, S. 8.

260 BT-Drs 14/8765, S. 8.

261 Hof, in: Richter (Hrsg.), Stiftungsrechts-Handbuch, § 36, Rn. 81; Herzog, Unselbständige Stiftung des bürgerlichen Rechts, S. 20; Westebbe, Stiftungstreuhand, S. 36f.; Soergel/ Neuhoff (13. Aufl.), vor § 80 Rn. 22.

262 Hof, in: Richter (Hrsg.), Stiftungsrechts-Handbuch, § 36 Rn. 81.

263 Soergel/Neuhoff (13. Aufl.), vor § 80 Rn. 13.

264 Kohler, in: Kohler/Ring (Hrsg.), Archiv für bürgerliches Recht, S. 228 (268); Danckwerth, Das Recht der unselbständigen Stiftungen, S. 29. Damals starben die Menschen allerdings noch erheblich früher. Im Jahr 1908 betrug die Lebenserwartung eines Mannes rund 47 Jahre, die einer Frau rund 50 Jahre.

265 Kohler, in: Kohler/Ring (Hrsg.), Archiv für bürgerliches Recht, S. 228 (268); im Gegensatz dazu Hauger, Die unselbständige Stiftung, S. 25, der die Dauerhaftigkeit nicht als Begriffsmerkmal der unselbständigen Stiftung sah.

266 Soergel/Neuhoff (13. Aufl.), vor § 80 Rn. 13.

sind selbst bei der selbständigen Stiftung[267] auch zeitlich begrenzte Zwecke ausreichend.

Um noch von einer dauerhaften Zwecksetzung sprechen zu können, wird teilweise gefordert, die zeitliche Beschränkung müsse zu einer Beständigkeit der Zwecksetzung gegenüber dem Wandel der Verhältnisse führen.[268] Bei diesen Anforderungen drängt sich unweigerlich die Frage auf, welche Verhältnisse gemeint sind und welche Anforderungen an ihren Wandel und dessen Vollzug gestellt werden müssen. Als Abgrenzungsmerkmal sind diese Kriterien zu ungenau und daher ungeeignet.

Tauglicher für die Bestimmung der Dauer ist es, sich daran zu orientieren, ob der Zweck so ausgestaltet ist, dass er nicht durch eine einmalige Hingabe oder sehr kurzfristig erreicht werden kann.[269] Das zweckgebundene Vermögen muss über einen gewissen Zeitraum erhalten bleiben.[270] Es darf nicht lediglich eine Spende zugunsten der Destinatäre sein.[271] Eine in Jahreszahlen ausgedrückte Mindestlaufzeit ist bei der unselbständigen Stiftung nicht erforderlich.[272] Sie würde ihrer Vielfältigkeit nicht gerecht.[273] Eine analoge Anwendbarkeit von § 80 Abs. 2 S. 2 BGB scheidet von vorneherein aus.[274] Die Mindestdauer einer unselbständigen Stiftung sollte sich an ihrem Stiftungszweck orientieren.[275]

Die Dauerhaftigkeit des Zwecks wird durch eine Ex-ante-Prognose zum Abschluss des Stiftungsgeschäfts festgestellt.[276]

---

267 Seit 2013 gibt es § 80 Abs. 2 S. 2 BGB.

268 Soergel/Neuhoff (13. Aufl.), vor § 80 Rn. 13; Westebbe, Stiftungstreuhand, S. 36.

269 Herzog, Unselbständige Stiftung des bürgerlichen Rechts, S. 20.

270 Herzog, Unselbständige Stiftung des bürgerlichen Rechts, S. 20; Hof, in: Richter (Hrsg.), Stiftungsrechts-Handbuch, § 36 Rn. 81.

271 Staudinger/Hüttemann/Rawert (2017), Vorbem 1 zu §§ 80 ff., Rn. 328; BeckOGK/Geibel (Stand: 01.10.2018), § 80 Rn. 697; MüKo BGB/Weitemeyer (8. Aufl.), § 80 Rn. 260; A. Werner, in: Werner/Saenger/Fischer (Hrsg.), Die Stiftung, § 13, Rn. 7.

272 Staudinger/Hüttemann/Rawert (2017), Vorbem 1 zu §§ 80 ff., Rn. 328; BeckOGK/Geibel (Stand: 01.10.2018), § 80 Rn. 697. A.A. Hackenberg, NWB 2016, S. 179 (186), der eine Mindestdauer von 10 Jahren wohl vorallem aus steuerlicher Sicht für erforderlich hält. Zudem A. Werner, in: Werner/Saenger/Fischer (Hrsg.), Die Stiftung, § 13, Rn. 7, die als Maßstab einen Zeitraum von 2 bis 3 Jahren ansetzen möchte.

273 BeckOGK/Geibel (Stand: 01.10.2018), § 80 Rn. 697.

274 S. Kap. 1, lit. A, Ziff. II.1c).

275 BeckOGK/Geibel (Stand: 01.10.2018), § 80 Rn. 697.

276 Herzog, Unselbständige Stiftung des bürgerlichen Rechts, S. 20.

(2) Dauerhaftigkeit bei der Vorerbschaft

i. Anforderungen an die Dauerhaftigkeit bei der Vor- und Nacherbschaft

Die Wirksamkeit der Einsetzung des Stiftungsträgers als Vorerben kann in Hinblick auf das Kriterium der Dauerhaftigkeit kritisch werden. Auch wenn nach modernem Verständnis eine Stiftung für einen begrenzten Zeitraum errichtet werden kann, kann der durch die Vorerbschaft vorgesehene Zeitraum zu kurz sein. Das ist jedoch lediglich eine potentielle Gefahr und keine zwingende Folge. Es muss und kann nicht von vornherein mit hundertprozentiger Sicherheit feststehen, dass der Stiftungszweck die Anforderung an die Dauer erfüllt. Das wäre auch nicht möglich, da stets Umstände eintreten können, die die Verwirklichung des Zwecks nachträglich unmöglich machen. Somit kann es bei der Frage der Dauerhaftigkeit auch nur auf die Frage ankommen, ob bei Abschluss des Stiftungsgeschäfts von einer längeren Verwirklichung des Stiftungszwecks ausgegangen werden kann.

ii. Prüfung der Dauerhaftigkeit des Zwecks

Für die Dauerhaftigkeit des Zwecks muss eine doppelte Prüfung vorgenommen werden. Zunächst ist die Zweckregelung in der Satzungsbestimmung zu prüfen. Die Zweckbestimmung muss in zeitlicher Hinsicht den oben genannten Anforderungen genügen. Das zweite wichtige Element ist der Zeitpunkt des Eintritts der Nacherbschaft. Er darf nicht so bestimmt sein, dass sich aus ihm eine einmalige oder kurzfristige Zwecksetzung ergibt.

Entsprechen beide Punkte den Vorgaben, ist die Stiftung auf Dauer angelegt. Die Festlegung einer Frist oder einer Bedingung schadet dem Kriterium der Dauerhaftigkeit grundsätzlich nicht.[277]

c) Umgehung der Vermögensbindung bei steuerbefreiten Stiftungen im Nacherbfall

(1) Grundsatz der Vermögensbindung

Eine Voraussetzung für eine Steuerbegünstigung von Stiftungen, die gemeinnützige, mildtätige oder kirchliche Zwecke verfolgen, ist die Selbstlosigkeit der Förderung und der damit verbundene Grundsatz der Vermögensbindung.[278]

Die Vermögensbindung ist in der Stiftungssatzung gem. § 61 AO ausdrücklich zu regeln. Ausnahmen bestimmt § 62 AO.

---

277 RGRK BGB/Steffens (12. Aufl.), vor § 80 Rn. 3.

278 S. Kap. 2, lit. A, Ziff. I.1.

Nun genügt es jedoch nicht, wenn allein die Satzung den Grundsatz der Vermögensbindung erfüllt. Die tatsächliche Geschäftsführung muss die Satzung und den Grundsatz der Vermögensbindung ebenso befolgen, § 63 AO. Satzung und tatsächliches Handeln müssen miteinander im Einklang stehen.[279] Nur so kann die Rechtmäßigkeit des Grundes für die Steuervergünstigung sichergestellt werden.[280] Das heißt, das Vermögen der Körperschaft darf, wie in der Satzung vorgesehen, nach Beendigung der Stiftung nur für steuerbegünstigte Zwecke verwendet werden.

Verstößt die Geschäftsführung gegen den Grundsatz der Vermögensbindung, gilt die Vermögensbindung als von Anfang an nicht vorhanden.[281] Rückwirkend entfällt die steuerliche Vergünstigung für frühere Veranlagungs- oder Bemessungszeiträume entsprechend § 63 Abs. 2 i.V.m. § 61 Abs. 3 AO für die letzten 10 Kalenderjahre vor der tatsächlichen Verletzung.[282]

(2) Verstoß bei Eintritt der Nacherbschaft

Ein Verstoß gegen den Grundsatz der Vermögensbindung kann bei einer Nacherbschaft eintreten, wenn der eingesetzte Nacherbe das gesamte Vermögen der Stiftung erhält und das frühere Stiftungsvermögen keinen gemeinnützigen Zwecken zugeführt wird.

Bei Eintritt des Nacherbfalls erlischt die Stellung des Stiftungsträgers als Vorerbe. Herausgegeben werden muss an den Nacherben gem. § 2130 Abs. 1 S. 1 BGB schließlich das gesamte Vorerbe, das aus dem Stiftungsvermögen besteht, d.h. der Vermögensgrundstock inklusive aller Mittel der Körperschaft. Der Stiftungsträger kann und darf nach dem Willen des Erblassers die unselbständige Stiftung nicht mehr weiterführen. Zudem „erlischt" in der Regel die Stiftung auch wegen Vermögensverlusts.[283] Vorbehaltlich gegenteiliger Anordnungen des Erblassers steht dem Nacherben das Vermögen frei zur Verfügung. Die unselbständige Stiftung muss nicht von ihm fortgesetzt werden. Wird das Stiftungsvermögen gem. § 55 Abs. 1 Nr. 4 AO aber keinem gemeinnützigen Zweck zugeführt, entfällt die Steuervergünstigung rückwirkend.

---

279 Müller, Beiträge zum Transnationalen Wirtschaftsrecht 2011, Heft 113, S. 36.

280 Müller, Beiträge zum Transnationalen Wirtschaftsrecht 2011, Heft 113, S. 36.

281 Koenig AO/Koenig (3. Aufl.), § 63 Rn. 7.

282 Kühn/v. Wedelstädt AO u. FGO/Blesinger/Viertelhausen (22. Aufl.), § 63 Rn. 4; Koenig AO/Koenig (3. Aufl.), § 63 Rn. 7.

283 Hof, in: Richter (Hrsg.), Stiftungsrechts-Handbuch, § 36 Rn. 208.

Je nach Steuerbegünstigung können dadurch erhebliche Rückzahlungsforderungen des Finanzamts entstehen. Bevor das gesamte Vermögen auf den Nacherben übertragen wird, ist daher genau zu differenzieren, welche Teile davon dem Grundsatz der Vermögensbindung unterliegen und welche davon befreit sind.[284]

Bei der selbständigen gemeinnützigen Stiftung wird teilweise vertreten, der Eintritt des Nacherbfalls und die damit einhergehende Übertragung des Stiftungsvermögens auf die Nacherben könne auch dann kein Verstoß gegen die Vermögensbindung darstellen, wenn das Vermögen keinen steuerbegünstigten Zwecken zugeführt wird.[285] Das wird im Wesentlichen damit begründet, dass die Stiftung auch nach Eintritt des Nacherbfalls mit identischer Zwecksetzung fortbestehe. Sie würde nicht aufgelöst werden.[286] Darüber hinaus würde der Stiftung das Nachlassvermögen nur für einen befristeten Zeitraum geliehen. Sie habe lediglich eine Art Nießbrauchrecht daran erhalten. Das Vermögen sei von vornherein mit der Nacherbschaft belastet gewesen.[287]

Jedenfalls auf die unselbständige Stiftung ist diese Argumentation nicht anwendbar, wobei sie auch im Falle der selbständigen Stiftung eine Umgehung von § 55 Abs. 1 Nr. 1. S. 1 AO darstellt.

Endet die Stiftung durch die Herausgabe des Vermögens an einen nicht steuerbegünstigten Nacherben, liegt ein eindeutiger Verstoß gegen den Grundsatz der Vermögensbindung vor. Die Nacherben profitieren von dem durch die Steuerbefreiung vermehrten Vermögen. Es passiert das, was durch den Grundsatz der Vermögensbindung gerade verhindert werden sollte. Dieser soll die Verwendungen von Vermögen für steuerbegünstigte Zwecke, das sich aufgrund Steuerbegünstigungen gebildet hat, über den Bestand der Körperschaft hinaus sichern.[288]

Das Vermögen aus der Vorerbschaft als eine Art Darlehen an die Stiftung zu qualifizieren, widerspricht dem Institut der Vor- und Nacherbschaft – insbesondere, wenn es sich um eine befreite Vorerbschaft gehandelt hat. Im Übrigen würde ein Darlehen nichts an der Tatsache ändern, dass sich das Vermögen durch die Steuerbefreiungen vermehrt hat und die Nacherben davon profitieren.

---

284 Der Umfang der Vermögensbindung ist umstritten, s. hierzu: Schauhoff, in: Schauhoff (Hrsg.), Gemeinnützigkeit, § 6 Rn. 103.

285 Thoma/Söffing, BB 2003, S. 1091 (1092); Koenig AO/Koenig (3. Aufl.), § 55 Rn. 27.

286 Thoma/Söffing, BB 2003, S. 1091 (1092).

287 Thoma/Söffing, BB 2003, S. 1091 (1092); Koenig AO/Koenig (3. Aufl.), § 55 Rn. 27.

288 Koenig AO/Koenig (3. Aufl.), § 55 Rn. 27; Klein AO/Gersch (14. Aufl.), § 55 Rn. 25.

IV. Stiftungsträger als Vermächtnisnehmer

Die Errichtung einer unselbständigen Stiftung kann dadurch erfolgen, dass dem Stiftungsträger ein klagbarer schuldrechtlicher Anspruch gem. § 2174 BGB auf Übertragung des Stiftungsvermögens eingeräumt wird.[289]

1. Grundlagen des Vermächtnisrechts

Das Vermächtnis ist eine Verfügung von Todes wegen, mittels derer der Erblasser einem anderen ein Recht auf einen Vermögensgegenstand zuwendet, § 1939 BGB. Mit einem Vermächtnis kann jede natürliche oder juristische Person bedacht werden. Der Begünstigte wird nicht Erbe. Er erhält lediglich einen schuldrechtlichen Anspruch gegen den Beschwerten auf Übertragung des vermachten Gegenstandes, § 2174 BGB (sog. Damnationslegat).

Als Gegenstand der Zuwendung kommt jeder Vermögensvorteil in Betracht.[290] Er muss nicht genau bestimmt sein. Es ergeben sich aus der schuldrechtlichen Freiheit jedoch verschiedene typische Vermächtnisarten, bspw. das Zweck- oder Stückvermächtnis.[291]

Gem. § 2147 S. 1 BGB kann mit einem Vermächtnis sowohl ein Erbe als auch ein Vermächtnisnehmer beschwert sein. Wird ein Vermächtnisnehmer seinerseits mit einem Vermächtnis beschwert, spricht man von Untervermächtnis.[292] Der Gegenstand des Untervermächtnisses muss mit dem Gegenstand des Hauptvermächtnisses nicht in Verbindung stehen.[293]

Der Anfall des Vermächtnisses, also dessen Entstehung, erfolgt grundsätzlich mit dem Erbfall, § 2176 BGB. Bei aufschiebend bedingten oder befristeten Vermächtnissen erfolgt gem. § 2177 BGB der Anfall mit Eintritt der Bedingung oder des Termins.

Vom Anfall des Vermächtnisses ist seine Fälligkeit zu unterscheiden – der Zeitpunkt, ab dem die Erfüllung des Vermächtnisses vom Begünstigten gefordert werden darf.[294]

---

289 Schmidt, ZEV 2003, S. 316 (316); Danckwerth, Das Recht der unselbständigen Stiftungen, S. 57.

290 Z.B. Geldzahlung, Übereignung einer beweglichen oder unbeweglichen Sache, Bestellung eines dinglichen Rechts, Abtretung einer Forderung, Erlass einer Verbindlichkeit, s. Leipold, Erbrecht, Rn. 769.

291 Lange/Kuchinke, Erbrecht, § 29, V. 2.

292 Muscheler, Erbrecht II, S. 1305 Rn. 2608; Leipold, Erbrecht, Rn. 774.

293 MüKo BGB/Rudy (7. Aufl.), § 2186 Rn. 2; Muscheler, Erbrecht II, S. 1305 Rn. 2608.

294 Palandt/Weidlich (2019), § 2181 Rn. 1; Nomos BGB/Kroiß/J. Mayer (5. Aufl.), § 2181 Rn. 4.

2. Zuwendung eines Vermögensvorteils bei einer mittels Vermächtnis errichteten Stiftung

§ 1939 BGB nennt als Gegenstand des Vermächtnisses einen Vermögensvorteil. Würde man das Verbleiben eines Vermögensvorteils für den Zuwendungsempfänger als Voraussetzung für das Vermächtnis sehen, könnte je nach Interpretation des Begriffs Vermögenszuwendung eine Stiftungserrichtung mittels Vermächtnis fehlschlagen, da der Vermächtnisnehmer als Stiftungsträger zwar formal Eigentümer des Vermächtnisgegenstands wird, diesen aber für die Stiftung treuhänderisch verwaltet. Ein eigener Vermögensvorteil verbleibt ihm wirtschaftlich betrachtet nicht. Nicht einmal Zinsen oder Erträge des Gegenstands kommen ihm zugute. Streitig ist, ob das für die Annahme eines Vermächtnisses genügt.

Teile in der Literatur verlangen für das Vorliegen eines Vermächtnisses für den Begünstigten einen irgendwie gearteten Vermögenswert,[295] eine wirtschaftliche Besserstellung[296] oder irgendeine Beziehung zu einem Vermögensvorteil[297]. Danach würde die Verwaltung von treuhänderischem Vermögen, die dem Vermächtnisnehmer keinerlei Vorteile bringt, kein wirksames Vermächtnis darstellen.[298]

Von einer im Vordringen begriffenen Ansicht wird der Begriff des Vermögensvorteils allerdings im weitesten Sinn verstanden.[299] Er soll keiner Einschränkung gegenüber dem allgemeinen Leistungsbegriff unterliegen.[300] Eine wirtschaftliche Besserstellung des Bedachten ist gerade nicht erforderlich.[301]

---

295 Erman BGB/Lieder (15. Aufl.), § 1939 Rn. 4, anderenfalls würde es sich um eine Teilungsanordnung, eine Auflage oder eine Testamentsvollstreckung handeln.

296 Strothmann, JURA 1982, S. 349 (356); Grunsky, JZ 1963, S. 250 (251); Eidenmüller, JA 1991, S. 150 (152), der die weite Auslegung des Begriffs für bedenklich hält. Der Begriff der Leistung in § 1940 und der in § 1939 dürfen nicht gleichgesetzt werden.

297 RGRK BGB/Kregel (12. Aufl.), § 1939 Rn. 4.

298 Anders RGRK BGB/Kregel (12. Aufl.), § 1939 Rn. 4, dem das wohl genügen würde.

299 Muscheler, Erbrecht II, S. 1294 Rn. 2581.

300 Muscheler, Erbrecht II, S. 1294 Rn. 2581; Staudinger/Otte (2017), § 1939 Rn. 8; Damrau PK Erbrecht/Seiler-Schopp (3. Aufl.), § 1939 Rn. 7; MüKo BGB/Leipold (7. Aufl.), § 1939 Rn. 6; Soergel/Stein (13. Aufl.), § 1939 Rn. 3; Nomos BGB/Horn/J. Mayer (5. Aufl.), § 1939 Rn. 6; a.A. Lange/Kuchinke, Erbrecht, § 29, II.2b), der die weite Ansicht für nicht mehr vereinbar mit dem Wortlaut hält.

301 OLG Hamm, FamRZ 1994, S. 1210 (1212); Staudinger/Otte (2017), § 1939 Rn. 8; Nomos BGB/Horn/J. Mayer (5. Aufl.), § 1939 Rn. 6; MüKo BGB/Leipold (7. Aufl.), § 1939 Rn. 6; a.A. Palandt/Weidlich (2019), § 1939 Rn. 4, der zumindest eine Begünstigung des Vermächtnisnehmers verlangt.

Letztgenannter Ansicht ist zuzustimmen. Anderenfalls würde sich das Gesetz selbst widersprechen, wenn es in § 1940 BGB die Beschwerung des Vermächtnisnehmers mit einer Auflage zulässt. Es ist gut möglich, dass der Vermächtnisnehmer das, was er als Vermächtnis erhält, im Wege der Auflage wieder weiterverwenden muss.[302] Auch enthält das Gesetz keine Vorschriften, aus denen sich die Forderung ableiten ließe, dem Vermächtnisnehmer müsste stets ein wirtschaftlicher Vorteil verbleiben. Aus § 2187 BGB geht vielmehr hervor, dass der Gesetzgeber selbst damit gerechnet hat, dass dem Vermächtnisnehmer eventuell am Ende nichts mehr verbleibt.[303] Hätte er dem Vermächtnisnehmer zwingend einen Vermögensvorteil zuwenden wollen, dürfte es § 2187 BGB nicht geben. Hinzu kommt, dass der Erblasser keine Gegenstände von ideellem Wert vermachen könnte, wenn dem Bedachten ein Vermögensvorteil verbleiben müsste.[304] Auch aus den Gesetzesmaterialien lässt sich keine Absicht des Gesetzgebers ableiten, das Vermächtnis auf Gegenstände zu beschränken, die einen geldwerten Vorteil bringen.[305]

3. *Wegfall des mit dem Vermächtnis Beschwerten*

Für die Stiftungserrichtung besteht keine Gefahr, sollte der mit dem Vermächtnis Beschwerte wegfallen.[306] Die Wirksamkeit des Vermächtnisses hängt nicht davon ab, dass der mit ihm Beschwerte tatsächlich Erbe oder Vermächtnisnehmer wird.[307] Beschwert ist in dem Fall derjenige, der an seiner Stelle das Stiftungsvermögen erhält.[308] Diese Regelung steht zwar unter der Beschränkung, dass kein anderer Erblasserwille anzunehmen ist, § 2161 S. 1 BGB. Wer im Einzelnen zur Übertragung des Vermögens verpflichtet ist, spielt für den Erblasser als Stifter regelmäßig jedoch keine Rolle.[309] Ein anderer Erblasserwille ist in dieser Konstellation daher erst einmal nicht anzunehmen.[310]

---

302 Muscheler, Erbrecht II, S. 1294 Rn. 2581.

303 Muscheler, Erbrecht II, S. 1294 Rn. 2581.

304 Staudinger/Otte (2017), § 1939 Rn. 8.

305 MüKo BGB/Leipold (7. Aufl.), § 1939 Rn. 6.

306 Danckwerth, Das Recht der unselbständigen Stiftungen, S. 57; Schmidt, ZEV 2003, S. 316 (317).

307 Staudinger/Otte (2013), § 2161 Rn. 1; MüKo BGB/Rudy (7. Aufl.), § 2161 Rn. 1.

308 Staudinger/Otte (2013), § 2161 Rn. 3; Danckwerth, Das Recht der unselbständigen Stiftungen, S. 57.

309 Schmidt, ZEV 2003, S. 316 (317).

310 Schmidt, ZEV 2003, S. 316 (317).

4. *Wegfall des Vermächtnisnehmers*

Das Vermächtnis ist nach § 2160 BGB unwirksam, fällt der Vermächtnisnehmer, der Stiftungsträger, vor dem Erbfall weg. Das hat zur Folge, dass die Beschwerung des mit dem Vermächtnis Belasteten gänzlich entfällt.[311] Es sollte daher in jedem Fall ein Ersatzvermächtnisnehmer bestimmt werden, ansonsten würde die Stiftungserrichtung bereits an diesem Punkt scheitern.

5. *Geeignete Vermächtnisform zur Vermögensübertragung an den Stiftungsträger*

Gegenstand des Vermächtnisses können Sachen und Rechte, insbesondere Forderungen und Vermögensanteile sein.[312]

Fraglich ist, welche Sonderformen des Vermächtnisses[313] sich zur Vermögensübertragung an den Stiftungsträger für die Errichtung einer unselbständigen Stiftung von Todes wegen überhaupt eignen. Da die Rechtsfolgen eines Vermächtnisses hinter denen einer Erbeinsetzung zurückbleiben, sind auch Vermächtnisse möglich, die den kompletten Nachlass umfassen.[314] Das ist für die Stiftungserrichtung bedeutsam, falls der Erblasser seinen gesamten Nachlass zur Stiftungserrichtung verwenden möchte.

Sofern nicht der gesamte Nachlass auf den Stiftungsträger übergehen soll, ist ein schlichtes, am besten ein quotales Geldvermächtnis am sinnvollsten.

Das Stückvermächtnis eignet sich nur, wenn der Gegenstand selbst genügend Ertrag erwirtschaftet, um den Stiftungszweck und alle sonstigen Kosten tragen zu können. Zudem sollte sich der vermachte Gegenstand wegen § 2169 Abs. 1 BGB mit größtmöglicher Sicherheit beim Erbfall noch im Nachlassvermögen befinden.

Kann der Erblasser im Zeitpunkt der Errichtung seiner letztwilligen Verfügung noch nicht absehen, wie sich die Zusammensetzung seines Vermögens zukünftig entwickelt, ist das Zweckvermächtnis gem. § 2156 BGB relevant.[315] Die Bestimmtheit des Gegenstandes ist hier keine Wirksamkeitsvoraussetzung.[316]

---

311 Staudinger/Otte (2013), § 2160 Rn. 2; MüKo BGB/Rudy (7. Aufl.), § 2160 Rn. 2.

312 Danckwerth, Das Recht der unselbständigen Stiftungen, S. 59; Muscheler, Erbrecht II, S. 1298 Rn. 2589 ff.

313 Leipold, Erbrecht, Fn.770.

314 H.M.: Staudinger/Otte (2013), § 2151 Rn. 2; Soergel/Wolf (13. Aufl.), § 2151 Rn. 1; Erman BGB/Nobis (15. Aufl.), § 2151 Rn. 1a.

315 Schewe, Errichtung der rechtsfähigen Stiftung von Todes wegen, S. 230.

316 Staudinger/Otte (2013), § 2156, Rn. 1; Muscheler, Erbrecht II, S. 1299 Rn. 2594.

Zudem kann der Erblasser mittels § 2151 BGB, der sich mit § 2156 BGB kombinieren lässt, den Stiftungsträger zunächst offenlassen und dem Bestimmungsberechtigten einen Kreis potentieller Stiftungsträger an die Hand geben, aus denen dieser auswählen kann.

Bei den Wahl- und Gattungsvermächtnissen kann es wegen der ungenauen Angabe des Gegenstands zu Auslegungsproblemen kommen. Zusätzlich können bei diesen auch die Probleme des § 2169 BGB auftauchen, die letztlich zur Unwirksamkeit des Vermächtnisses führen würden. Einen Vorteil für die Gestaltung, der die Nachteile aufwiegen würde, bieten sie nicht.

6. *Auskunftsansprüche des Vermächtnisnehmers*

Wie beim Stiftungsträger als Miterben setzt auch beim Stiftungsträger als Vermächtnisnehmer die Geltendmachung seines Anspruchs eine zuverlässige Kenntnis vom Bestand des Nachlasses voraus, wie etwa bei einem Vermächtnis auf eine Quote des Nachlasses.[317]

Ein allgemeiner Auskunftsanspruch wurde dem Vermächtnisnehmer im Gesetz nicht eingeräumt.[318] Dennoch gibt es eine Sonderkonstellation, in der der Beschwerte dem Bedachten gegenüber aufgrund Gesetzes auskunftspflichtig ist, so beim Anspruch auf einen Sachinbegriff. Der Bedachte kann hier nach § 260 Abs. 1 BGB ein Bestandsverzeichnis und ggf. eine Versicherung an Eides statt verlangen gem. § 260 Abs. 2 BGB.[319] Bei einem Wahlvermächtnis kann er immerhin gem. § 809 BGB die Vorlage der zur Wahl stehenden Objekte verlangen.[320] Darüber hinaus hat der Bedachte grundsätzlich einen Anspruch auf Erteilung der für die Geltendmachung des Vermächtnisanspruchs erforderlichen Auskünfte.[321] Umfang und Inhalt des Auskunftsanspruchs bestimmt der zugrundeliegende Vermächtnisanspruch.[322] Er reicht nur so weit, wie er zur Wahrnehmung des Anspruchs benötigt wird.[323] Die Rechtsprechung nimmt

317 MüKo BGB/Rudy (7. Aufl.), § 2174 Rn. 8.

318 MüKo BGB/Rudy (7. Aufl.), § 2174 Rn. 8; Palandt/Weidlich (2019), § 2174 Rn. 9; jurisPK BGB/Reymann (8. Aufl.), § 2174 Rn. 173.

319 JurisPK BGB/Reymann (8. Aufl.), § 2174 Rn. 173.

320 Staudinger/Rudy (2013), § 2174 Rn. 14; Bamberger/Roth BGB/Müller-Christmann (3. Aufl.), § 2174 Rn. 7; jurisPK BGB/Reymann (8. Aufl.), § 2174 Rn. 173.

321 JurisPK BGB/Reymann (8. Aufl.), § 2174 Rn. 173; Staudinger/Rudy (2013), § 2174 Rn. 14; Bamberger/Roth BGB/Müller-Christmann (3. Aufl.), § 2174 Rn. 7; MüKo BGB/Rudy (7. Aufl.), § 2174 Rn. 8.

322 Roth, in: Roth/Maulbetsch/Schulte, Vermächtnisrecht, § 1 Rn. 73.

323 Roth, in: Roth/Maulbetsch/Schulte, Vermächtnisrecht, § 1 Rn. 73.

teilweise an, der Anspruch wäre dem Vermächtnisnehmer nach dem Willen des Erblassers mitvermacht.[324] Richtigerweise leitet sich der Auskunftsanspruch jedoch nicht nur vom Erblasserwillen ab, sondern auch aus § 242 BGB.[325] Zwischen Vermächtnisnehmer und dem mit dem Vermächtnis Beschwerten besteht eine Sonderverbindung. Der Vermächtnisnehmer ist regelmäßig ohne eigenes Verschulden über den Umfang seiner Ansprüche im Ungewissen und daher auf Auskünfte des Verpflichteten angewiesen.[326]

Um Diskussionen über das Bestehen eines Auskunftsanspruchs zu vermeiden, sollte dem Stiftungsträger ein Auskunftsanspruch in der letztwilligen Verfügung ausdrücklich vermacht sein.

7. Nachvermächtnis

Beim Nachvermächtnis hat der Vorvermächtnisnehmer zu einem bestimmten Zeitpunkt oder Ereignis den Vermächtnisgegenstand an den Nachvermächtnisnehmer herauszugeben.[327] Beschwert mit dem Nachvermächtnis ist der Vermächtnisnehmer und nicht der Erbe.[328] Es handelt sich daher um ein Untervermächtnis, auf das die §§ 2186–2189 BGB Anwendung finden.[329]

Vor dem Anfall des Nachvermächtnisses ist der Nachvermächtnisnehmer nur durch § 2179 BGB geschützt.[330] Der Vorvermächtnisnehmer unterliegt keinen Verfügungsbeschränkungen. Die Regelungen zum Schutz des Nacherben sind gerade nicht anwendbar.[331] Der Nachvermächtnisnehmer hat lediglich einen Schadensersatzanspruch, wenn der Vorvermächtnisnehmer schuldhaft über den Vermächtnisgegenstand verfügt.[332] Bei Anfall des Nachvermächtnisses erhält er nur einen schuldrechtlichen Anspruch.[333]

---

324 RGZ 129, S. 239 (242).

325 OLG Köln, NJW-RR, S. 13 (14); jurisPK BGB/Reymann (8. Aufl.), § 2174 Rn. 173; Staudinger/Otte (2013), § 2174 Rn. 14; Bamberger/Roth BGB/Müller-Christmann (3. Aufl.), § 2174 Rn. 7; MüKo BGB/Rudy (7. Aufl.), § 2174 Rn. 8.

326 MüKo BGB/Rudy (7. Aufl.), § 2174 Rn. 8; Roth, in: Roth/Maulbetsch/Schulte, Vermächtnisrecht, § 1 Rn. 72.

327 R. Kössinger, in: Nieder/Kössinger (Hrsg.), Handbuch der Testamentsgestaltung, § 9 Rn. 70.

328 MüKo BGB/Rudy (7. Aufl.), § 2191 Rn. 1.

329 Staudinger/Otte (2013), § 2191 Rn. 3; MüKo BGB/Rudy (7. Aufl.), § 2191 Rn. 1.

330 MüKo BGB/Rudy (7. Aufl.), § 2191 Rn. 6.

331 MüKo BGB/Rudy (7. Aufl.), § 2191 Rn. 6.

332 Staudinger/Otte (2013), § 2191 Rn. 7; Schmidt, ZEV 2003, S. 316 (317).

333 Staudinger/Otte (2013), § 2191 Rn. 5; jurisPK BGB/Reymann (8. Aufl.), § 2191 Rn. 3.

Wie bei Vor- und Nacherbschaft kann der Erblasser das Vor- und Nachvermächtnis dazu nutzen, Druck auf den Stiftungsträger auszuüben, das Stiftungsvermögen bestimmungsgemäß zu verwenden.[334] Tut er das nicht, fällt es dem Nachvermächtnisnehmer an.[335]

Aufgrund der nur sehr schwachen Rechtsstellung des Nachvermächtnisnehmers ist davon abzuraten, den Stiftungsträger als einen solchen einzusetzen.

8. *Sicherungsmittel*

a) *Sicherungsmittel bei Gefährdung des Anspruchs*

Ein Recht auf Sicherheitsleistung durch den Beschwerten kennt das Gesetz nicht.[336] Bei Gefährdung des Anspruchs stehen dem Vermächtnisnehmer[337] die allgemeinen Möglichkeiten des Arrests beim Geldvermächtnis oder der einstweiligen Verfügung beim Stückvermächtnis zu.[338] Ferner kann der Vermächtnisnehmer Nachlassverwaltung nach § 1981 Abs. 2 BGB beantragen.[339]

b) *Eintragung einer Vormerkung*

Ist dem Stiftungsträger ein Grundstück vermacht, sollte er nach Anfall des Vermächtnisses die Eintragung einer Vormerkung beantragen.[340] Da die unselbständige Stiftung keine eigene Rechtspersönlichkeit besitzt, muss der Stiftungsträger die Vormerkung zu seinen eigenen Gunsten beantragen.[341]

Ein Widerspruch jedoch kann aufgrund eines Vermächtnisanspruchs nicht eingetragen werden, wenn der unselbständigen Stiftung ein Grundstück vermacht ist, für das fälschlicherweise ein anderer Eigentümer als der Erblasser eingetragen ist.[342] Der Vermächtnisanspruch als schuldrechtlicher Anspruch auf Herstellung einer Rechtsänderung gibt keinen dinglichen Grundbuchberichtigungsanspruch und damit kein Recht auf einen Widerspruch nach § 899 BGB.[343]

---

334 Schmidt, ZEV 2003, S. 316 (317).
335 Schmidt, ZEV 2003, S. 316 (317).
336 MüKo BGB/Rudy (7. Aufl.), § 2174 Rn. 23; Staudinger/Otte (2013), § 2174 Rn. 20.
337 Und dem Nachvermächtnisnehmer, s. Muscheler, AcP 2008, S. 69 (84).
338 Staudinger/Otte (2013), § 2174 Rn. 20.
339 Staudinger/Otte (2013), § 2174 Rn. 20.
340 Danckwerth, Das Recht der unselbständigen Stiftungen, S. 59; MüKo BGB/Rudy (7. Aufl.), § 2174 Rn. 23; Staudinger/Otte (2013), § 2174 Rn. 20.
341 Danckwerth, Das Recht der unselbständigen Stiftungen, S. 59.
342 So aber Danckwerth, Das Recht der unselbständigen Stiftungen, S. 59.
343 MüKo BGB/Kohler (7. Aufl.), § 894 Rn. 5.

Ob der Nachvermächtnisnehmer seinen Anspruch auf das Vermächtnis mittels Vormerkung sichern kann, ist strittig. Der Nachvermächtnisnehmer hat gegen den Vorvermächtnisnehmer einen aufschiebend bedingten Anspruch auf Auflassung des vermachten Grundstücks. Dieser künftige schuldrechtliche Anspruch kann grundsätzlich auch durch eine Vormerkung gesichert werden.[344] Allerdings ist damit nicht gesagt, ob der Nachvermächtnisnehmer auch die Bewilligung der Vormerkung bzw. deren Eintragung mittels einstweiliger Verfügung verlangen kann.[345] Teilweise, vor allem von der Rechtsprechung, wird angenommen, dieser Anspruch bestehe bereits aufgrund einer gesetzlichen Nebenverpflichtung.[346] Das ist jedoch abzulehnen. Der Nachvermächtnisnehmer stünde damit besser als der Nacherbe bei der befreiten Vorerbschaft, da die Auflassungsvormerkung zu einer faktischen Grundbuchsperre führt.[347] Der Nachvermächtnisnehmer kann die Eintragung einer Vormerkung daher nur verlangen, wenn sich das aus dem Testament ergibt.[348]

Soweit dem Nachvermächtnisnehmer, aber auch dem „gewöhnlichen" Vermächtnisnehmer ein Anspruch auf eine Grundstücksübertragung vermacht wird, sollte ihm im Testament daher ausdrücklich der Anspruch auf Eintragung einer Auflassungsvormerkung zugestanden werden.[349]

9. Formulierungsvorschlag

a) Stiftungsträger als Vermächtnisnehmer

ST soll im Wege des Vermächtnisses 90% meines nach Abzug aller Nachlassverbindlichkeiten vorhandenen Geldvermögens erhalten.

Für den Fall, dass der Vermächtnisnehmer ST vor oder nach dem Erbfall wegfällt, gleich aus welchem Grund, bestimme ich entgegen jeder anderslautenden gesetzlichen oder richterlichen Vermutungs- und Auslegungsregel *ST2* zu meinem Ersatzvermächtnisnehmer.

344 LG Stuttgart, BWNotZ 1999, S. 22 (23).

345 Muscheler, AcP 2008, S. 69 (86).

346 LG Stuttgart, BWNotZ 1999, S. 22 (23); OLG Frankfurt, OLGZ Frankfurt 1190, S. 112 (114f.); OLG Hamm MDR 1984, S. 402 (402); Lange/Kuchinke, Erbrecht, § 29, V.1c).

347 Muscheler, AcP 2008, S. 69 (88); Nomos BGB/Horn/J. Mayer (5. Aufl.), § 2191 Rn. 17.

348 Muscheler, AcP 2008, S. 69 (88); Nomos BGB/Horn/J. Mayer (5. Aufl.), § 2191 Rn. 17; Palandt/ Weidlich (2019), § 2191 Rn. 2; MüKo BGB/Rudy, (7. Aufl.), § 2191 Fn.11; Staudinger/Otte (2013), § 2191 Rn. 8; Damrau PK Erbrecht/Linnartz (3. Aufl.), § 2191 Rn. 11; Klinger/Mörtel, NJW-Spezial 2009, S. 327 (328).

349 Nomos BGB/Horn/J. Mayer (5. Aufl.), § 2191 Rn. 27.

Befindet sich im Nachlass an meinem Todestag kein Geldvermögen mehr, entfällt das Vermächtnis ersatzlos.

b) *Regelungen für das Vermächtnis zugunsten des Stiftungsträgers*

1. Anfall und Fälligkeit des Vermächtnisses
Das Vermächtnis fällt mit dem Erbfall an. Es ist drei Monate nach dem Erbfall fällig.[350]
2. Auskunftsanspruch des Vermächtnisnehmers
Der Vermächtnisnehmer erhält einen Auskunftsanspruch gegen den Erben mit folgendem Inhalt: Mein Erbe muss dem Vermächtnisnehmer in Form eines schriftlichen Bestandsverzeichnisses und durch die Vorlage von Belegen Auskunft über mein gesamtes Geldvermögen und alle Nachlassverbindlichkeiten erteilen. Darüber hinaus ist der Erbe verpflichtet, dem Vermächtnisnehmer alle sonstigen Auskünfte zu erteilen, die dieser für die Erfüllung des Vermächtnisses benötigt.
3. Frist zur Annahme des Vermächtnisses[351]
Die Frist zur Annahme des Vermächtnisses beträgt drei Monate ab Zugang der Aufforderung des Erben, das Vermächtnis anzunehmen oder auszuschlagen. Nimmt der Bedachte das Vermächtnis nicht binnen der hier gesetzten Frist ausdrücklich an, entfällt es.
4. Kosten der Vermächtniserfüllung
Die Kosten der Vermächtniserfüllung trägt der Vermächtnisnehmer.

V. Stiftungsträger als Auflagenbegünstigter

Der Stiftungsträger kommt als Auflagenbegünstigter nur in Betracht, wenn man der hier vertretenen Auffassung folgt, dass ein Auflagenbegünstigter unter der Bedingung des Leistungserhalts seinerseits mit einer Auflage beschwert werden kann. Obwohl von der Stiftungserrichtung durch eine „sukzessive Doppelauflage" abzuraten ist, wird der Vollständigkeit halber auch die Position des Stiftungsträgers als Auflagenbegünstigter dargestellt.

350 Aus Verzugsgesichtspunkten ist es für den Erben praktischer, das Vermächtnis fällt etwas später an, so dass er sich zunächst einen Überblick über den Nachlass verschaffen und Nachlassverbindlichkeiten begleichen kann.

351 Ohne testamentarische Anordnung ist es dem Erben mit Ausnahme von § 2307 Abs. 2 BGB nicht möglich, dem Vermächtnisnehmer eine Annahmefrist zu setzen.

1. Grundlegendes zur Auflage

Die Legaldefinition der Auflage findet sich in § 1940 BGB. Danach liegt eine Auflage vor, wenn der Erblasser durch Testament oder Erbvertrag den Erben oder einen Vermächtnisnehmer zu einer Leistung verpflichtet, ohne einem anderen ein Recht auf die Leistung zuzuwenden. Im Gegensatz zum Vermächtnisnehmer erhält der Auflagenbegünstigte keinen eigenen Anspruch auf Ausführung der Auflage. Die Vollziehung der Auflage wird daher gem. § 2194 BGB vom Vollziehungsberechtigten durchgesetzt.

Der Anspruch auf Vollziehung entsteht im Zweifel mit dem Erbfall.[352] Ist die Auflage aufschiebend bedingt oder befristet, entsteht er mit Eintritt der Bedingung oder des Termins.[353] Die Fälligkeit des Vollziehungsanspruchs tritt gem. § 271 Abs. 1 BGB grundsätzlich sofort ein.[354] Steht die Erfüllung aber im Belieben des Beschwerten, tritt sie gem. §§ 2192, 2181 BGB im Zweifel erst mit seinem Tod ein.

Gegenstand der Auflage kann ein Tun oder Unterlassen, also jede Leistung des Beschwerten, sein. Eine Einschränkung auf vermögenswerte Leistungen ist nicht notwendig.[355] Ebenso wenig muss zwingend jemand durch sie begünstigt werden.[356] Dadurch bietet die Auflage die Zufluchtsstätte für alle Leistungen, die nicht in das Vermächtnis aufgenommen werden können.[357]

Mit einer Auflage beschwert werden können der Erbe, der Vermächtnisnehmer und unter der Bedingung des Leistungserhalts auch der Auflagenbegünstigte.[358]

---

352 In der Literatur wird teilweise von Anfall und Fälligkeit der Auflage gesprochen und teilweise des Vollziehungsanspruchs. Da die Auflage selbst dem Begünstigten keinen Anspruch verleiht, sondern nur den Vollziehungsberechtigten einen Vollziehungsanspruch, ist es meines Erachtens korrekter, von Anfall und Fälligkeit des Vollziehungsanspruchs zu sprechen, so auch Damrau PK Erbrecht/Daragan (3. Aufl.), § 2192 Rn. 16. Letztlich unterscheiden sich die Ansichten aber nur in der Formulierung und nicht im Ergebnis.

353 Staudinger/Otte (2013), § 2192 Rn. 19, Erman/Nobis BGB (14. Aufl.), § 2194 Rn. 3; Muscheler, Erbrecht II, S. 1334 Rn. 2683; Lange/Kuchinke, Erbrecht, § 30, III.1.a) spricht von Anfall und Fälligkeit der Auflage selbst.

354 Damrau PK Erbrecht/Daragan (3. Aufl.), § 2192 Rn. 16.

355 Mittlerweile unstreitig: Staudinger/Otte (2017), § 1940 Rn. 5; MüKo BGB/Leipold (7. Aufl.), § 1940 Rn. 4; Muscheler, Erbrecht II, S. 1329 Rn. 2670; Lange/Kuchinke, Erbrecht, § 30, II.; mittlerweile auch Kipp/Coing, Erbrecht, § 64, I.3. Kipp hatte früher noch eine gegenteilige Auffassung vertreten, s. 14. Aufl., § 64 Fn.6.

356 Staudinger/Otte (2017), § 1940 Rn. 5; Lange/Kuchinke, Erbrecht, § 30, II.3b).

357 Lange/Kuchinke, Erbrecht, § 30, II.3b).

358 S. Kap. 1, lit. A, Ziff. IV.2b).

Aufgrund des Verweises in § 2192 BGB auf die Vorschriften der §§ 2154–2156 BGB gibt es auch im Rahmen der Auflage eine Stück-, Wahl-, Gattungs- und Zweckauflage.

2. *Wegfall des Begünstigten*

Eine große Gefahr für die Stiftungserrichtung ist der Wegfall des Auflagenbegünstigten vor dem Erbfall. In dem Fall ist die Auflage unwirksam, weil der Auflagenzweck nicht erreicht werden kann. Das ergibt sich aus § 2160 BGB, der auf die Auflage anwendbar ist.[359] Es sollte daher wie beim Vermächtnis ein Ersatzauflagenbegünstigter eingesetzt werden.

3. *Wegfall des Beschwerten*

Gem. § 2192 BGB ist § 2161 BGB auf die Auflage entsprechend anwendbar. Der Wegfall des Beschwerten ist für die Auflage und damit für die unselbständige Stiftung grundsätzlich unschädlich.

4. *Geeignete Auflagenform zur Vermögensübertragung auf den Stiftungsträger*

Auch im Rahmen der Auflage ist die Tauglichkeit der verschiedenen Formen zur Vermögensübertragung auf den Stiftungsträger zu prüfen. Wegen der Eignung des Stück-[360], Wahl- und Gattungsvermächtnisses wird auf die Ausführungen beim Vermächtnis verwiesen.[361]

Nach § 2192 BGB i.V.m. § 2156 BGB kann sich der Erblasser auf die Bestimmung des Zwecks beschränken und dem Beschwerten die Leistungsbestimmung überlassen. In Kombination mit § 2193 BGB kann er zusätzlich auch den Begünstigten offenlassen, soweit der Zweck ausreichend bestimmt ist.[362] Anders als beim Zweckvermächtnis i.V.m. § 2151 BGB muss der Erblasser für den auszuwählenden Begünstigten keinen Kreis potentieller Personen bestimmen.

---

359 Soergel/Dieckmann (13. Aufl.), § 2192 Rn. 12; Staudinger/Otte (2013), § 2192 Rn. 18.

360 § 2169 BGB ist auf die Auflage anwendbar. § 2192 BGB verweist zwar nicht auf § 2169 Abs. 1 BGB. Dennoch ist § 2169 BGB bei entsprechender Fallgestaltung bei der Auflage anwendbar, s. Lange/Kuchinke, Erbrecht, § 30, II.3c); Nomos BGB/Kroiß/J. Mayer (5. Aufl.), § 2192 Rn. 14.

361 S. Kap. 2, lit. B, Ziff. IV.5.

362 Nomos BGB/Kroiß/J. Mayer (5. Aufl.), § 2193 Rn. 2.

Allerdings ist vom Gebrauch von § 2193 BGB im Rahmen der Vermögensübertragung auf den Stiftungsträger abzuraten. § 2193 BGB hat zur Folge, dass der Erblasser die Auswahl des Stiftungsträgers vollständig in die Hände eines Dritten legen kann. In Anbetracht dessen, dass vom Stiftungsträger die Existenz der Stiftung abhängt, ist es jedoch besser, der Erblasser bestimmt diesen oder zumindest den Kreis der in Betracht kommenden Stiftungsträger selbst.[363]

5. *Auskunftsanspruch von Auflagenbegünstigtem und Vollziehungsberechtigtem*

Der Vollziehungsberechtigte, nicht der Auflagenbegünstigte, besitzt zur Vorbereitung der Geltendmachung seines Vollziehungsanspruchs einen Auskunftsanspruch über den Inhalt der Auflage.[364] Darüber hinaus besitzt er einen Auskunftsanspruch hinsichtlich aller Informationen, die er zur Geltendmachung seines Anspruchs benötigt.

Der Auskunftsanspruch des Vollziehungsberechtigten kann sich aus dem Erblasserwillen oder aber aus § 242 BGB ergeben.[365] Zwischen Vollziehungsberechtigtem und dem mit der Auflage Beschwerten besteht wie zwischen Vermächtnisnehmer und Beschwertem[366], eine Sonderverbindung. Der Vollziehungsberechtigte ist regelmäßig ohne eigenes Verschulden über den Umfang seiner Ansprüche im Ungewissen und daher auf Auskünfte des Verpflichteten angewiesen.

---

363 Bei einer „echten“ unselbständigen Stiftung von Todes wegen ist die Einsetzung des Stiftungsträgers als Auflagenbegünstigten wegen der dadurch möglichen Anwendbarkeit von § 2193 BGB die einzige Möglichkeit, um die Auswahl des Stiftungsträgers in die Hände eines Dritten zu legen. Soweit *in* Staudinger/Hüttemann/Rawert (2017), Vorbem 1 zu §§ 80 ff., Rn. 353 etwas anderes gesagt wird, bezieht sich das auf die „unechte“ unselbständige Stiftung von Todes wegen, s. zu dieser Kap. 1, Einführung.

364 Staudinger/Hüttemann/Rawert (2017), Vorbem 1 zu §§ 80 ff., Rn. 351.

365 Reuter, in: v. Campenhausen/Kronke/Werner (Hrsg.), Stiftungen in Deutschland und Europa, S. 203 (227) und Herzog, Unselbständige Stiftung des bürgerlichen Rechts, S. 73, entwickeln den Auskunftsanspruch des Vollziehungsberechtigten aus einer analogen Anwendung von § 666 BGB.

366 S. Kap. 2, lit. B, Ziff. IV.6.

6. *Formulierungsvorschlag*

a) *Auflagenbegünstigter als Stiftungsträger*

Ich beschwere meinen Erben im Wege der Auflage, Stiftungsträger ST 90% meines nach Abzug aller Nachlassverbindlichkeiten vorhandenen Geldvermögens zu übergeben.

Für den Fall, dass der Auflagenbegünstigte ST vor oder nach dem Erbfall wegfällt, gleich aus welchem Grund, bestimme ich entgegen jeder anderslautenden gesetzlichen oder richterlichen Vermutungs- und Auslegungsregel *ST2* zum Ersatzauflagenbegünstigten.

Befindet sich im Nachlass an meinem Todestag kein Geldvermögen mehr, entfällt die Auflage ersatzlos.

Aus Klarstellungsgründen weise ich darauf hin, dass der Auflagenbegünstigte keinen eigenen Vollziehungsanspruch besitzen soll.

b) *Regelungen für die Auflage*

1. Auskunftsanspruch des Vollziehungsberechtigten

Die Vollziehungsberechtigten erhalten einen Auskunftsanspruch gegen den Erben mit folgendem Inhalt: Mein Erbe muss dem Vollziehungsberechtigten in Form eines schriftlichen Bestandsverzeichnisses und durch die Vorlage von Belegen Auskunft über mein gesamtes Geldvermögen und alle Nachlassverbindlichkeiten erteilen. Darüber hinaus ist der Erbe verpflichtet, den Vollziehungsberechtigten alle sonstigen Auskünfte zu erteilen, die diese für die Erfüllung der Auflage benötigen.

2. Anfall und Fälligkeit des Vollziehungsanspruchs

Der Vollziehungsanspruch fällt mit dem Erbfall an. Er ist drei Monate nach dem Erbfall fällig.

3. Kosten der Auflagenerfüllung

Die Kosten der Auflagenerfüllung trägt der mit der Auflage Beschwerte.

VI. Stiftungsträger als Ersatzerbe

Um unerwünschte Folgen durch den Wegfall eines Erben zu vermeiden, sollte immer ein Ersatzerbe eingesetzt werden. Das kann auch der Stiftungsträger sein, der mit der Auflage oder dem Vermächtnis zur Stiftungsverwaltung beschwert ist.

Die Ersatzerbschaft ist in § 2096 BGB geregelt. Danach ist Ersatzerbe, wer aufgrund einer Verfügung von Todes wegen anstelle eines zunächst Berufenen

Erbe wird.[367] Die Ersatzerbschaft ist nicht zu verwechseln mit der Nacherbschaft. Ein Nacherbe wird Erbe des Erblassers, nachdem ein anderer, der Vorerbe, Erbe des Erblassers wurde.[368] Die Berufung zum Ersatzerben ist bedingte Erbeinsetzung.[369] Ihre Wirkung tritt im Zeitpunkt des Erbfalls ein, selbst wenn der zunächst Berufene erst nach dem Erbfall wegfällt.[370] Die Ersatzerbeneinsetzung erfolgt durch Verfügung von Todes wegen.[371]

§ 2096 BGB nennt den Wegfall des zunächst berufenen Erben als Bedingung für den Eintritt der Ersatzerbfolge. Das gilt auch bei Wegfall des gesetzlichen Erben.[372] Die Wegfallgründe sind vielfältig. Grundsätzlich kann jeder Umstand, der dazu führt, dass der zunächst Berufene Erbe wird, zum Wegfall führen, sofern er auf den Zeitpunkt des Erbfalls zurückwirkt.[373] Fällt der zunächst Berufene weg, wird der Ersatzerbe mit dem Erbfall Erbe. Das gilt selbst dann, wenn der Wegfall erst nach dem Erbfall eintritt. Seine Rechte kann er erst vom Wegfall an ausüben.[374]

Von der Errichtung einer unselbständigen Stiftung von Todes wegen und der damit verbundenen Einsetzung des Stiftungsträgers als Ersatzerben kann allerdings nur abgeraten werden, wenn der Erblasser diese ernsthaft errichten möchte. Es liegt auf der Hand, dass deren Entstehung mehr als ungewiss ist und stark vom Zufall, nämlich dem Wegfall des zunächst Berufenen, abhängt. Dennoch kann sie sich als eine Art Notlösung anbieten. Möchte der Erblasser um jeden Preis die gesetzliche Erbfolge verhindern, darunter fällt auch die Erbenstellung des Fiskus aus § 1936 BGB, kann er den Stiftungsträger unter Auflage zum Ersatzerben einsetzen.[375] Möchte er nur bestimmte Erben in jedem Fall ausschließen, kann er die Ersatzerbschaft mittels einer Bedingung nur für diese Fälle anordnen.[376]

---

367 Staudinger/Otte (2013), § 2096 Rn. 1.

368 Staudinger/Otte (2013), § 2096 Rn. 1; MüKo BGB/Rudy (7. Aufl.), § 2096 Rn. 1.

369 Staudinger/Otte (2013), § 2096 Rn. 2.

370 Staudinger/Otte (2013), § 2096 Rn. 2; Erman BGB/Nobis (15. Aufl.), § 2094 Rn. 2.

371 Staudinger/Otte (2013), § 2096 Rn. 2.

372 Erman BGB/Nobis (15. Aufl.), § 2096 Rn. 1; a. A. Palandt/Weidlich (2019), § 2096 Rn. 1.

373 MüKo BGB/Rudy (7. Aufl.), § 2096 Rn. 9; Staudinger/Otte (2013), § 2096 Rn. 5 – dort befindet sich auch eine ausführliche Aufzählung der Wegfallgründe.

374 MüKo BGB/Rudy (7. Aufl.), § 2096 Rn. 10; Staudinger/Otte (2013), § 2096 Rn. 13.

375 Schewe, Errichtung der rechtsfähigen Stiftung von Todes wegen, S. 224.

376 Schewe, Errichtung der rechtsfähigen Stiftung von Todes wegen, S. 224.

VII. Zusammenfassung

Grundsätzlich stehen für die Vermögenszuwendung sämtliche erbrechtlichen Gestaltungsmittel offen. Die einfachste Variante ist die Alleinerbeneinsetzung des Stiftungsträgers. Möchte man dem Stiftungsträger keine Erbenstellung einräumen, bietet sich eine Vermögenszuwendung mittels Vermächtnis an. Die Begünstigung mittels Vermächtnis ist nicht nur gestalterisch gut umzusetzen, sondern bietet dem Stiftungsträger darüber hinaus aufgrund seines Erfüllungs- und Auskunftsanspruchs sowie der Möglichkeit einer Vormerkungseintragung bei Grundstücksvermächtnissen einen guten Schutz.

C. Zweite Stufe: Festlegung des Stiftungszwecks[377]

I. Festlegung des Stiftungszwecks mittels Vermächtnis

1. Beschwerung des Stiftungsträgers mittels Vermächtnis

a) Inhalt des Vermächtnisses

Bei der Errichtung einer unselbständigen Stiftung von Todes wegen wird der Stiftungsträger mit einem Vermächtnis/Untervermächtnis beschwert, den Nachlass oder Teile davon entsprechend den Zweckvorgaben und den sonstigen Anordnungen des Erblassers zu verwenden. Begünstigte des Vermächtnisses, die Vermächtnisnehmer, sind die Destinatäre.[378]

Der Vermächtnisnehmer besitzt darüber hinaus einen Auskunftsanspruch gegen den Stiftungsträger auf alle Informationen, die zur Geltendmachung des Anspruchs benötigt werden. Das sind unter anderem Auskünfte über den Bestand des Nachlasses und je nach Fallgestaltung über die bisherige Verwendung von diesem, wenn die Geltendmachung des Vermächtnisanspruch diese Kenntnisse erfordert.[379]

377 Betitelung nach Schmidt, ZEV 2003, S. 316 (317).

378 Bächstädt, Unselbständige Stiftung des Privatrechts, S. 36.

379 Eine Entscheidung, allerdings im Rahmen einer Auflage, musste hierüber in dem Urteil des OLG Schleswig, BeckRS 2017, 132055 (abrufbar in beck-online) nicht ergehen, da der Auskunftsanspruch des Vollziehungsberechtigten über den Nachlassbestand und dessen Verwendung von der Gegenseite anerkannt wurde.

b) Formulierungsvorschlag

Meinen Erben ST beschwere ich mit dem Vermächtnis, das Vermächtnis als unselbständige Stiftung mit dem Namen ... zu verwalten. Zweck der Stiftung ist ... Sie soll eine mildtätige[380] Stiftung im Sinne der Abgabenordnung sein.

Sollte die Erfüllung des Zwecks unmöglich werden, gleich aus welchem Grund, ordne ich folgende Ersatzzwecke an: ... Diese sind ebenfalls mildtätig im Sinne der Abgabenordnung.

Weitere Anordnungen für die Stiftung ergeben sich aus der beigefügten Stiftungssatzung, die Bestandteil des Stiftungsgeschäfts ist.[381]

2. Geeignete Vermächtnisform

Grundsätzlich kann für die zweite Stufe jede Vermächtnisform verwendet werden. Um die für die unselbständige Stiftung notwendige Flexibilität zu erhalten, ist das Zweckvermächtnis gem. § 2156 BGB i.V.m. § 2151 BGB aber am sinnvollsten, insbesondere wenn die Stiftung mildtätige oder kirchliche Zwecke im Sinne der Abgabenordnung fördern möchte.

a) Zweckvermächtnis

Als Ausnahme zu § 2065 Abs. 2 BGB kann der Erblasser im Rahmen des Zweckvermächtnisses die *konkrete* Vermögenszuwendung einer dritten Person überlassen.[382] Er selbst muss das Vermächtnis aber anordnen und grundsätzlich den Vermächtnisnehmer bestimmen. Die Zweckbestimmung obliegt ihm ebenfalls. Die Bestimmung des Zwecks muss so genau sein, dass dem Bestimmungsberechtigten ausreichend Anhaltspunkte zur Ausübung seines billigen Ermessens gegeben sind.[383] Allgemeine Konventionen wie „das bei einem Anlass Übliche" oder allgemeine Floskeln genügen für die Zweckbestimmung nicht.[384] Auf die Zweckbestimmung sind gem. § 2156 S. 2 BGB die §§ 315–319 BGB anwendbar. Bestimmungsberechtigte

380 Da es sich um eine mittels Untervermächtnis errichtete unselbständige Stiftung handelt, kann die Stiftung nicht gemeinnützig i.S.d. AO sein, s. Kap. 2, lit. C, Ziff. I.3a).

381 Formulierung nach Schewe, in: Beck'sche Online-Formulare Erbrecht (24. Edit.), 3.7, Ziff. I. des Musters.

382 Muscheler, Erbrecht II, S. 1299 Rn. 2594.

383 BayObLG, FamRZ 1999, S. 1386 (1387); Staudinger/Otte (2013), § 2156, Rn. 2.

384 BayObLG, FamRZ 1999, S. 1386 (1388).

sind nach überwiegender Ansicht nur ein Dritter und der Beschwerte, nicht jedoch der Bedachte.[385]

b) Überlassung des Bestimmungsrechts nach § 2151 BGB

Nach § 2065 Abs. 2 BGB kann der Erblasser die Bestimmung der Person, die eine Zuwendung erhalten soll, sowie die Bestimmung des Gegenstands der Zuwendung nicht einem anderen überlassen.

§ 2151 BGB lockert dieses Prinzip der Höchstpersönlichkeit der Verfügung von Todes wegen hinsichtlich des Bedachten auf.[386] Danach kann der Erblasser mehrere mit einem Vermächtnis in der Weise bedenken, dass der Beschwerte oder ein Dritter zu bestimmen hat, wer von den mehreren das Vermächtnis erhalten soll.

Damit § 2151 BGB allerdings überhaupt anwendbar ist, muss es sich bei den „mehreren" um einen bestimmten Personenkreis handeln, aus dem der Bedachte auszuwählen ist.[387] Der Erblasser kann die Bestimmung nicht völlig in das Belieben des Bestimmungsberechtigten stellen.[388] Mit Blick auf § 2151 Abs. 3 BGB muss der Personenkreis so überschaubar und bestimmt sein, dass festgestellt werden kann, wer als Gesamtgläubiger i.S.v. Abs. 3 anzusehen ist.[389] Gesamtgläubigerschaft setzt die tatsächliche Bestimmbarkeit aller Gläubiger voraus.[390]

Mit Hilfe der Kombination aus § 2156 BGB i.V.m. § 2151 BGB kann der Erblasser sowohl die Person des Stiftungsträgers als auch den Vermächtnisgegenstand durch einen Dritten bestimmen lassen, sofern er den Zweck der Zuwendung bestimmt hat.

3. Probleme bei der Festlegung des Stiftungszwecks mittels Vermächtnis

a) Vermächtnis zur Errichtung einer gemeinnützigen Stiftung

Um den Gemeinnützigkeitsstatus zu erhalten, muss eine Körperschaft ihre Tätigkeit gem. § 52 AO darauf richten, die Allgemeinheit auf materiellem, geistigem oder sittlichem Gebiet selbstlos zu fördern. Probleme ergeben sich im

---

385 BGH, NJW 1991, 1885; Staudinger/Otte (2013), § 2156, Rn. 3; jurisPK BGB/Reymann (8. Aufl.), § 2156 Rn. 11; a.A. mit guten Argumenten: Muscheler, Erbrecht II, S. 1303 Rn. 2602; Soergel/Wolf, § 2156 Rn. 4.

386 Erman BGB/Nobis (15. Aufl.), § 2151 Rn. 1; Staudinger/Otte (2013), § 2151 Rn. 1.

387 RGZ 96, S. 15 (17f.).

388 Palandt/Weidlich (2019), § 2151 Rn. 1.

389 RGZ 96, S. 15 (18).

390 Westebbe, Stiftungstreuhand, S. 76; Muscheler, ErbR 2016, S. 358 (363).

Zusammenspiel mit § 2151 BGB, dessen Forderung nach einem abgrenzbaren Personenkreis mit der Forderung nach der Unterstützung der Allgemeinheit kollidiert.

Der Begriff der Allgemeinheit wird in § 52 Abs. 1 S. 2 AO negativ abgegrenzt. Die Förderung der Allgemeinheit ist nicht gegeben, wenn der Kreis der Personen, dem die Förderung zugutekommen soll, fest abgeschlossen ist. Entscheidend ist die endgültige Begrenzung der Förderung auf bestimmte Personen.[391] Das Gesetz zählt beispielhaft die Zugehörigkeit zu einer Familie oder zu einem Unternehmen auf. Ebenso wenig handelt es sich um eine Förderung der Allgemeinheit, wenn ein dauernd nur kleiner Kreis gefördert wird, § 52 Abs. 1 S. 2 AO. Dieses Kriterium ist erfüllt, wenn aufgrund von Abgrenzungskriterien, die sich aus der Konkretisierung des Zwecks ergeben, der geförderte Personenkreis nur klein sein kann.[392]

Während das Vermächtnis also stets einen möglichst genau definierten Personenkreis benötigt, um wirksam zu sein (§ 2151 BGB), benötigt die Verfolgung eines gemeinnützigen Zwecks das Gegenteil – möglichst unbestimmte Leistungsempfänger. Das schließt sich aus und führt zu dem gerechtfertigten Vorwurf der Literatur[393], dass sich die Vermögensübertragung mittels Vermächtnis nicht eignet, wenn die unselbständige Stiftung gemeinnützige Zwecke i.S.d. § 52 AO verfolgen soll.

Dennoch können mittels Vermächtnis kirchliche und mildtätige Stiftungen nach § 53 und § 54 AO errichtet werden. Für sie gilt das Erfordernis der Allgemeinheit nicht.[394] Ebenso sind Stiftungen i.S.d. § 58 AO möglich, bei denen die Allgemeinheit nicht Leistungsempfänger sein muss.[395]

b) Jährliche Ausschüttung der Stiftungserträge

Sollen an die Destinatäre jährlich Stiftungserträge ausbezahlt werden, kann § 2162 BGB zum Hindernis für die unselbständige Stiftung von Todes wegen werden.

---

391 Klein AO/Gersch (14. Aufl.), § 52 Rn. 3a.

392 Klein AO/Gersch (14. Aufl.), § 52 Rn. 4.

393 Schon Danckwerth, Das Recht der unselbständigen Stiftungen, S. 67f.; Westebbe, Stiftungstreuhand, S 70; Staudinger/Hüttemann/Rawert (2017), Vorbem 1 zu §§ 80 ff., Rn. 350; Muscheler, ErbR 2016, S. 358 (363); Lange, ZErb 2013, S. 324 (327); Wochner, ZEV 1999, S. 125 (129); Schmidt, ZEV 2003, S. 316 (317).

394 Muscheler, ErbR 2016, S. 358 (363); Westebbe, Stiftungstreuhand, S 76.

395 Muscheler, ErbR 2016, S. 358 (363); Westebbe, Stiftungstreuhand, S 76.

(1) § 2162 BGB

Grundsätzlich fällt ein Vermächtnis nach § 2176 BGB mit dem Erbfall an. In Ausnahme dazu schiebt § 2177 BGB den *Anfall* des Vermächtnisses bei aufschiebend bedingten oder befristeten Vermächtnissen auf den Eintritt der Bedingung hinaus. Vom aufschiebend bedingten Anfall des Vermächtnisses ist der Aufschub der Fälligkeit zu unterscheiden.[396] Wird lediglich die Fälligkeit aufgeschoben, entsteht der Vermächtnisanspruch bereits mit dem Erbfall, muss aber erst später erfüllt werden.[397]

Für die Errichtung der unselbständigen Stiftung von Todes wegen ist die Unterscheidung von Fälligkeit und Anfall im Rahmen von § 2162 BGB relevant. Dieser bestimmt die Unwirksamkeit eines Vermächtnisses, wenn es 30 Jahre nach dem Erbfall entsteht. Vermächtnisse müssen danach spätestens 30 Jahre nach dem Erbfall tatsächlich anfallen, anderenfalls sind sie unwirksam.[398] Sobald das Vermächtnis tatsächlich angefallen ist, spielt § 2162 BGB keine Rolle mehr.[399] Das heißt, der Zeitpunkt der Fälligkeit des Vermächtnisanspruchs ist irrelevant.[400] Sehr begrenzte Ausnahmen von § 2162 BGB sieht § 2163 BGB vor.

(2) Jährliche Ausschüttung

Geht es um die jährliche Ausschüttung der Stiftungserträge, greift § 2162 BGB, wenn der Auszahlungsanspruch der Destinatäre jedes Jahr neu anfällt bzw. neu entsteht. Das Vermächtnis wäre nach 30 Jahren unwirksam. Die Destinatäre hätten keinen Anspruch mehr auf die Stiftungsleistungen. Erbringt der Stiftungsträger die Leistung nicht freiwillig weiter, würde die unselbständige Stiftung aufhören zu existieren. Das Vermögen würde im Eigentum des Stiftungsträgers verbleiben, der es frei zur Verfügung hätte. Auch die gem. § 55 Abs. 1 Nr. 4 AO vorgeschriebene satzungsmäßige Vermögensbindung hilft hier nicht weiter, wenn die Satzung, was in der Regel der Fall ist, Teil des Vermächtnisses ist. Die Satzung ist dann zwangsläufig ebenso nach 30 Jahren unwirksam.[401]

Für die Anwendbarkeit von § 2162 BGB ist daher entscheidend, ob eine aufschiebend bedingte Leistung vorliegt oder lediglich die Fälligkeit aufgeschoben wurde. Für diese Abgrenzung ist wiederum maßgeblich, ob man den Anspruch auf jede einzelne Teilleistung als selbständiges Recht ansieht, das immer wieder

---

396 Staudinger/Otte (2013), § 2177 Rn. 4.
397 Staudinger/Otte (2013), § 2177 Rn. 4.
398 Staudinger/Otte (2013), § 2162 Rn. 2.
399 Muscheler, ErbR 2016, S. 358 (363); Staudinger/Otte (2013), § 2162 Rn. 2.
400 Staudinger/Otte (2013), § 2162 Rn. 5.
401 Zum ganzen Absatz s. Westebbe, Stiftungstreuhand, S. 77f.

neu entsteht, oder ob man von einem einheitlichen Recht ausgeht, dessen Ausfluss der Anspruch auf die jeweilige, jährlich fällig werdende, Teilleistung, ist.

Bei Leibrentenvermächtnissen hat sich die Ansicht durchgesetzt, es handle sich um ein einheitliches Stammrecht. Die Erträge aus dem Vermächtnis sind als wiederkehrende Leistungen zu betrachten.[402] Leibrenten sind ein einheitliches nutzbares Recht, das dem Berechtigten für die Lebenszeit eines Menschen eingeräumt ist und dessen Erträge aus wiederkehrenden, gleichmäßigen und in gleichen Zeitabständen zu gewährenden Leistungen in Geld oder anderen Sachgegenständen bestehen.[403]

Eine mittels Vermächtnis errichtete unselbständige Stiftung kommt dem Prinzip einer Leibrente sehr nahe, wenn von vornherein die Destinatäre der Stiftung feststehen. Die Destinatäre als Vermächtnisnehmer erhalten mit dem Erbfall ein Vermächtnis, das ihnen einen Anspruch auf wiederkehrende Leistungen gibt. In diesen Fällen kann in der Regel von einem Stammrecht ausgegangen werden, aus dem sich regelmäßige Teilleistungen an die Gläubiger ergeben.[404] § 2162 BGB, der erbrechtliche Schwebezustände und übermäßig lange Einschränkungen der Verfügungs- und Testierfreiheit der Betroffenen vermeiden möchte, ist in diesen Fällen nicht betroffen. Leistungspflicht und Gläubiger stehen von vornherein fest.[405] Es besteht kein für § 2162 BGB typischer Schwebezustand.

Soweit die Destinatäre bei jeder Mittelverwendung neu bestimmt werden, selbst wenn sie aus einem kleinen Kreis ausgewählt werden, kann nicht mehr von einem einheitlichen Stammrecht ausgegangen werden.[406] § 2162 BGB ist in diesen Fällen einschlägig.

4. *Formulierungsvorschlag für die Regelungen des Vermächtnisses*

1. Anfall des Vermächtnisses

Das Vermächtnis fällt mit dem Erbfall an.

2. Fälligkeit des Vermächtnisses

Das Vermächtnis ist drei Monate nach dem Erbfall fällig.

3. Kosten der Vermächtniserfüllung

Die Kosten für die Erfüllung des Vermächtnisses trägt der mit dem Vermächtnis Beschwerte.

---

402 BGH, WM 1966, S. 248f.; MüKo BGB/Rudy (7. Aufl.), § 2162 Rn. 2.

403 BGH, WM 1966, S. 248 (248).

404 Staudinger/Otte (2013), § 2177 Rn. 6; Westebbe, Stiftungstreuhand, S. 78; Muscheler, ErbR 2016, S. 358 (363); enger: Wochner, ZEV 1999, S. 125 (129).

405 Westebbe, Stiftungstreuhand, S. 78.

406 Muscheler, ErbR 2016, S. 358 (363); Westebbe, Stiftungstreuhand, S. 78.

4. Auskunftsanspruch
Jeder Vermächtnisnehmer besitzt gegen den mit dem Vermächtnis Beschwerten einen Auskunftsanspruch hinsichtlich des Inhalts des Vermächtnisses, seiner bisherigen, zur Erfüllung des Vermächtnisses getätigten, Handlungen sowie über alle sonstigen Informationen, die er zur Wahrnehmung seines Vermächtnisanspruchs benötigt.
Soweit der Beschwerte Auskunft über seine bisherige Verwaltung erteilt, hat diese durch eine geordnete Zusammenstellung der Einnahmen und Ausgaben zu erfolgen.
Der Beschwerte ist zudem verpflichtet, sämtliche Auskünfte schriftlich unter Beifügung von Belegen zu erteilen, soweit Belege im Rechtsverkehr erteilt zu werden pflegen.

II. Festlegung des Stiftungszwecks mittels Auflage

1. Beschwerung des Stiftungsträgers mit einer Auflage

a) Inhalt der Auflage

Bei der Errichtung einer unselbständigen Stiftung von Todes wegen mittels Auflage wird der Stiftungsträger mit der Auflage beschwert, den Nachlass oder Teile davon entsprechend den Zweckvorgaben und den sonstigen Anordnungen des Erblassers zu verwenden. Destinatäre sind in dem Fall die Auflagenbegünstigten.

Soll der Auflagenbegünstigte mit einer Auflage beschwert werden, ist die Auflage nur wirksam, wenn sie unter der Bedingung steht, dass der Auflagenbegünstigte Stiftungsträger die Leistung aus der ihn begünstigten Auflage erhalten hat.

b) Formulierungsvorschlag für die Auflage[407]

Meinem Erben mache ich es zur Auflage, die Erbschaft / das Vermächtnis als unselbständige Stiftung mit dem Namen … zu verwalten.[408] Zweck der Stiftung ist … Sie soll gemeinnützig sein im Sinne der AO.[409]

407 Ebenso kann natürlich ein Vermächtnisnehmer mit einer Auflage beschwert werden. An der Anordnung ändert sich mit Ausnahme des Austausches der Begriffe „Erbe“ und „Vermächtnisnehmer“ nichts.

408 Nach Schewe, in: Beck'sche Online-Formulare Erbrecht (24. Edit.), 3.7, Ziff. I. des Musters.

409 Zur Ausgestaltung der Stiftungssatzung s. Schewe, in: Beck'sche Online-Formulare Erbrecht (24. Edit.), 3.7.

Sollte die Erfüllung des Zwecks unmöglich werden, gleich aus welchem Grund, ordne ich folgende Ersatzzwecke an: …

Sollten auch diese Ersatzzwecke unmöglich sein oder werden, gelten die von mir für diese Fälle getroffenen Anordnungen.[410]

Weitere Anordnungen für die Stiftung ergeben sich aus der beigefügten Stiftungssatzung, die Bestandteil des Stiftungsgeschäfts ist.[411]

2. *Vollziehungsanspruch*

Die entscheidende Schwäche der Auflage liegt in dem Auseinanderfallen von Begünstigung und Anspruchsberechtigung.[412] Damit dem Erblasserwillen dennoch Folge geleistet wird, schuf der Gesetzgeber den sog. Vollziehungsberechtigten und verlieh ihm einen entsprechenden Anspruch. Anders als die selbständige Stiftung besitzt die unselbständige Stiftung kein staatliches Aufsichtsorgan, welches die Durchsetzung der Auflage erzwingen könnte.[413] Für die unselbständige Stiftung von Todes wegen ist daher eine Institution notwendig, die die Vollziehung der Auflage einfordern kann. In diesem Zusammenhang hat die Vollzugsberechtigung große Bedeutung. Der Vollziehungsanspruch bezweckt die Erfüllung der dem Träger auferlegten Pflichten – § 2194 BGB sorgt für eine Art „private Stiftungsaufsicht"[414].[415] Gäbe es keine Vollzugsberechtigten, wäre die Auflage nicht mehr als ein Wunsch des Erblassers.[416]

a) Der Vollziehungsanspruch

Der Anspruch auf Vollziehung aus § 2194 BGB entsteht grundsätzlich mit dem Erbfall, bei aufschiebend bedingter oder befristeter Auflage mit dem Eintritt der Bedingung.[417] Inhalt des Anspruchs ist die Leistung an den Auflagenbegünstigten. Der Vollziehungsberechtigte kann bzw. muss vom Beschwerten verlangen, dass er die Handlungen vornimmt und die Willenserklärungen abgibt, die zur Erfüllung der Verpflichtung erforderlich sind.[418]

---

410 S. Kap. 4, lit. E, Ziff. I.4b(3).

411 Formulierung nach Schewe, in: Beck'sche Online-Formulare Erbrecht (24. Edit.), 3.7, Ziff. I. des Musters.

412 Lange, ZErb 2013, S. 324 (328).

413 Schewe, in: Beck'sche Online-Formulare Erbrecht (24. Edit.), 3.7 Rn. 3.

414 Schmidt, in: Hopt/Reuter (Hrsg.), Stiftungsrecht in Europa, S. 175 (187).

415 Schmidt, in: Hopt/Reuter (Hrsg.), Stiftungsrecht in Europa, S. 175 (189).

416 Lange, ZErb 2013, S. 324 (328).

417 Nomos BGB/Kroiß/J. Mayer (5. Aufl.), § 2194 Rn. 14.

418 Damrau PK Erbrecht/Daragan (3. Aufl.), § 2194 Rn. 1.

Der Anspruch aus § 2194 BGB ist ein eigenes Recht des Vollziehungsberechtigten, fällt jedoch nicht in dessen Vermögen.[419] Er ist daher weder übertragbar, pfändbar noch verpfändbar und fällt nicht in die Insolvenzmasse des Vollzugsberechtigten.[420] *Lange/Kuchinke* beschreiben ihn als fremdnützigen Anspruch.[421] Die Vollziehungsberechtigung des Erben und des Miterben geht bei deren Tod auf ihre Erben über.[422]

Die Vollziehungsberechtigung dessen, dem der Wegfall des zunächst Beschwerten unmittelbar zustattenkommen würde, ist hingegen unvererblich.[423] Ebenso unvererblich ist die Vollziehungsberechtigung des Testamentsvollstreckers[424] und desjenigen, dem der Erblasser sie ausdrücklich verliehen hat[425]. Wie beim Vermächtnis besitzt der Vollziehungsberechtigte einen Auskunftsanspruch gegen den Stiftungsträger.

b) Vollziehungsberechtigte

Nach dem Wortlaut des § 2194 BGB sind die Vollziehungsberechtigten der Erbe, der Miterbe und derjenige, welchem der Wegfall des mit der Auflage zunächst Beschwerten unmittelbar zustattenkommen würde. Liegt die Vollziehung im öffentlichen Interesse, ist zusätzlich die zuständige Behörde vollziehungsberechtigt, § 2194 Satz 2 BGB.

---

419 Staudinger/Otte (2013), § 2194 Rn. 13; Lange/Kuchinke, Erbrecht, § 30, III.4.

420 Staudinger/Otte (2013), § 2194 Rn. 13; Lange/Kuchinke, Erbrecht, § 30, III.4.; Bächstädt, Unselbständige Stiftung des Privatrechts, S. 40.

421 Lange/Kuchinke, Erbrecht, § 30, III.4.

422 Staudinger/Otte (2013), § 2194 Rn. 7; § 2194 Rn. 8; MüKo BGB/Rudy (7. Aufl.), § 2194 Rn. 6; die Vererblichkeit insgesamt ablehnend: Nomos BGB/Kroiß/J. Mayer (5. Aufl.), § 2194 Rn. 13; Vorwerk, ZEV 1998, S. 297 (298); Reuter, in: v. Campenhausen/Kronke/Werner (Hrsg.), Stiftungen in Deutschland und Europa, S. 203 (221); Vererblichkeit der Rechtsstellung, auf der das Recht beruht: RGRK BGB/Johannsen (12. Aufl.), § 2194 Rn. 8; Muscheler, Erbrecht II, S. 1335 Rn. 2683 (mit Ausnahme des Rechts des Testamentsvollstreckers).

423 Staudinger/Otte (2013), § 2194 Rn. 7.

424 Staudinger/Otte (2013), § 2194 Rn. 7; MüKo BGB/Rudy (7. Aufl.), § 2194 Rn. 6; Muscheler, Erbrecht II, S. 1335 Rn. 2683.

425 Staudinger/Otte (2013), § 2194 Rn. 7; MüKo BGB/Rudy (7. Aufl.), § 2194 Rn. 6; einschränkend Damrau PK Erbrecht/Daragan (3. Aufl.), § 2194 Rn. 12.

(1) Vollzugsberechtigter Erbe, Ersatzerbe und Nacherbe

Die Vollziehungsberechtigung des Erben wird relevant gegenüber einem mit einer Auflage Beschwerten, dem Vermächtnisnehmer.[426] Der Nacherbe hat das Recht vom Eintritt des Nacherbfalls an.[427] Erst ab diesem Zeitpunkt ist er Erbe. Das Gleiche gilt für den Ersatzerben.[428]

(2) Vollzugsberechtigung des Miterben

Ein Miterbe kann die Vollziehung von einem beschwerten Miterben und einem beschwerten Vermächtnisnehmer verlangen.[429]

Gehört das, was ein Miterbe leisten soll, zum Nachlass, sind §§ 2038, 2040 BGB zu beachten.[430] Es wird für die Erfüllung der Auflage die Zustimmung der übrigen Miterben benötigt. § 2194 BGB befreit nicht von den Begrenzungen der §§ 2038, 2040 BGB.[431] Anderenfalls könnte der Erblasser mittels einer Auflage die Regelungen über die Erbengemeinschaft umgehen. Die Gefahrenquelle für die Vollziehung der Auflage und damit auch für die Entstehung der unselbständigen Stiftung liegt auf der Hand – der sich weigernde Miterbe. Er kann zwar auf Zustimmung verklagt werden, aufgrund ihrer Dauer ist die Klage aber nur eine schwache Hilfe.

Gehört das, was der beschwerte Miterbe leisten soll, nicht zum Nachlass, kann jeder Miterbe ohne Zustimmung der übrigen Miterben die Vollziehung verlangen, da es sich nicht um eine Verwaltungsmaßnahme i.S.v. § 2038 BGB handelt. Der Vollziehungsanspruch steht vielmehr jedem Miterben persönlich zu.[432] Er hängt an seiner Erbenstellung. Selbst ein beschwerter Miterbe kann daher von einem anderen beschwerten Miterben die Vollziehung verlangen.[433]

---

426 Staudinger/Otte (2013), § 2194 Rn. 2.

427 Staudinger/Otte (2013), § 2194 Rn. 2; Nomos BGB/Kroiß/J. Mayer (5. Aufl.), § 2194 Rn. 2; MüKo BGB/Rudy (7. Aufl.), § 2194 Rn. 2.

428 Staudinger/Otte (2013), § 2194 Rn. 2; MüKo BGB/Rudy (7. Aufl.), § 2194 Rn. 2.

429 Staudinger/Otte (2013), § 2194 Rn. 3.

430 Damrau PK Erbrecht/Daragan (3. Aufl.), § 2194 Rn. 14.

431 Damrau PK Erbrecht/Daragan (3. Aufl.), § 2194 Rn. 14.

432 Damrau PK Erbrecht/Daragan (3. Aufl.), § 2194 Rn. 14.

433 So differenziert: Damrau PK Erbrecht/Daragan (3. Aufl.), § 2194 Rn. 14; von einer allgemeinen Vollziehungsberechtigung ausgehend u.a. Staudinger/Otte (2013), § 2194 Rn. 3; Nomos BGB/Kroiß/J. Mayer (5. Aufl.), § 2194 Rn. 2; MüKo BGB/Rudy (7. Aufl.), § 2194 Rn. 2; RGRK BGB/Johannsen (12. Aufl.), § 2194 Rn. 1.

(3) Vollzugsberechtigung der Personen, denen der Wegfall des Beschwerten zustattenkommt

Vollziehungsberechtigt ist auch derjenige, dem der Wegfall des mit der Auflage Beschwerten unmittelbar zustattenkommen würde. Das Kriterium ist nach rein rechtlichen Gesichtspunkten zu beurteilen.[434] Entscheidend ist nur, wer beim Wegfall des Beschwerten zum Eintritt in die Stellung des Wegfallenden berufen wäre. Ist ein gesetzlicher Erbe mit der Auflage beschwert, so sind vollziehungsberechtigt die weiteren gesetzlichen Erben, bei gewillkürten Erbe ist es zunächst der Ersatzerbe, mangels eines solchen ein Anwachsungsberechtigter. Mangelt es auch an diesem, sind die gesetzlichen Erben berufen.[435] Der Gesetzgeber hat sich für diese Personen entschieden, weil sie dem Erblasser am nächsten stehen.[436] Der enterbte Pflichtteilsberechtigte ist nicht vollziehungsberechtigt.[437] Er ist gerade kein gesetzlicher Erbe mehr und in der Regel steht er dem Erblasser spätestens nach seiner Enterbung auch nicht mehr nahe.[438]

(4) Vollzugsberechtigung des Auflagenbegünstigten

Ob der Auflagenbegünstigte gleichzeitig ein Vollzugsberechtigter sein kann, ist eine der umstrittensten Fragen des Auflagenrechts. Würde man die Frage bejahen, hätte der Auflagenbegünstigte und innerhalb der Stiftung der Destinatär trotz seines mangelnden Anspruchs unter den Voraussetzungen des § 2194 BGB einen Vollziehungsanspruch und käme möglicherweise auf diesem Weg zu einer direkten Begünstigung. Das wäre für ihn vorteilhaft, da er nicht mehr von einem pflichtbewussten Dritten abhinge.

i. Rechtsprechung

Das OLG Karlsruhe[439] bejahte die Vollziehungsberechtigung des Begünstigten mit der Begründung, das Gesetz enthalte keine Einschränkung, dass der

---

434 Staudinger/Otte (2013), § 2194 Rn. 4; Muscheler, Erbrecht II, S. 1331 Rn. 2677; Lange/Kuchinke, Erbrecht, § 30, III.3a); Nomos BGB/Kroiß/J. Mayer (5. Aufl.), § 2194 Rn. 3.

435 Zum vorhergehenden Absatz: Staudinger/Otte (2013), § 2194 Rn. 4.

436 Motive, V, S. 215; Muscheler, Erbrecht II, S. 1331 Rn. 2677.

437 Lange/Kuchinke, Erbrecht, § 30, III.3a); a.A.: Nomos BGB/Kroiß/J. Mayer (5. Aufl.), § 2194 Rn. 3.

438 Das gilt auch, wenn der Pflichtteilsberechtigte mehr aus Zweckmäßigkeitsgründen enterbt wurde wie beim gemeinschaftlichen Testament oder weil er seinen Erbteil schon zu Lebzeiten erhalten hat und dem Erblasser dennoch nahesteht. Hier sind rein rechtliche Kriterien maßgeblich und ein enterbter Pflichtteilsberechtigter ist letztlich kein gesetzlicher Erbe mehr.

439 OLG Karlsruhe, ZEV 2004, S. 333 ff.

Auflagenbegünstigte nicht auch gleichzeitig Vollziehungsberechtigter sein dürfe.[440] Klagt der Begünstigte auf Vollziehung, sei das auch nicht zweckwidrig. Der Begünstigte erreiche genau das, was § 2194 BGB bezwecke, nämlich die Verpflichtung zur Leistung durchzusetzen.[441] Ein gesetz- oder sittenwidriges Verhalten oder ein Verstoß gegen Treu und Glauben liege ebenfalls nicht in dem Verhalten des Begünstigten, nimmt er die Vollziehungsberechtigung wahr.[442]

Auch die Literatur teilt teilweise zumindest im Ergebnis die Ansicht des OLG Karlsruhe.[443] Sie befürchtet, es käme zu einer Beschränkung des Kreises der Vollziehungsberechtigten, spräche man den Begünstigten die Vollziehungsbefugnis ab, und damit würde die Vollziehung der Auflage gefährdet.[444] Außerdem führe die Ansicht, der Begünstigte könne nicht gleichzeitig auch Vollziehungsberechtigter sein, zu Abgrenzungsschwierigkeiten, wenn die Auflage ein größeres Publikum, zu dem auch der Vollziehungsberechtigte gehört, begünstigen soll.[445]

Der BGH hingegen entschied im Jahr 1952[446], dass ein Vollziehungsanspruch des Auflagenbegünstigten mit dem Wesen der Auflage unvereinbar sei. Das Klagerecht aus § 2194 BGB würde sich seinem Inhalt nach ändern und in der Hand des Auflagenbegünstigten in ein Vermächtnis umgewandelt werden.

ii. Diskussion

Die Argumente des OLG Karlsruhe sind für sich betrachtet überzeugend. Dem OLG ist zuzustimmen, dass § 2194 BGB gerade keine Einschränkung hinsichtlich der Vollziehungsberechtigten enthält.

Auch führt das OLG zu Recht an, dass der Begünstigte bei Ausübung der Vollziehungsberechtigung lediglich den Zweck des Gesetzes erfülle. Einleuchtend ist auch die Gefahr der Reduzierung des Kreises der Vollziehungsberechtigten, da man eine Person als Vollziehungsberechtigter von vornherein ausschließt. Dem Bundesgerichtshof ist zwar zuzustimmen, dass das Wesen der Auflage die anspruchslose Stellung des Begünstigten ist. Damit ist aber, worauf *Sturm* richtigerweise hinweist, nur ausgeschlossen, dass der Begünstigte in seiner Stellung als

440 OLG Karlsruhe, ZEV 2004, S. 333 (332).

441 OLG Karlsruhe, ZEV 2004, S. 333 (332).

442 OLG Karlsruhe, ZEV 2004, S. 333 (333).

443 Staudinger/Otte (2013), § 2194 Rn. 9; wohl auch Nomos BGB/Kroiß/J. Mayer (5. Aufl.), § 2194 Rn. 9; Erman BGB/Nobis (15. Aufl.), § 2194 Rn. 1; Bamberger/Roth BGB/Müller-Christmann (3. Aufl.), § 2194 Rn. 2; juris PK BGB/Linnartz (7. Aufl.), § 2194 Rn. 4; MüKo BGB/Rudy (7. Aufl.), § 2194 Rn. 3.

444 Erman BGB/Nobis (15. Aufl.), § 2194 Rn. 1.

445 Staudinger/Otte (2013), § 2194 Rn. 9.

446 BGH vom 08.05.1952, Az.IV ZR 220/51, n.v.

solcher die Vollziehung verlangen kann. Der Begünstigte nimmt aber das Recht nicht als Begünstigter, sondern als Vollziehungsberechtigter wahr.[447] Die Vollziehungsberechtigung und die Eigenschaft Begünstigter zu sein sind unabhängig voneinander zu sehen.[448] Die Wahrnehmung der Vollziehungsberechtigung ist daher keine Umgehung von § 1940 BGB.[449]

Allerdings übergeht das OLG einen gewichtigen Punkt: die ausdrückliche Entscheidung des Erblassers für das Institut der Auflage.[450] Hätte der Erblasser dem Begünstigten einen Anspruch geben wollen, hätte er ihn mit einem Vermächtnis bedenken können. Stattdessen hat er sich bewusst für eine Auflage entschieden.[451] Das mit einer Auflage für den Begünstigten und für seine eigene Zweckerreichung verbundene Risiko hat der Erblasser als Ausgleich dafür hingenommen, dass der Beschwerte nicht einem Anspruch des Begünstigten ausgesetzt wird.[452] Möchte der Erblasser die Vollziehung der Auflage sicherstellen, hat er die Möglichkeit, einen Testamentsvollstrecker einzusetzen.[453] Zu diesem kann er sogar den mit der Auflage Begünstigten bestimmen.[454] In dem Fall leitet der Begünstigte seine Berechtigung aus seiner Befugnis als Testamentsvollstrecker ab, die unabhängig von seiner Stellung als Auflagenbegünstigter besteht.

iii. Ergebnis

Soll eine gemeinnützige unselbständige Stiftung von Todes wegen mittels Auflage errichtet werden, stellt sich die Problematik der Vollziehungsberechtigung nicht. Begünstigte, die zu Vollziehungsberechtigten werden könnten, sind wegen § 52 AO noch nicht benannt, sondern werden das erst mit Vollziehung der Auflage. In den übrigen Fällen der Errichtung einer unselbständigen Stiftung besitzt der Begünstigte keinen Vollziehungsanspruch.[455]

---

447 Sturm, Vollziehungsberechtigte der erbrechtlichen Auflage, S. 77.

448 Sturm, Vollziehungsberechtigte der erbrechtlichen Auflage, S. 77.

449 Sturm, Vollziehungsberechtigte der erbrechtlichen Auflage, S. 77, a.A.: BGH, Urteil vom 08.05.1952, Az.IV ZR 220/51 n.v.; Soergel/Dieckmann (13. Aufl.), § 2194 Rn. 7; Vorwerk, ZEV 1998, S. 297 (297).

450 Sturm, Vollziehungsberechtigte der erbrechtlichen Auflage, S. 78 ff.; Muscheler, Erbrecht II, S. 1334 Rn. 2682. Ähnlich RG LZ 1917, S. 1076.

451 Wochner, ZEV 1999, S. 125 (130); Muscheler, Erbrecht II, S. 1334 Rn. 2682.

452 Sturm, Vollziehungsberechtigte der erbrechtlichen Auflage, S. 79.

453 Damrau PK Erbrecht/Daragan (3. Aufl.), § 2194 Rn. 19.

454 Damrau PK Erbrecht/Daragan (3. Aufl.), § 2194 Rn. 19.

455 Die Vollziehungsberechtigung des Begünstigten generell ablehnend: BGH, Urteil v. 08.05.1952, Az.IV ZR 220/51 n.v.; RGRK BGB/Johannsen (12. Aufl.), § 2194 Rn. 1; Soergel/Dieckmann (13. Aufl.), § 2194 Rn. 7; Damrau PK Erbrecht/Daragan (3. Aufl.), § 2194 Rn. 19; Lange/Kuchinke, Erbrecht, § 30, III. Fn.60; Wochner, ZEV 1999, S. 125

In diese Richtung argumentiert auch das Reichsgericht in einer Entscheidung aus dem Jahr 1917. Dort verneinte es einen Anspruch einer in § 2194 BGB genannten Person, weil dies offensichtlich dem Erblasserwillen widersprach, der eine Auflage anordnete und den Begünstigten gerade keinen Anspruch auf die Stiftungsleistung geben wollte.[456]

Im Rahmen der Gestaltung ist darauf zu achten, dass bei jeder erbrechtlichen Anordnung die Rechtsnatur klar formuliert wird.[457] Möchte der Erblasser in keinem Fall eine Vollziehungsberechtigung des Begünstigten, sollte das in Anbetracht der Entscheidung des OLG Karlsruhe ausdrücklich angeordnet werden, um jeden Zweifel auszuräumen.[458] Droht die Gefahr eines zu kleinen Kreises von Vollziehungsberechtigten, sollte entweder ein Testamentsvollstrecker bestimmt oder ein Dritter zum Vollzugsberechtigten bestimmt werden.[459]

(5) Vollzugsberechtigung des Testamentsvollstreckers

Die Befugnis des Testamentsvollstreckers, die Vollziehung der Auflage zu verlangen, ergibt sich kraft Amtes aus §§ 2203, 2208 Abs. 2 und 2223 BGB und nicht unmittelbar aus § 2194 BGB.[460]

Betrifft die Auflage einen Gegenstand, welcher der Testamentsvollstreckung unterliegt, muss der Testamentsvollstrecker die Auflage selbst vollziehen.[461] Die Vollzugsberechtigung aus § 2194 BGB ist für den Testamentsvollstrecker daher nur relevant, wenn die Auflage mit Mitteln zu erfüllen ist, die nicht der Testamentsvollstreckung unterliegen oder eine höchstpersönliche Handlung des Beschwerten erfordern.[462] Ein Testamentsvollstrecker kann sogar eigens zu

(130); Vorwerk, ZEV 1998, S. 297 (297); einschränkend: Sturm, Vollziehungsberechtigte der erbrechtlichen Auflage, S. 85; Muscheler, Erbrecht II, S. 1334 Rn. 2682.

456 RG, LZ 1917, S. 1076.

457 J. Mayer, ZEV 2004 S. 331 (334).

458 J. Mayer, ZEV 2004 S. 331 (334).

459 J. Mayer, ZEV 2004 S. 331 (334).

460 Staudinger/Otte (2013), § 2194 Rn. 5; Nomos BGB/Kroiß/J. Mayer (5. Aufl.), § 2194 Rn. 5.

461 Sturm, Vollziehungsberechtigte der erbrechtlichen Auflage, S. 45; Staudinger/Otte (2013), § 2194 Rn. 5; Damrau PK Erbrecht/Daragan (3. Aufl.), § 2194 Rn. 18; Muscheler, Erbrecht II, S. 1332 Rn. 2679.

462 Sturm, Vollziehungsberechtigte der erbrechtlichen Auflage, S. 46; Staudinger/Otte (2013), § 2194 Rn. 5; Damrau PK Erbrecht/Daragan (3. Aufl.), § 2194 Rn. 18; Muscheler, Erbrecht II, S. 1332 Rn. 2679; Lange, ZErb 2013, S. 324 (329).

dem Zweck ernannt werden, für die Ausführung einer den Vermächtnisnehmer beschwerenden Auflage zu sorgen.[463] Dabei schließt der Testamentsvollstrecker mit seiner Vollziehungsberechtigung die Berechtigung der Erben aus § 2194 BGB nicht aus.[464] Das Recht aus § 2194 BGB gehört nicht in den Nachlass, sondern ist mit der Person des Erben verknüpft.[465]

(6) Vollzugsberechtigung der Behörde

Die zuständige Behörde[466] ist vollziehungsberechtigt, wenn die Vollziehung im öffentlichen Interesse liegt. Fehlt es an einer Zuständigkeitsregelung, ist die Behörde zuständig, der die Wahrnehmung des entsprechenden öffentlichen Interesses nach der allgemeinen staatlichen Aufgabenverteilung obliegt.[467] Das ist der Fall, wenn der Zweck der Auflage eigentlich Aufgabe des Staates oder einer sonstigen Person des öffentlichen Rechts wäre. Es kann sich dabei um ein Interesse auf wirtschaftlichem, religiösem oder ideellem Gebiet handeln.[468]

Ob ein solches Interesse vorliegt und ob die Behörde einschreitet, hat sie unter Ausübung ihres pflichtgemäßen Ermessens zu entscheiden.[469] Im Streitfall entscheidet das ordentliche Gericht.[470] Mit wenigen Ausnahmen[471] spielen die Fälle, in denen die Behörde ihre Vollzugsberechtigung ausübt, wohl nur eine geringe Rolle.[472] Das kann unter anderem daran liegen, dass die Behörde regelmäßig keine Kenntnis von ihrer Berechtigung zur Auflagenvollziehung erhält.[473]

---

463 BayOblGZ 1986, S. 34 (37f.).

464 Staudinger/Otte (2013), § 2194 Rn. 5; Lange/Kuchinke, Erbrecht, § 30 III. Fn.67.

465 Staudinger/Otte (2013), § 2194 Rn. 5; a.A. LG Braunschweig, MDR 1955, S. 169 (169).

466 Übersicht der zuständigen Behörde bei Staudinger/Otte (2013), § 2194 Rn. 11.

467 Staudinger/Otte (2013), § 2194 Rn. 11.

468 RGRK BGB/Johannsen (12. Aufl.), § 2194 Rn. 6; Muscheler, Erbrecht II, S. 1331 Rn. 2678.

469 Nomos BGB/Kroiß/J. Mayer (5. Aufl.), § 2194 Rn. 11; Staudinger/Otte (2013), § 2194 Rn. 10.

470 Soergel/Diekmann (13. Aufl.), § 2194, Rn. 5; Staudinger/Otte (2013), § 2194 Rn. 10.

471 Zwei Ausnahmen sind die Urteile des BGH, s. BGHZ 121, 357 ff. und OLG Schleswig, BeckRS 2017, 132055 (abrufbar in beck-online).

472 Nomos BGB/Kroiß/J. Mayer (5. Aufl.), § 2194 Rn. 11.

473 Schewe, in: Beck'sche Online-Formulare Erbrecht (24. Edit.), 3.7 Rn. 3.

(7) Vom Erblasser erhaltene Vollzugsberechtigung

i. Erweiterungsbefugnis des Erblassers

Der Erblasser kann den Kreis der Vollziehungsberechtigten beliebig erweitern oder beschränken.[474] Das ergibt sich zwar nicht aus dem Wortlaut, aber weder ergeben sich aus § 2194 BGB noch aus dem Sinn und Zweck der Norm Anhaltspunkte für das Gegenteil. Die Norm soll für die Ausführung der Auflage Sorge tragen.[475]

Gerade bei der unselbständigen Stiftung von Todes wegen würde die Norm das Gegenteil erreichen, würde sie dem Erblasser die Möglichkeit nehmen, einem Dritten die Vollzugsberechtigung zu überlassen. Bei einer über mehrere Generationen hinweg zu führenden unselbständigen Stiftung werden die Vollzugsberechtigten bei zunehmender zeitlicher Entfernung vom Erbfall immer mehr in den Hintergrund treten.[476] Für die Errichtung eines Kontrollorgans, wie eines Beirates, ist die Bestimmung eines Vollzugsberechtigten durch den Erblasser Voraussetzung.[477]

Zudem muss es grundsätzlich der Verantwortung des Erblassers überlassen bleiben, wie er für die Erfüllung der Auflage sorgt.[478] Zur Einsetzung eines Testamentsvollstreckers kann er nicht gezwungen werden.[479]

ii. Vom Erblasser bestimmter Vollziehungsberechtigter als Testamentsvollstrecker

Teilweise wird in der Literatur vertreten, bei der Einsetzung eines vom Erblasser benannten und nicht in § 2194 BGB genannten Vollziehungsberechtigten handle es sich um eine Testamentsvollstreckung mit begrenztem Aufgabenbereich.[480] Diese Ansicht ist jedoch abzulehnen, soweit sie in diesen Fällen immer

---

474 Staudinger/Otte (2013), § 2194 Rn. 6; Muscheler, Erbrecht II, S. 1332 Rn. 2681; Lange/Kuchinke, Erbrecht, § 30, III.3b); MüKo BGB/Rudy (7. Aufl.), § 2194 Rn. 5; Sturm, Vollziehungsberechtigte der erbrechtlichen Auflage, S. 52; Soergel/Dieckmann, § 2194 Rn. 6; a.A.: Nomos BGB/Kroiß/J. Mayer (5. Aufl.), § 2194 Rn. 8.

475 Motive V, S. 214f.

476 Schewe, in: Beck'sche Online-Formulare Erbrecht (24. Edit.), 3.7 Rn. 3.

477 Schewe, in: Beck'sche Online-Formulare Erbrecht (24. Edit.), 3.7 Rn. 3.

478 Sturm, Vollziehungsberechtigte der erbrechtlichen Auflage, S. 52.

479 Sturm, Vollziehungsberechtigte der erbrechtlichen Auflage, S. 52.

480 Sturm, Vollziehungsberechtigte der erbrechtlichen Auflage, S. 55; Lange/Kuchinke, Erbrecht, § 30, III.3b); Soergel/Dieckmann (13. Aufl.), § 2194 Rn. 6; enger Staudinger/Otte (2013), § 2194 Rn. 6, der die Qualifizierung als Testamentsvollstrecker dann vornimmt, wenn der Dritte zur Vollziehung der Auflage verpflichtet wird. Dem folgend: Herzog, Unselbständige Stiftung des bürgerlichen Rechts, S. 87.

eine Testamentsvollstreckung annehmen möchte. Zwar ist für die Anordnung der Testamentsvollstreckung kein bestimmter Wortlaut erforderlich.[481] Dennoch muss sich aus dem gesamten Testamentsinhalt und den Umständen mit ausreichender Deutlichkeit der Erblasserwille ergeben, dass der Benannte den Nachlass nach den Anordnungen des Erblassers verwalten soll.[482] Das Testamentsvollstreckeramt und die Stellung des Vollziehungsberechtigten sind aber nicht vergleichbar, sondern in vielen Punkten konträr. Mit Blick darauf und auf die Konsequenzen einer Testamentsvollstreckung für den Nachlass wie auch für die an diesem Beteiligten wird es nicht dem Erblasserwillen entsprechen, die Ernennung eines Vollziehungsberechtigten generell in eine Testamentsvollstreckeranordnung umzudeuten.

Würde man in der Bestimmung eines Vollziehungsberechtigten durch den Erblasser eine Testamentsvollstreckung annehmen, müsste der Vollziehungsberechtigte gem. § 2215 BGB ein Nachlassverzeichnis errichten und die in § 2218 BGB niedergelegten Pflichten erfüllen.

Die Vollziehungsberechtigten wären plötzlich verpflichtet, den Vollziehungsanspruch durchzusetzen oder gar die Auflage selbst zu erfüllen. Insgesamt würde dem Vollziehungsberechtigten eine Reihe Verpflichtungen auferlegt, obwohl zumindest der private Vollziehungsberechtigte im Rahmen der §§ 2192 ff. BGB grundsätzlich gerade keinerlei Pflichten besitzt. Überdies muss die Stellung des Nachlassgerichts berücksichtigt werden. Es kann einen Testamentsvollstrecker auf Antrag gem. § 2227 BGB aus wichtigem Grund[483] aus seinem Amt entlassen. Das würde selbstverständlich auch für den Vollziehungsberechtigten gelten. Das Nachlassgericht und damit ein staatliches Organ erhielte plötzlich eine Kontrollfunktion, die vom Gesetzgeber im Rahmen der Auflage so nicht gewollt war.[484] Hinzu kommt der Vergütungsanspruch des Testamentsvollstreckers. Soweit der Erblasser nichts Gegenteiliges regelt, ergibt er sich aus § 2221 BGB. Für den Vollziehungsberechtigten hingegen ist ein solcher nicht vorgesehen.

Verpflichtet der Erblasser einen Vollziehungsberechtigten zur Vollziehung der Auflage, ist es letztlich eine Frage der Auslegung, ob er, wie *Otte* meint, tatsächlich einen Testamentsvollstrecker mit begrenztem Aufgabenbereich einsetzen wollte. Allerdings kann diese mit Blick auf die Konsequenzen einer Testamentsvollstreckung nicht generell angenommen werden.

---

481 RGZ 92, S. 68 (72).

482 MüKo BGB/Zimmermann (7. Aufl.), § 2197 Rn. 6.

483 Gem. § 2227 BGB liegt ein solcher vor allem bei einer groben Pflichtverletzung oder der Unfähigkeit zur ordnungsgemäßen Geschäftsführung vor.

484 Er sah einzig die zuständige Behörde als Vollziehungsberechtigte an.

c) Formulierungsvorschlag für die Regelungen des Vollziehungsanspruchs

1. Vollziehungsberechtigter

Zusätzlich zu den in § 2194 BGB genannten Vollziehungsberechtigten verleihe ich den von mir in der Satzung bestimmten Gremienmitgliedern die Vollziehungsberechtigung gem. § 2194 BGB.[485]

Die Gremienmitglieder sind bei Ausübung ihrer Vollziehungsberechtigung an die Bestimmungen der beigefügten Stiftungssatzung gebunden.

Dem Gremium ist es erlaubt, bei Ausfall eines Gremienmitglieds nach den Bestimmungen der beigefügten Satzung ein neues Gremienmitglied zu bestimmen. Dieses ist ebenfalls vollziehungsberechtigt i.S.v. § 2194 BGB.

Die Gremienmitglieder sind ausschließlich vollziehungsberechtigt i.S.v. § 2194 BGB. Sie sind nicht zu Testamentsvollstreckern berufen.

Aus Klarstellungsgründen weise ich darauf hin, dass die Auflagenbegünstigten keinen eigenen Vollziehungsanspruch besitzen sollen.

2. Anfall des Vollziehungsanspruchs

Der Vollziehungsanspruch fällt mit dem Erbfall an.

3. Fälligkeit des Vollziehungsanspruchs[486]

Der Vollziehungsanspruch ist fällig mit dem Erbfall.

4. Auskunftsanspruch des Vollziehungsberechtigten

Jeder Vollziehungsberechtigte besitzt gegen den mit der Auflage Beschwerten einen Auskunftsanspruch hinsichtlich des Inhalts der Auflage, seiner bisherigen, zur Erfüllung der Auflage getätigten, Handlungen sowie über alle sonstigen Informationen, die er zur Wahrnehmung seines Vollziehungsanspruchs benötigt.

Soweit der Beschwerte Auskunft über seine bisherige Verwaltung erteilt, hat diese durch eine geordnete Zusammenstellung der Einnahmen und Ausgaben zu erfolgen.

Der Beschwerte ist zudem verpflichtet, sämtliche Auskünfte schriftlich unter Beifügung von Belegen zu erteilen, soweit Belege im Rechtsverkehr erteilt zu werden pflegen.

485 S. Kap. 2, lit. C, Ziff. II.2b(7) und Kap. 3, lit. D, Ziff. III.1c).

486 Bei einem beschwerten Vermächtnisnehmer oder einem beschwerten Auflagenbegünstigten muss die Fälligkeit des Vollziehungsanspruchs an die Fälligkeit des Vermächtnisanspruchs bzw. der Fälligkeit des ersten Vollziehungsanspruchs (Stufe 1) angepasst werden.

3. *Geeignete Auflagenform*

Die geeignetste Auflagenform für die Errichtung einer unselbständigen Stiftung von Todes wegen ist wegen ihrer Flexibilität und in Hinblick auf gemeinnützige Zwecke die Zweckauflage i.V.m. § 2193 BGB.[487]

a) Überlassung der Leistungsbestimmung

Gem. § 2192 BGB i.V.m. § 2156 BGB kann sich der Erblasser wie beim Zweckvermächtnis auf die Bestimmung des Zwecks beschränken und dem Beschwerten die Leistung überlassen. Das heißt, er überlässt ihm die Bestimmung des Gegenstands, der Art und Weise der Leistung sowie von Zeit und Ort.[488] Er muss nur den Zweck ausreichend deutlich bestimmen. Dieser ist für ihre Wirksamkeit allerdings unerlässlich. Fehlt diese, ist die Auflage unwirksam.[489]

An die Genauigkeit der Zweckbestimmung stellt die Rechtsprechung nur geringe Anforderungen.[490] Ausreichend ist bspw. die Verteilung eines bestimmten Betrags für eine gemeinnützige Organisation, die sich satzungsgemäß um Kinder, die Hilfe in jeder Form benötigen, kümmert[491], oder die Bestimmung, der Besitz solle den Tieren zugutekommen[492].

Unterlässt der Erblasser die Leistungsbestimmung, muss diese der Bestimmungsberechtigte nach den §§ 315–319 BGB vornehmen.[493] Die Zweckbestimmung muss daher so genau erfolgen, dass der Bestimmungsberechtigte genügend Anhaltspunkte für die Leistungsbestimmung nach billigem Ermessen hat.[494]

b) § 2193 Abs. 1 BGB

Der große Vorteil der Auflage im Vergleich zum Vermächtnis liegt in der Regelung des § 2193 Abs. 1 BGB. Danach kann der Erblasser bei einer Zweckauflage nicht nur die Leistungsbestimmung offenlassen, sondern auch den Begünstigten. Die Regelung stellt eine Abweichung von § 2065 Abs. 2 BGB dar und geht

487 Wochner, ZEV 1999, S. 125 (129); Lange, ZErb 2013, S. 324 (328).
488 MüKo BGB/Rudy (7. Aufl.), § 2156, Rn. 5.
489 OLG Celle Beschl. v. 10.4.2017 – 6 W 36/17, BeckRS 2017, 107072 (abrufbar in beck-online).
490 MüKo BGB/Rudy (7. Aufl.), § 2193 Rn. 2; Muscheler, Erbrecht II, S. 1329 Rn. 2673.
491 BGH, MDR 1987, S. 650 (651).
492 BayObLG, NJW 1988, S. 2742 (2742), weitere Beispiele bei MüKo BGB/Rudy (7. Aufl.), § 2193 Rn. 2.
493 Staudinger/Otte (2013), § 2192 Rn. 7; Muscheler, Erbrecht II, S. 1329 Rn. 2673.
494 Muscheler, Erbrecht II, S. 1329 Rn. 2673.

über die Regelung des § 2151 BGB weit hinaus.[495] Dort kann der Erblasser nur die Auswahl eines von mehreren Begünstigten offenlassen, während er im Rahmen von § 2193 BGB nicht einmal eine Gruppe von Begünstigten auswählen muss. Die Gesamtgläubigerproblematik aus § 2151 Abs. 3 S. 1 BGB besteht hier ebenso nicht. Der Vorteil von § 2193 BGB kann selbst in dem Fall genutzt werden, in dem der Erblasser sein gesamtes Vermögen mit einer Zweckauflage bindet.[496] Es liegt der Sache nach keine Erbeinsetzung vor, wodurch § 2193 BGB durch § 2065 Abs. 2 BGB verdrängt werden würde.[497]

Bei seiner Auswahl ist der Bestimmungsberechtigte weitgehend frei und wird nicht an dem Maßstab des billigen Ermessens geprüft. Ein Verweis auf die §§ 315–319 BGB liegt anders als im Rahmen von § 2156 BGB nicht vor.[498] Die Auswahlentscheidung unterliegt einer gerichtlichen Überprüfung nur darauf, ob sie den vom Erblasser genannten Zweck offensichtlich verfehlt oder auf Arglist beruht.[499] Etwas anderes gilt nur, wenn der Erblasser anordnet, der Begünstigte solle die Bestimmung nach billigem Ermessen treffen.[500]

4. *Zeitliche Begrenzung der Auflage*

a) *Keine analoge Anwendung der §§ 2109, 2162 oder 2210 BGB*

Für die Wirksamkeit der Auflage gelten anders als für das Vermächtnis keine generellen zeitlichen Grenzen.[501] Der Gesetzgeber wollte mit der Auflage die Schaffung stiftungsartiger Gestaltungen ermöglichen. Zeitliche Beschränkungen sind mit dem Willen des Gesetzgebers nicht vereinbar. Aufgrund gegenteiliger Anträge äußerte er sich dazu im Gesetzgebungsprozess ausdrücklich und eindeutig. Ziel der unbefristeten Auflage war es gerade, Zuwendungen in Form regelmäßig wiederkehrender Leistungen möglich zu machen. Im Hinblick darauf sah er eine zeitliche Befristung der Auflage als bedenklichen Eingriff in

---

495 Erman BGB/Nobis (15. Aufl.), § 2193 Rn. 1.

496 Muscheler, ZEV 2014, S. 573 (576); Nomos BGB/Kroiß/J.Mayer (5. Aufl.), § 2193 Rn. 2; a.A: Soergel/Diekmann (13. Aufl.), § 2193 Rn. 4.

497 Ausführlich mit überzeugenden Argumenten: Muscheler, ZEV 2014, S. 573 (576).

498 BGHZ 121, 357 (361); Muscheler, ErbR 2016, S. 358 (360).

499 BGHZ 121, 357 (361); Muscheler, ErbR 2016, S. 358 (360).

500 BGHZ 121, 357 (361); Muscheler, ErbR 2016, S. 358 (360).

501 Soergel/Diekmann (13. Aufl.), § 2192 Rn. 12; Staudinger/Otte (2013), § 2192 Rn. 20; Erman BGB/Nobis (15. Aufl.) § 2192 Rn. 2; Muscheler, Erbrecht II, S. 1325 Rn. 2662; Nomos BGB/Kroiß/J. Mayer (5. Aufl.), § 2192 Rn. 13; Wochner, ZEV 1999, S. 125 (129); Heinzmann, BWNotZ 2012, S. 97 (99f.); Lange/Kuchinke, Erbrecht, § 30, III.1b).

berechtigte Interessen.[502] Für Einschränkungen der zeitlichen Unbeschränktheit oder eine analogen Anwendung der §§ 2109, 2162 BGB[503] ist daher kein Raum.[504] Ebenso wenig ist, anders als von Vorwerk[505] vorgeschlagen, bei einer laufenden Zahlung eine zeitliche Begrenzung in Analogie zu § 2210 BGB anzunehmen.[506]

b) Verjährung des Vollziehungsanspruchs

Der Vollziehungsanspruch unterliegt der Regelverjährung nach den §§ 195 ff. BGB.[507] Die unselbständige Stiftung von Todes wegen kann daher nur dauerhaft bestehen, wenn die Verjährung des Vollziehungsanspruchs unterbunden wird. Bei der Frage nach der Verjährung des Vollziehungsanspruchs ist zwischen der Beschwerung mit einmaligen Leistungen und wiederkehrenden Leistungen zu unterscheiden.[508]

(1) Beschwerung mit einzelnen Leistungen

Besteht die Auflage aus mehreren einzelnen Leistungen[509], verjährt der Vollziehungsanspruch binnen drei Jahren.[510] Die Verjährung beginnt mit dem Schluss des Jahres, in dem der Anspruch entstanden ist und der Gläubiger von den Anspruch begründenden Umständen und der Person des Schuldners Kenntnis erlangt oder ohne grobe Fahrlässigkeit erlangen müsste, § 199 Abs. 1 BGB.[511]

Verpflichtet sich der Beschwerte, sich hinsichtlich des Vollzugsanspruchs nicht auf die Verjährung zu berufen, handelt es sich um eine Vereinbarung über die Verjährung gem. § 202 BGB. Daher ist die Erklärung nach § 202 Abs. 2 BGB i.V.m. § 134 BGB nichtig, wenn sie einen Zeitraum von 30 Jahren überschreitet.[512]

---

502 Zum ganzen Absatz s. Mugdan, V, S. 638f. (Protokolle).
503 So aber Schack, JZ 1989, S. 609 (612 Fn.31).
504 Vgl. Staudinger/Otte (2013), § 2192 Rn. 20.
505 Vorwerk, ZEV 1998, S. 297 (298).
506 Vgl. Staudinger/Otte (2013), § 2192 Rn. 21.
507 Damrau PK Erbrecht/Daragan (3. Aufl.), § 2194 Rn. 6.
508 Damrau PK Erbrecht/Daragan (3. Aufl.), § 2194 Rn. 6.
509 So in RGZ 96, S. 15 ff. Um eine unselbständige Stiftung handelt es sich in dem Fall aber wohl nicht, da nach Erfüllung der einzelnen Leistungen die Auflage erfüllt ist. Es fehlt am Merkmal der Dauerhaftigkeit.
510 Damrau PK Erbrecht/Daragan (3. Aufl.), § 2194 Rn. 6; Staudinger/Otte (2013), § 2194 Rn. 14.
511 Damrau PK Erbrecht/Daragan (3. Aufl.), § 2194 Rn. 6.
512 MüKo BGB/Grothe (7. Aufl.), § 202 Rn. 11; jurisPK BGB/Lakkis (8. Aufl.), § 202 Rn. 33.

(2) Beschwerung des Trägers mit einem wiederholten und dauerhaften Tun

Für die Beschwerung des Stiftungsträgers mit einem wiederholten und dauernden Tun, wie das bei der unselbständigen Stiftung regelmäßig der Fall ist, wird bei jeder Erfüllungshandlung der Vollziehungsanspruch anerkannt.[513] Die regelmäßige zeitliche Wiederkehr gehört hier zur Anspruchsnatur.[514] Von vornherein ist der Stiftungsträger verpflichtet, periodisch wiederkehrende Einzelansprüche zu erfüllen, die aus dem Stammrecht entstehen.[515] Die einzelnen Teilleistungen erfolgen daher in Anerkennung des Stammrechts, aus dem sie fließen.[516] Dabei werden sowohl die Verjährung des Stammrechts wie auch die Verjährung der Einzelansprüche neu in Gang gesetzt.[517]

D. Form der Errichtung

Neben den verschiedenen Arten der erbrechtlichen Vermögenszuwendungen und der Möglichkeiten zur Bindung des Trägers an den Stiftungszweck stehen dem Erblasser darüber hinaus verschiedene Formen für die Errichtung der unselbständigen Stiftung von Todes wegen zur Verfügung.

I. Testament

Die Errichtung einer unselbständigen Stiftung von Todes wegen kann in Form eines eigenhändigen oder notariellen Testaments erfolgen.[518] Ein Testament ist eine einseitige Verfügung von Todes wegen gem. § 1937 BGB. Es ist eine einseitige, nicht empfangsbedürftige Willenserklärung.[519]

Für eine Testamentserrichtung müssen die persönlichen, sachlichen und formellen Voraussetzungen des Erbrechts erfüllt sein. Der Erblasser muss gem. § 2229 BGB testierfähig sein und die Voraussetzungen des § 2247 BGB müssen eingehalten worden sein.

---

513 Staudinger/Otte (2013), § 2194 Rn. 14; Muscheler, ErbR 2016, S. 358 (360); Westebbe, Stiftungstreuhand, S. 80. A.A. Wochner, ZEV 1999, S. 125 (130), der das Anerkenntnis nur auf die einzelne Leistungspflicht bezieht.

514 So im Rahmen von § 197 Abs. 2 BGB MüKo BGB/Grothe (7. Aufl.), § 197 Rn. 29.

515 So im Rahmen von § 197 Abs. 2 BGB, s. MüKo BGB/Grothe (7. Aufl.), § 197 Rn. 29.

516 BGH, NJW 1967, S. 2353 (2354); MüKo BGB/Grothe (7. Aufl.), § 212 Rn. 8.

517 Bamberger/Roth BGB/Henrich (4. Aufl.), § 212 Rn. 8; MüKo BGB/Grothe (7. Aufl.), § 212 Rn. 8.

518 Westebbe, Stiftungstreuhand, S. 38; Hof, in: Richter (Hrsg.), Stiftungsrechts-Handbuch, § 36 Rn. 117; Lange, ZErb 2013, S. 324 (326).

519 Damrau PK Erbrecht/Seiler-Schopp (3. Aufl.), § 1937 Rn. 5.

Errichtet der Erblasser kein notarielles Testament, ist es daher eigenhändig zu schreiben und zu unterschreiben. Die Formvorschriften gelten dabei nicht nur für die erbrechtlichen Bestimmungen, sondern auch für das Stiftungsgeschäft.[520] Hinsichtlich des „Herzstücks" des Stiftungsgeschäfts[521], des Stiftungszwecks und der Vermögensübertragung, sind die Formvorschriften zwangsläufig zu erfüllen, da beides in Form letztwilliger Verfügungen (Vermächtnis, Auflage) festgelegt werden muss. Geschieht das nicht, geht die Stiftungserrichtung ins Leere.

Im Übrigen ist bei der Anordnung sonstiger Regelungen, wie der Festlegung der Stiftungsorgane oder sonstiger Verwaltungsregelungen, zu differenzieren: Der Stifter einer unselbständigen Stiftung muss außer der Vermögensübertragung auf einen Dritten und der Zweckbestimmung keine weiteren Regelungen festlegen.[522] Nimmt er aber weitere Anordnungen des Stiftungsgeschäfts in der letztwilligen Verfügung mit auf, bspw. die Satzung, werden diese Teil der Auflage. Damit müssen sie bereits aufgrund ihrer Eigenschaft als Auflage den erbrechtlichen Formvorschriften entsprechen, anderenfalls sind diese Anordnungen gem. § 125 BGB nichtig.[523]

II. Erbvertrag

1. Grundlagen des Erbvertrags

a) Rechtsnatur und Wirkung des Erbvertrags

Die Rechtsnatur des Erbvertrags enthält zwei Komponenten: Einerseits ist er eine einseitige Verfügung von Todes wegen, andererseits ist er ein echter Vertrag, der eine erbrechtliche Bindung der Vertragschließenden an vertragsmäßige Verfügungen von Todes wegen begründet. Der Erblasser geht bereits zu Lebzeiten eine vertragliche Bindung ein. Er beschränkt seine Freiheit, eine einseitig abweichende Verfügung von Todes wegen zu treffen.[524] Aus der Bindung folgt gem. § 2289 BGB, dass frühere letztwillige Verfügungen durch den Erbvertrag aufgehoben, spätere unwirksam werden, soweit sie das Recht des vertragsmäßig Bedachten beeinträchtigen.

---

520 Lange, ZErb 2013, S. 324 (326); Hof, in: Richter (Hrsg.), Stiftungsrechts-Handbuch, § 36 Rn. 117; für die selbständige Stiftung: LG Berlin, FamRZ 2001, S. 450 (451).

521 Wachter, ZEV 2010, S. 201 (202).

522 S. Kap. 1, lit. A, Ziff. II.1d).

523 Schlüter/Stolte, Stiftungsrecht, Kap. 4, lit. B., Rn. 61.

524 MüKo BGB/Musielak (7. Aufl.), vor § 2274 Rn. 3.

Die Wirkungen des Erbvertrags treten mit Tod des Erblassers ein.[525] Zu Lebzeiten darf er frei über sein Vermögen verfügen. Das stellt § 2286 BGB ausdrücklich klar. Auch sonstige Handlungen, die Einfluss auf die späteren Vertragserben haben können, kann er unbeschränkt vornehmen.[526] Lediglich die §§ 2287f. BGB helfen dem Vertragspartner bei vertragswidrigen Verfügungen des Erblassers.

b) Vertragsmäßige Verfügungen

Ein Erbvertrag kann vertragsmäßige wie auch einseitige Verfügungen enthalten. Die Bindungswirkung bezieht sich ausschließlich auf vertragsmäßige Verfügungen.

Mögliche vertragsmäßige Verfügungen sind gem. §§ 2278 Abs. 2, 1941 BGB Erbeinsetzungen, Vermächtnisse, Auflagen und die Wahl des anzuwendenden Rechts. Der Erbvertrag muss mindestens eine vertragsmäßige Verfügung enthalten. Ist das nicht der Fall, liegt kein Erbvertrag vor.[527]

Trifft ein Vertragsteil eine Verfügung von Todes wegen, der andere aber nicht, so spricht man vom einseitigen Erbvertrag.[528] Um einen zweiseitigen Erbvertrag handelt es sich, wenn zwei Personen einen Erbvertrag schließen und jede Seite vertragsmäßige Verfügungen von Todes wegen trifft.[529]

Ein Erbvertrag kann auch zwischen drei und mehr Personen geschlossen werden. Dabei kann sowohl nur ein Beteiligter als Erblasser verfügen als auch alle Beteiligten oder nur einige der Beteiligten.[530]

c) Wechselbezüglichkeit

Von der Frage nach der Vertragsmäßigkeit einer letztwilligen Verfügung ist die Frage nach deren Wechselbezüglichkeit zu unterscheiden. Wechselbezüglich können Verfügungen von Todes wegen nur sein, wenn mindestens zwei Personen Verfügungen von Todes wegen treffen und die Verfügung des einen mit der des anderen steht und fällt, § 2298 BGB.

---

525 Staudinger/Kanzleiter (2019), Einleitung zu § 2274 Rn. 5.
526 MüKo BGB/Musielak (7. Aufl.), vor § 2274 Rn. 3.
527 BGH, NJW 1958, S. 498 (498); Staudinger/Kanzleiter (2019), § 2278 Rn. 3.
528 Staudinger/Kanzleiter (2019), Einleitung zu § 2274 Rn. 20.
529 Staudinger/Kanzleiter (2019), § 2278 Rn. 4.
530 Reithmann, DNotZ 1957, S. 527 (527f.).

d) Form

Gem. § 2276 Abs. 1 BGB kann ein Erbvertrag nur vor dem Notar oder aufgrund § 127a ZPO vor Gericht geschlossen werden.[531]

2. Begründung der unselbständigen Stiftung von Todes wegen mittels Erbvertrag

a) Stiftungserrichtung mittels einseitigen Erbvertrags

(1) Stiftungsträger als Erbe oder Vermächtnisnehmer

Eine unselbständige Stiftung von Todes wegen kann in Form eines Erbvertrags begründet werden. Der Erblasser setzt den zukünftigen Stiftungsträger zum Erben oder Vermächtnisnehmer ein und beschwert ihn mit einem Vermächtnis oder einer Auflage, den Nachlass entsprechend den Zweckvorgaben und seinen sonstigen Anordnungen zu verwenden.

Nach § 1941 Abs. 2 BGB kann der Erblasser auch einen am Erbvertrag unbeteiligten Dritten als Stiftungsträger bedenken.[532] Da nur der Erblasser eine vertragsmäßige Verfügung trifft, handelt es sich um einen einseitigen Erbvertrag. Der eingesetzte Stiftungsträger nimmt die vertragsmäßigen Erklärungen an, aber nicht zugleich die Erbschaft.[533]

Der Erblasser ist mit Abschluss des Vertrags an seine vertragsmäßigen Verfügungen gebunden. Da der Vertragspartner in dem Fall außer der Annahmeerklärung keine weiteren Erklärungen abgibt, handelt es sich aus Sicht des Erblassers um ein einseitiges Testament mit Verzicht auf eine Widerrufserklärung.[534] Wichtig ist, dass die Beschwerung des Vertragspartners mittels Auflage oder Vermächtnis bereits im Erbvertrag selbst aufgenommen wurde. Eine spätere (einseitige) Beschwerung stellt eine Beeinträchtigung des Vertragspartners dar und ist gem. § 2289 Abs. 1 BGB unwirksam.[535]

Nimmt der Erblasser das Stiftungsgeschäft nicht vertragsmäßig, sondern nur einseitig vor, gilt § 2299 BGB. Es gelten gem. § 2299 Abs. 2 BGB die für Testamente getroffenen Regelungen. Ein Widerruf der Verfügung ist jederzeit möglich. Werden alle erbvertraglichen Verfügungen aufgehoben, werden damit im

531 MüKo BGB/Musielak (7. Aufl.), § 2276 Rn. 8.
532 Muscheler, Erbrecht I, S. 1122 Rn. 2217.
533 Lange, Erbrecht, Kap. 4, § 17 Rn. 174.
534 Schewe, Errichtung der rechtsfähigen Stiftung von Todes wegen, S. 163.
535 MüKo BGB/Musielak (7. Aufl.), § 2289 Rn. 10.

Zweifel auch die einseitigen Verfügungen beseitigt und damit ggf. das Stiftungsgeschäft.[536]

(2) Stiftungserrichtung mittels „sukzessiver Doppelauflage“

i. Beschwerung mit einer Auflage zugunsten des Stiftungsträgers

Der einseitige Erbvertrag kann auch zu einer Stiftungserrichtung mittels „sukzessiver Doppelauflage“ dienen. Der eingesetzte Erbe wird mit einer Auflage beschwert, Nachlasswerte an den Auflagenbegünstigten herauszugeben. Dabei ist die Stellung des Auflagenbegünstigten gem. §§ 2289 Abs. 1 BGB geschützt, da sich die Bindung des Erblassers auch auf die Auflage bezieht. Dagegen spricht zwar, dass dem Auflagenbegünstigten kein Recht auf Leistung eingeräumt wird.[537] Allerdings muss der Schutz des § 2289 BGB so weit reichen wie die Bindungswirkung des Erbvertrags.[538] Nur in den Fällen, in denen die vertragsmäßig angeordnete Auflage allein dem Interesse des Erblassers dient, kommt § 2289 BGB keine Bedeutung zu.[539]

ii. Beschwerung des Stiftungsträgers mit einer Unterauflage

Der Auflagenbegünstigte seinerseits wird unter der Bedingung des Leistungserhalts mit der Auflage beschwert, den Stiftungszweck in der vorgegebenen Art und Weise dauerhaft zu verfolgen. Ob der Auflagenbegünstigte (der mit der Unterauflage Beschwerte) am Erbvertrag teilnimmt, ist für die Errichtung irrelevant. Aus § 1941 Abs. 2 BGB ergibt sich zwar im Wege eines Umkehrschlusses, dass vertragsmäßige Verfügungen nicht zu Lasten Dritter aufgenommen werden dürfen. Da in einem Erbvertrag aber jederzeit auch einseitige Verfügungen errichtet werden können, kann der Erblasser die Unterauflage als einseitige Verfügung ausgestalten. Da die Unterauflage in dem Fall keine vertragsmäßige Verfügung ist, unterfällt sie aber nicht der Bindungswirkung des Erbvertrags.

b) Gemeinsame Stiftungserrichtung durch einen mehrseitigen Erbvertrag

Eine dritte Möglichkeit der Errichtung einer unselbständigen Stiftung von Todes wegen durch einen Erbvertrag ist der Abschluss eines mehrseitigen Erbvertrags.

---

536 Schewe, Errichtung der rechtsfähigen Stiftung von Todes wegen, S. 164.

537 Muscheler, Erbrecht I, S. 1124 Rn. 2222.

538 Muscheler, Erbrecht I, S. 1124 Rn. 2222; MüKo BGB/Musielak (7. Aufl.), § 2289 Rn. 9.

539 MüKo BGB/Musielak (7. Aufl.), § 2289 Rn. 9.

Jede Vertragspartei kann sich im Falle ihres Erstversterbens verpflichten, eine unselbständige Stiftung von Todes wegen zu errichten.[540]

Die Errichtung der unselbständigen Stiftung von Todes wegen steht bei jedem Vertragspartner unter der auflösenden Bedingung, dass er seinen Vertragspartner überlebt. Mit anderen Worten: Es entsteht die Stiftung desjenigen, der zuerst verstirbt.

Für den Fall ihres Zweitversterbens setzt jede Partei den Stiftungsträger als Erben oder Vermächtnisnehmer ein und beschwert ihn mit der Auflage, das Zugewendete für die vom Erstverstorbenen errichte unselbständige Stiftung zu verwenden. Auch diese Begünstigung steht unter einer Bedingung – der aufschiebenden Bedingung, dass der andere Vertragspartner zuerst verstirbt. Stifter ist hier nur der Erstversterbende.

c) *Zeitgleiche Stiftungserrichtung mittels Erbvertrag*

(1) Errichtung

Möchten beide Vertragspartner *gemeinsam* eine Stiftung mittels Erbvertrag gründen, ist das ebenfalls möglich.[541]

Soll die Stiftung mit dem Tod des Erstversterbenden entstehen, errichten beide Vertragspartner eine Verfügung von Todes wegen unter der auflösenden Bedingung, dass der Vertragspartner zuerst verstirbt.[542] Gleichzeitig errichten beide Vertragspartner dieselbe unselbständige Stiftung unter Lebenden unter der aufschiebenden Bedingung, dass der Vertragspartner zuerst verstirbt.[543]

Die Verbindung eines Erbvertrags mit einem Vertrag unter Lebenden ist möglich.[544]

---

540 Das heißt Einsetzung des Stiftungsträgers als Erbe oder Vermächtnisnehmer und seine Beschwerung mittels Auflage oder Vermächtnis.

541 Die gleiche Konstellation wurde vom BGH zur selbständigen Stiftung von Todes wegen entschieden: BGHZ 70, 313 ff. Hauger, Die unselbständige Stiftung, S. 45, hat diese Konstellation im Rahmen eines einfachen Testaments vorgeschlagen, aber mangels Bindungswirkung für untauglich gehalten.

542 Vertragsmäßige Verfügungen können generell unter einer Bedingung nach § 158 BGB stehen, s. Palandt/Weidlich (2019), § 2295 Rn. 1.

543 So auch Schewe, Errichtung der rechtsfähigen Stiftung von Todes wegen, S. 166.

544 BGH, NJW 1962, S. 249 (250).

(2) Geschäftsunfähigkeit und Unwirksamkeit eines Stiftungsgeschäfts

i. Geschäftsunfähigkeit

Ist der Überlebende bei Bedingungseintritt bereits geschäftsunfähig, hindert das die Entstehung des Stiftungsgeschäfts unter Lebenden nicht.[545] Das aufschiebend bedingte Rechtsgeschäft ist mit seiner Vornahme tatbestandlich vollendet und vollgültig.[546] Nur seine Rechtswirkungen sind bis zum Eintritt der Bedingung aufgeschoben. Für sämtliche Gültigkeitsvoraussetzungen kommt es daher auf den Zeitpunkt der Vornahme des Rechtsgeschäfts an.

ii. Unwirksamkeit eines Stiftungsgeschäfts

Gelangt eines der beiden Stiftungsgeschäfte nicht zur Entstehung oder ist es nichtig, ist durch Auslegung des Parteiwillens zu ermitteln, was mit dem anderen, wirksamen Stiftungsgeschäft passiert.

§ 2298 Abs. 1 BGB greift nicht, da dieser nur für vertragsmäßige Verfügungen gilt.

§ 139 BGB ist anwendbar, wenn ein lebzeitiges Rechtsgeschäft und ein Erbvertrag gemeinsam abgeschlossen werden, sofern die Parteien bei Abschluss des Rechtsgeschäfts einen Einheitlichkeitswillen besaßen.[547] Ein Einheitlichkeitswillen ist gegeben, wenn sich unter Berücksichtigung der Interessen der Beteiligten und der Verkehrssitte im konkreten Einzelfall ergibt, dass die Geschäfte miteinander stehen und fallen sollten.[548]

Wie so oft lässt sich auch in der vorliegenden Konstellation kein Pauschalurteil fällen. Da Sinn und Zweck der Gestaltung jedoch eine gemeinsame Stiftungserrichtung war und dieser Zweck bei Unwirksamkeit eines Rechtsgeschäfts definitiv nicht mehr erfüllt werden kann, spricht viel dafür, dass das Scheitern eines Stiftungsgeschäfts das Scheitern des zweiten Stiftungsgeschäfts zur Konsequenz hat. Um die Abhängigkeit der beiden Stiftungsgeschäfte voneinander von vornherein zu klären, kann sie bereits in den Verträgen klargestellt werden.

---

545 Palandt/Ellenberger (2019), § 158 Rn. 2; Bamberger/Roth BGB/Rövekamp (4. Aufl.), § 158 Rn. 32.

546 Bamberger/Roth BGB/Rövekamp (4. Aufl.), § 158 Rn. 21.

547 Staudinger/Kanzleiter (2019), Einl. zu § 2274 Rn. 8.

548 Bamberger/Roth BGB/Wendtland (4. Aufl.), § 139 Rn. 8.

3. *Formulierungsvorschläge*

a) *Gemeinsame Stiftungserrichtung durch einen mehrseitigen Erbvertrag*

1. Letztwillige Verfügung für den ersten Erbfall

Jede Vertragspartei setzt für den Fall, dass sie vor ihrem Vertragspartner verstirbt, zu ihrem alleinigen Erben den ST ein. [Weitere Verfügungen für die Stiftungserrichtung] Die letztwillige Verfügung eines jeden Vertragspartners steht somit unter der auflösenden Bedingung des Vorversterbens des jeweils anderen Vertragspartners.

2. Letztwillige Verfügung für den zweiten Erbfall

Jede Vertragspartei setzt für den Fall, dass sie den anderen Vertragspartner überlebt, den Stiftungsträger ST zum alleinigen Erben ein.

Die hier getroffene letztwillige Verfügung eines jeden Vertragspartners steht somit unter der aufschiebenden Bedingung des Überlebens des jeweiligen Vertragspartners. Der Erbe ST wird im Wege der Auflage verpflichtet, das gesamte Vermögen in die unter Ziff. 1 gegründete unselbständige Stiftung einzubringen und ausschließlich für deren Stiftungszwecke zu verwenden.[549]

b) *Zeitgleiche Errichtung*[550]

1. Letztwillige Verfügung für den ersten Erbfall und lebzeitiges Stiftungsgeschäft

Jede Vertragspartei setzt für den Fall, dass sie vor ihrem Vertragspartner verstirbt, zu ihrem alleinigen Erben ST ein.

Die hier getroffene letztwillige Verfügung eines jeden Vertragspartners steht somit unter der auflösenden Bedingung des Vorversterbens des jeweils anderen Vertragspartners.

Der jeweils überlebende Vertragspartner errichtet für den Fall seines Überlebens zeitgleich mit dem Tod des Vertragspartners mit dem Stiftungsträger ST dieselbe unselbständige Stiftung unter Lebenden wie die, die von Todes wegen errichtet wurde. Hierfür entrichtet er einen Betrag X an ST, der von ST in die Stiftung eingebracht wird.

2. Letztwillige Verfügung für den zweiten Erbfall

---

549 Hier müssen noch Regelungen für den Fall getroffen werden, dass die Stiftung beim zweiten Todesfall nicht mehr existiert.

550 Für die selbständige Stiftung s. Schewe, in: Beck'sche Online-Formulare Erbrecht (24. Edit.), 3.2, an dessen Muster sich auch die hier gewählte Formulierung orientiert, s. dort Ziff. I und II.

III. Gemeinschaftliches Testament

1. Grundlagen des gemeinschaftlichen Testaments

Gem. § 2265 BGB können Ehegatten wie auch Lebenspartner[551] ein gemeinschaftliches Testament errichten.

Die Besonderheit des gemeinschaftlichen Testaments besteht zum einen in einer Formerleichterung für seine Errichtung. Nach § 2267 BGB können Ehegatten ein eigenhändiges Testament dadurch errichten, dass nur einer von beiden das Testament eigenhändig errichtet und der andere Ehegatte die Erklärung unterschreibt.

Zum anderen können beide Ehegatten, obwohl sie auch im gemeinschaftlichen Testament zwei Verfügungen von Todes wegen errichten, einzelne Verfügungen derart miteinander verknüpfen, dass die eine Verfügung von der anderen Verfügung abhängig sein soll, § 2270 BGB. Man spricht hier von sog. wechselbezüglichen Verfügungen. Der Kreis möglicher wechselbezüglicher Verfügungen ist auf Erbeinsetzungen, Vermächtnisse, Auflagen und der Wahl des anzuwendenden Rechts begrenzt, § 2270 Abs. 3 BGB.

Liegt eine wechselbezügliche Verfügung vor, kann sich ein Ehegatte zu Lebzeiten nur durch eine notariell beurkundete Erklärung gegenüber dem anderen Ehegatten von ihr lösen, § 2271 Abs. 1 i.V.m. § 2296 Abs. 2 BGB. Nach dem Tod eines Ehegatten bleibt dem überlebenden Ehegatten nach § 2271 Abs. 2 S. 1 BGB lediglich die Ausschlagung des ihm Zugewendeten, um seine Testierfähigkeit zurückzuerhalten.[552]

2. Juristische Person als nahestehende Person i.S.v. § 2270 Abs. 2 BGB

a) Problematik

Soll im Rahmen eines gemeinschaftlichen Testaments eine juristische Person bindend als Stiftungsträger eingesetzt werden, ist das grundsätzlich unproblematisch möglich. Juristische Personen können ebenso zu Erben eingesetzt werden

---

551 S. § 10 Abs. 4 LPartG.

552 Nach § 2271 Abs. 2 S. 2 BGB kann der Überlebende ausnahmsweise seine Verfügungen aufheben oder ändern, wenn dem bedachten Dritten der Pflichtteil entzogen (§ 2336 BGB) oder bei Verschwendung oder Überschuldung in guter Absicht beschränkt (§ 2338 BGB) werden kann, S. R. Kössinger, in: Nieder/Kössinger (Hrsg.), Testamentsgestaltung, § 11 Rn. 36.

wie natürliche Personen. Auch kann die Einsetzung der juristischen Person als wechselbezügliche Verfügung ausgestaltet werden.[553]

Zum Problem kann die Einsetzung einer juristischen Person als Stiftungsträger jedoch werden, wenn im Testament die wechselbezüglichen Verfügungen nicht genau benannt sind und deren Vorliegen erst durch Auslegung ermittelt werden muss.

Führt die Testamentsauslegung in dieser Frage zu keinem Ergebnis, stellt § 2270 Abs. 2 BGB eine Auslegungsregel auf. Danach ist eine wechselbezügliche Verfügung im Zweifel anzunehmen, wenn sich Ehegatten gegenseitig bedenken oder der eine Ehegatte dem anderen eine Zuwendung macht, und für den Fall des Überlebens des Bedachten eine Verfügung zugunsten einer Person getroffen wird, die mit dem verstorbenen Ehegatten verwandt ist oder ihr sonst nahesteht.

Ob in dem Fall die Einsetzung einer juristischen Person als Stiftungsträger von der Bindungswirkung umfasst wäre, hängt davon ab, ob sie als nahestehende Person in Frage käme.

Die Entscheidung, wer zu den nahestehenden Personen zählt, ist aufgrund einer individuellen Betrachtung des Einzelfalls vorzunehmen.[554] Dabei sind relativ strenge Anforderungen zu stellen, um die Vermutung nicht zur gesetzlichen Regel werden zu lassen.[555] Es muss sich um Personen handeln, zu denen der betreffende Ehegatte besonders enge persönliche und innere, mindestens dem Verhältnis von Verwandten entsprechende, Beziehungen hatte.[556]

b) Meinungsbild

Teilweise wird die Ansicht vertreten, juristische Personen könnten keine nahestehenden Personen sein.[557] In der Rechtsprechung wurde bislang nicht abschließend darüber entschieden. Lediglich das OLG München bejahte die Qualifizierung einer juristischen Person als nahestehende Person ausdrücklich.[558] In dem Urteil ging es um die Frage, ob eine vom Erblasser selbst gegründete selbständige Stiftung, die er anschließend als Schlusserbe einsetzte, als nahestehende Person angesehen werden kann. Das OLG Düsseldorf hingegen lehnte

---

553 LG Stuttgart, ZEV 1999, S. 441 (442), mit zustimmender Anmerkung von Frisch, ZEV 1999, S. 443 (443).

554 BayObLG, FamRZ 1991, S. 1232 (1234).

555 BayObLG, FamRZ 1991, S. 1232 (1234).

556 BayObLG, FamRZ 1991, S. 1232 (1234); Lange, Erbrecht, Kap. 4, § 16 Rn. 132.

557 Soergel/Wolf (13. Aufl.), § 2270 Rn. 7; Staudinger/Kanzleiter (2019), § 2270 Rn. 31a.

558 OLG München, ZEV 2000, S. 104 (105).

eine karitative Einrichtung als nahestehende Person ab.[559] Seine Begründung erschöpfte sich indes in einem Verweis auf zwei Entscheidungen, wovon in der einen über die Problematik nicht entschieden werden musste und in der anderen die Problematik nicht vorkam.[560] Das Urteil ist daher nicht überzeugend. In den übrigen Entscheidungen musste die Frage, ob eine juristische Person eine nahestehende Person sein kann, von der Rechtsprechung nicht entschieden werden, da es zwischen Erblasser und Erbe bereits am Merkmal des Nahestehens scheiterte.[561] Generell wurde die Aufnahme von juristischen Personen in den Kreis der nahestehenden Personen von diesen Gerichten aber nicht verneint.

Das Hauptargument gegen die Behandlung von juristischen Personen als nahestehende Person bezieht sich auf den Gesetzeswortlaut, der in § 2270 Abs. 2 BGB als Beispiel für sich nahestehende Personen eine Person nennt, „die mit dem anderen Ehegatten verwandt ist". Daraus wird abgeleitet, der Gesetzgeber habe bei der Vorschrift nur natürliche Personen im Sinn gehabt und an juristische Personen nicht gedacht.[562]

c) Stellungnahme

Eine Beschränkung auf natürliche Personen lässt sich aber, wie das OLG München und *Schewe* richtig anführen, nicht aus dem Wortlaut herleiten.[563] Das Bürgerliche Gesetzbuch geht von einem Personenbegriff aus, der sowohl natürliche als auch juristische Personen umfasst.[564]

Der Begriff „nahestehend" wiederum ist im Gesetz nicht definiert.[565] Im allgemeinen Sprachgebrauch wird er nicht nur im Zusammenhang mit Personen, sondern auch in Bezug auf Dinge oder Gruppierungen verwendet. So ist es bspw.

---

559 OLG Düsseldorf, BeckRS 2000, 30126572, Ziff. II.4. (abrufbar in beck-online).

560 OLG Düsseldorf, BeckRS 2000, 30126572, Ziff. II.4. (abrufbar in beck-online) verweist auf die Entscheidung des BayObLG, FamRZ 1986, S. 604 (606), in der die Frage nicht entschieden wurde, und auf die Entscheidung des BayObLG, FamRZ 1991, S. 1232 ff., in der die Problematik nicht vorkam.

561 Zu der Einsetzung eines gemeinnützigen Vereins: BayObLG, FamRZ 1986, S. 604 (606); ebenso: BayObLG, FamRZ 1980, S. 505 – dort nur die Leitsätze I und II. Der vollständige Beschluss findet sich bei juris, Beschluss v. 06.06.1978, Az.BReg. 1 Z 65/78; LG Stuttgart, ZEV 1999, S. 441 (442), mit Anmerkung von Frisch.

562 Staudinger/Kanzleiter (2019), § 2270 Rn. 31a.

563 OLG München, ZEV 2000, S. 104 (105); Schewe, Errichtung der rechtsfähigen Stiftung von Todes wegen, S. 160.

564 Schewe, Errichtung der rechtsfähigen Stiftung von Todes wegen, S. 160.

565 Schewe, Errichtung der rechtsfähigen Stiftung von Todes wegen, S. 160.

eine gängige Formulierung, von einer Person zu sprechen, die einer politischen Gruppierung nahesteht. Nahestehend steht nur für eine besonders enge Verbundenheit, unabhängig von deren Bezugspunkt.[566] Sie kann zu juristischen Personen ebenso vorhanden sein wie zu natürlichen Personen.

Für dieses Verständnis spricht auch der Hintergrund der Regelung. Grund für die Bindungswirkung wechselbezüglicher Verfügungen ist der Schutz des Vertrauens jeden Ehegattens, dass die gemeinschaftlich niedergelegte Nachlassplanung zu Lebzeiten nicht heimlich und vom Überlebenden nach Erbschaftsannahme überhaupt nicht mehr geändert werden kann.[567] Warum dieses Vertrauen bei juristischen Personen weniger geschützt sein soll als bei natürlichen Personen, ist nicht einzusehen.

Bei juristischen Personen sollte daher wie bei natürlichen Personen im Einzelfall geprüft werden, ob eine derartige Verbundenheit i.S.v. § 2270 Abs. 2 BGB vorliegt.[568] Sie kann gerade dann bejaht werden, wenn die juristische Person, wie im Fall des OLG München, das Lebenswerk des Erblassers darstellt[569] oder das „Herzblut" des Erblassers eine gemeinnützige Organisation war, in der er sich zeitlebens engagiert hat. Würde anders entschieden, würde das Vertrauen jedes Ehegatten in die gemeinschaftlich niedergelegte Nachlassplanung enttäuscht werden.

Um Unklarheiten bei der letztwilligen Verfügung zu vermeiden, sind wechselbezügliche Verfügungen stets als solche im Testament zu benennen.[570]

---

566 Schewe, Errichtung der rechtsfähigen Stiftung von Todes wegen, S. 160.

567 J. Mayer, in: Reimann/Bengel/J. Mayer (Hrsg.), Testament und Erbvertrag, § 2270 Rn. 5; BGHZ 9, 233 (236); BGHZ 30, 261 (265).

568 OLG München, ZEV 2000, S. 104 (105); J. Mayer, in: Reimann/Bengel/J. Mayer (Hrsg.), Testament und Erbvertrag, § 2270 Rn. 67; Nomos BGB/Müßig (5. Aufl.), § 2270 Rn. 27 bejahend bei kinderlosen Paaren, die eine juristische Person einsetzen; zustimmend im Fall des OLG München: Erman BGB/S. Kappler/T. Kappler (15. Aufl.), § 2270 Rn. 7 und jurisPK BGB/ Reymann (8. Aufl.), § 2270 Rn. 49.

569 J. Mayer, in: Reimann/Bengel/J. Mayer (Hrsg.), Testament und Erbvertrag, § 2270 Rn. 69.

570 Es ist auch möglich, die Wechselbezüglichkeit in der Verfügung auszuschließen, ihren Umfang zu beschränken oder nur für bestimmte Teile der Verfügung anzuordnen, s. Lange, Erbrecht, Kap. 4, § 16 Rn. 123.

3. Gestaltungsmöglichkeiten

a) Formen des gemeinschaftlichen Testaments

Traditionell werden drei Arten von gemeinschaftlichen Testamenten unterschieden.[571] Das einfache oder nur äußerlich gemeinschaftliche Testament nutzt lediglich die Formerleichterung des § 2267 BGB. Die Verfügungen beider Ehegatten werden in einer Urkunde zusammengefasst, ohne dass sie inhaltlich in Verbindung zueinander stehen.[572] Es handelt sich um zwei einseitige Testamente.[573]

Bei einem gegenseitigen gemeinschaftlichen Testament hängen die Verfügungen zwar inhaltlich zusammen, sie sind jedoch in ihrem Bestand voneinander unabhängig.[574] Wechselbezüglich ist ein gemeinschaftliches Testament, wenn Verfügungen vorhanden sind, die in ihrem Bestand voneinander abhängen, die eine also nicht ohne die andere getroffen worden wäre.[575]

Alle drei Arten des gemeinschaftlichen Testaments können zur Errichtung einer unselbständigen Stiftung von Todes wegen herangezogen werden. Beim einfachen gemeinschaftlichen Testament errichtet jeder Ehegatte eine eigene unselbständige Stiftung von Todes wegen oder nur einer der beiden.

Das gegenseitige gemeinschaftliche Testament kann ausgestaltet werden wie das wechselbezügliche, wobei es keine Bindungswirkung entfaltet. Die Gefahr liegt auf der Hand. Jeder Ehegatte kann zu jeder Zeit das Testament ändern; selbst wenn der erste Ehegatte vorverstorben sein sollte, hindert das den Überlebenden nicht an einer abweichenden Verfügung.

Möchten beide Ehegatten sicher sein, dass ihre Verfügungen von keinem Ehegatten mehr nachträglich heimlich geändert und nach dem ersten Todesfall gar nicht mehr geändert werden können, sollten die Verfügungen wechselbezüglich ausgestaltet sein. Hierbei ist darauf zu achten, dass die Wechselbezüglichkeit für jede Verfügung gesondert bestimmt werden muss. Wird der Stiftungsträger bspw. als Schlusserbe eingesetzt und mit der Auflage beschwert, die Stiftung entsprechend den Vorgaben der Erblasser zu errichten, genügt es nicht, die Erbeinsetzung wechselbezüglich auszugestalten. Die Wechselbezüglichkeit muss für die Auflage als gesonderte Verfügung ebenfalls angeordnet werden.

---

571 Lange, Erbrecht, Kap. 4, § 16 Rn. 77.
572 Lange, Erbrecht, Kap. 4, § 16 Rn. 78.
573 Lange, Erbrecht, Kap. 4, § 16 Rn. 78; MüKo BGB/Musielak (7. Aufl.), vor § 2265 Rn. 14.
574 Lange, Erbrecht, Kap. 4, § 16 Rn. 79; MüKo BGB/Musielak (7. Aufl.), vor § 2265 Rn. 15.
575 Lange, Erbrecht, Kap. 4, § 16 Rn. 80; MüKo BGB/Musielak (7. Aufl.), vor § 2265 Rn. 16.

b) Inhaltliche Ausgestaltung

(1) „Einheitslösung" und „Trennungslösung"[576]

i. „Einheitslösung"

Bei der klassischen Variante des gemeinschaftlichen Testaments, setzen sich beide Eheleute im ersten Erbfall gegenseitig zu alleinigen Vollerben ein.[577] Nach dem Tod des Überlebenden wird ein Schlusserbe eingesetzt, der den beiderseitigen Nachlass der Ehegatten erbt.[578] Schlusserbe ist in diesem Fall der Stiftungsträger, der mit der Auflage beschwert wird, den Nachlass entsprechend den Zweckvorgaben und den sonstigen Anordnungen des Erblassers zu verwenden. Diese Variante wird „Einheitslösung" oder auch „Berliner Testament" genannt.[579]

ii. „Trennungslösung"

Denkbar ist weiter, für den Tod des Erstversterbenden jeden Ehegatten zum Vorerben einzusetzen sowie den Stiftungsträger zum Nacherben und für den Fall, dass der andere Ehegatte vor oder gleichzeitig mit dem Verfügenden sterben sollte, zum Ersatzerben (§§ 2269, 2102 Abs. 1 BGB).[580] Da der eingesetzte Erbe hier den Nachlass aus verschiedenen Berufungsgründen erhält, wird diese Gestaltung als Trennungslösung bezeichnet.[581] Der Tod des Überlebenden löst den Nacherbfall aus. Wichtig ist es, den Stiftungsträger im Verhältnis zum Letztversterbenden zusätzlich als Vollerben einzusetzen, anderenfalls erbt er nur als Nacherbe vom Erstverstorbenen.

iii. Ergebnis

In beiden Gestaltungsvarianten entsteht die unselbständige Stiftung von Todes wegen erst mit dem Tod des Längerlebenden. Selbst wenn die Verfügungen insgesamt wechselbezüglich ausgestaltet werden, kann der Überlebende als Voll- wie auch als Vorerbe den Nachlass relativ ungehindert verbrauchen. In beiden Fällen ist unklar, was am Ende noch an Vermögen zur Erreichung des Stiftungszwecks übrig ist. Im Fall der Trennungslösung kommen die mit der Vor- und

576 Zu den Begriffen: R. Kössinger, in: Nieder/Kössinger (Hrsg.), Handbuch der Testamentsgestaltung, § 14 Rn. 54 und 89.

577 Zu den Begriffen: R. Kössinger, in: Nieder/Kössinger (Hrsg.), Handbuch der Testamentsgestaltung, § 14 Rn. 55.

578 R. Kössinger, in: Nieder/Kössinger (Hrsg.), Handbuch der Testamentsgestaltung, § 14 Rn. 55.

579 Bspw. Lange, Erbrecht, Kap. 4, § 16 Rn. 96; MüKo BGB/Musielak (7. Aufl.), § 2269 Rn. 18; Staudinger/Kanzleiter (2019), § 2269 Rn. 4.

580 Lange, Erbrecht, Kap. 4, § 16 Rn. 96.

581 Lange, Erbrecht, Kap. 4, § 16 Rn. 96.

Nacherbschaft verbundenen Probleme hinzu.[582] Haben die Ehegatten allerdings keine Abkömmlinge oder andere ihnen nahestehenden Personen, kann die Errichtung einer unselbständigen Stiftung nach dem Letztversterbenden eine Alternative darstellen.

(2) Gemeinsame Stiftungserrichtung

Die Ehegatten sind bei der Gestaltung des gemeinschaftlichen Testaments frei. Wie beim Erbvertrag können sie auch mithilfe eines gemeinschaftlichen Testaments gemeinsam eine Stiftung errichten. Beide Ehegatten setzen für den ersten Erbfall den Stiftungsträger als Alleinerben beschwert mit einer Auflage ein.[583] Die Stiftungserrichtung findet damit durch den ersten Erbfall statt. Der überlebende Ehegatte erhält vom Vermögen des Erstversterbenden nichts. Insofern sollte abgeklärt sein, dass er durch sein eigenes Vermögen finanziell ausreichend abgesichert ist. Ist das nicht der Fall, sollte er mindestens ein Vermächtnis zugewendet bekommen.[584]

Zum Erben des Überlebenden kann ebenfalls der Stiftungsträger eingesetzt werden. Er muss auch hier mit einer Auflage beschwert werden, dass er das Vermögen für die vom Erstversterbenden errichtete Stiftung verwendet. Wird die Auflage vergessen und könnte sich durch Auslegung nichts Gegenteiliges beweisen lassen, hätte der Stiftungsträger das Vermögen sonst frei zur Verfügung.

(3) Zeitgleiche Stiftungserrichtung mittels gemeinschaftlichen Testaments[585]

Ebenfalls wie beim Erbvertrag besteht beim gemeinschaftlichen Testament die Möglichkeit, dass beide Ehegatten zeitgleich dieselbe unselbständige Stiftung gründen. Wobei nur ein Ehegatte eine unselbständige Stiftung von Todes wegen errichtet und der andere gleichzeitig eine unter Lebenden. Das geschieht

---

582 S. hierzu Kap. 2, lit. B, Ziff. III.

583 S. hierzu R. Kössinger, in: Nieder/Kössinger (Hrsg.), Handbuch der Testamentsgestaltung, § 14 Rn. 96 ff.

584 In dieser Konstellation wird vorgeschlagen, dem Überlebenden ein Nießbrauchrechtsvermächtnis am Nachlass oder an Teilen davon zuzuwenden, S. R. Kössinger, in: Nieder/Kössinger (Hrsg.), Handbuch der Testamentsgestaltung, § 14 Rn. 96 ff. Im vorliegenden Fall ist das jedoch nicht möglich, da das gesamte Vermögen dem Stiftungsträger zur Verwaltung des Nachlasses vererbt wurde. Würde daran ein Nießbrauch des Überlebenden bestehen, wäre der Nachlass für den Stiftungsträger faktisch unbrauchbar.

585 Zur Formulierung kann auf den entsprechenden Formulierungsvorschlag beim Erbvertrag verwiesen werden.

dergestalt, dass beide Ehegatten den Stiftungsträger unter Auflage zum Alleinerben einsetzen. Diese Einsetzung steht unter der auflösenden Bedingung, dass der andere Ehegatte zuerst verstirbt. Gleichzeitig errichten beide Ehegatten für den Überlebensfall mit dem Stiftungsträger eine unselbständige Stiftung zu Lebzeiten, die unter der aufschiebenden Bedingung steht, dass der andere Ehegatte zuerst verstirbt. Als Erbe des Überlebenden kann der Stiftungsträger erneut unter Auflage zum Alleinerben eingesetzt werden.

4. Formulierungsvorschläge

a) Stiftungsträger als Schlusserbe

1. Verfügung für den ersten Todesfall

Wir, die Eheleute D und H, setzen uns nach dem Tod des Erstversterbenden gegenseitig zu alleinigen Vollerben unseres gesamten Vermögens ein, d.h., das Vermögen des Erstversterbenden von uns geht in das Vermögen des Überlebenden über und vereinigt sich mit dessen Vermögen zu einer Vermögensmasse. Eine Nacherbfolge wünschen wir somit ausdrücklich nicht.

2. Verfügungen für den zweiten Todesfall

a) Erbeinsetzung

Zu unserem Schlusserben bestimmen wir den Stiftungsträger ST.

b) Beschwerung des Schlusserben mit einer Auflage oder einem Vermächtnis.

3. Wechselbezüglichkeit und Bindungswirkung

b) Stiftungsträger als Nacherbe

1. Verfügung für den ersten Todesfall

a) Einsetzung des Überlebenden als Vorerben

Wir, die Eheleute D und H, setzen uns nach dem Tod des Erstversterbenden gegenseitig zu Alleinerben ein. Der Überlebende soll aber nur befreiter Vorerbe sein. Er ist von sämtlichen Beschränkungen und Verpflichtungen befreit, soweit das gesetzlich zulässig ist.[586]

586 Es fehlt die Bestimmung eines Ersatzvorerben. Zudem wurde aus Platzgründen auf die Auflistung der einzelnen Befreiungen des Vorerben verzichtet. Dies sollte jedoch in der letztwilligen Verfügung nicht fehlen.

b) Einsetzung eines Nacherben
aa) Einsetzung des Nacherben
Zum alleinigen Nacherben des Überlebenden setzen wir den Stiftungsträger ST ein. Die Nacherbschaft tritt mit dem Tod des Vorerben ein.[587]
Die Nacherbenanwartschaft ist nicht veräußerlich und entgegen § 2108 Abs. 2 BGB ausdrücklich nicht vererblich.
bb) Beschwerung des Nacherben mit einer Auflage / einem Vermächtnis zur Stiftungserrichtung
2. Verfügung für den zweiten Todesfall
3. Wechselbezüglichkeit und Bindungswirkung

c) Gemeinsame Stiftungserrichtung

1. Verfügung für den ersten Todesfall
a) Erbeinsetzung
Wir, die Eheleute D und H, setzen zum Alleinerben nach dem Tod des Erstversterbenden den Stiftungsträger ST ein, d.h., das Vermögen des Erstversterbenden von uns geht in das Vermögen des ST über. Eine Nacherbfolge wünschen wir somit ausdrücklich nicht.
b) Beschwerung des ST mit einer Auflage / einem Vermächtnis
c) Regelungen für Auflage/Vermächtnis
2. Verfügung für den zweiten Todesfall
Zum alleinigen Erben des Überlebenden setzen wir den Stiftungsträger ST ein. Er wird im Wege der Auflage verpflichtet, das gesamte Vermögen in die unter Ziff. 1a) gegründete unselbständige Stiftung einzubringen und ausschließlich für deren Stiftungszwecke zu verwenden.
3. Wechselbezüglichkeit und Bindungswirkung

IV. Schenkungsversprechen von Todes wegen, § 2301 BGB

1. Grundlegendes zum Schenkungsversprechen von Todes wegen

a) § 2301 BGB

Ein Schenkungsversprechen von Todes wegen ist eine Zuwendung unter Lebenden auf den Todesfall. Ein Teil seines Tatbestandes wird noch zu Lebzeiten des Erblassers erfüllt, die eigentlichen Wirkungen des Rechtsgeschäfts treten jedoch erst mit dem Tod des Erblassers ein.[588]

587 Auch hier fehlt noch die Bestimmung eines Ersatznacherben.
588 Lange, Erbrecht, Kap. 4. § 18 Rn. 178.

Ein Schenkungsversprechen von Todes wegen liegt vor, wenn das Wirksamwerden eines Schenkungsversprechens unter die Bedingung gestellt wird, dass der Beschenkte den Schenker überlebt. Es muss stets eine Schenkung vorliegen und damit eine unentgeltliche Zuwendung.[589]

Schenkungsversprechen i.S.v. § 2301 Abs. 1 BGB ist bereits das Schenkungsangebot, die Annahme des Schenkungsangebots setzt es nicht voraus.[590]

b) Rechtsfolgen

Liegen die Voraussetzungen des § 2301 Abs. 1 BGB vor, wird das Schenkungsversprechen in eine Verfügung von Todes wegen umgedeutet. Schewe formuliert es treffend: „Danach ist ein Schenkungsversprechen von Todes wegen nichts anderes als eine letztwillige Verfügung von Todes wegen."[591] Errichtet wird am Ende mittels eines Schenkungsversprechens von Todes wegen also eine unselbständige Stiftung von Todes wegen.

2. Errichtung einer unselbständigen Stiftung von Todes wegen mittels Schenkungsversprechen von Todes wegen

a) Inhalt des Schenkungsversprechens von Todes wegen

Die Errichtung einer unselbständigen Stiftung von Todes wegen mittels Schenkungsversprechen von Todes wegen ist grundsätzlich möglich.[592] Das gilt zumindest dann, wenn man mit Teilen der Literatur davon ausgeht, dass eine unselbständige Stiftung unter Lebenden auch mittels Schenkung unter Auflage errichtet werden kann.

---

589 Muscheler, Erbrecht II, S. 1430 Rn. 2835; Staudinger/Kanzleiter (2019), § 2301 Rn. 5; Ilchmann, Zuwendungen unter Lebenden auf den Todesfall, S. 53.

590 So auch: Bamberger/Roth BGB/Litzenburger (3. Aufl.), § 2301 Rn. 3; MüKo BGB/Musielak (7. Aufl.), § 2301 Rn. 5; Erman BGB/Schmidt (14. Aufl.), § 2301 Rn. 3; jurisPK BGB/Reischl (8. Aufl.), § 2301 Rn. 21; Ilchmann, Zuwendungen unter Lebenden auf den Todesfall, S. 57; Harder, Zuwendungen, S. 107. A.A.: OLG Hamm, FamRZ 1989, 669 (673); Muscheler, Erbrecht II, S. 1428 Rn. 2832; Staudinger/Kanzleiter (2019), § 2301 Rn. 5; Kipp/Coing, Erbrecht, § 81, III.1a; Soergel/Wolf (13. Aufl.), § 2301 Rn. 2 will ein einseitiges bindendes Schenkungsangebot genügen lassen.

591 Schewe, Errichtung der rechtsfähigen Stiftung von Todes wegen, S. 168.

592 Hof, in: Richter (Hrsg.), Stiftungsrechts-Handbuch, § 36 Rn. 129; Lange, ZErb 2013, S. 324 (326).

Der Schenker verspricht dem Stiftungsträger als Versprechensempfänger die Schenkung eines Gegenstands. Das Schenkungsversprechen muss unter der echten Überlebensbedingung stehen, dass der Stiftungsträger den Schenker überlebt. Zusätzlich muss der Stiftungsträger mit einer Auflage beschwert werden, den geschenkten Gegenstand entsprechend den Vorgaben des Schenkers zu verwalten.

b) Umdeutung des Schenkungsversprechens

Das Schenkungsversprechen muss auf zwei Ebenen umgedeutet werden. Auf der ersten Ebene ist die Umdeutung der Zuwendung des Stifters an den Träger in eine erbrechtliche Verfügung vorzunehmen. In Frage kommt die Qualifizierung als Vermächtnis oder als Erbeinsetzung. Die zweite Ebene befasst sich mit der Frage, ob die schenkungsrechtliche Auflage nach ihrer Umdeutung ein Untervermächtnis oder eine erbrechtliche Auflage darstellt.

(1) Umdeutung der Zuwendung in ein Vermächtnis oder eine Erbeinsetzung

Die erbrechtliche Behandlung der gesamten Zuwendung ist durch Auslegung zu ermitteln.[593] Danach wird die im Rahmen der Schenkung versprochene Zuwendung regelmäßig ein Vermächtnis darstellen.[594] Es ist fernliegend, dass ein Erblasser eine Person mittels Schenkung zum Erbe einsetzen wollte, selbst wenn er dieser einen Großteil seines Vermögens überlassen würde. Typischerweise möchte der Schenker dem Beschenkten lediglich einen Anspruch auf bestimmte Gegenstände zukommen lassen und ihn nicht zu seinem rechtlichen und wirtschaftlichen Nachfolger einsetzen.[595]

(2) Erbrechtliches Formerfordernis des umgedeuteten Versprechens

Fraglich ist, in welcher erbrechtlichen Form das Schenkungsversprechen nach seiner Umdeutung vorliegen muss. § 2301 Abs. 1 S.1 BGB spricht nur von der Anwendbarkeit der Vorschriften über Verfügungen von Todes wegen.

---

593 Soergel/Wolf (2013), § 2301 Rn. 7.

594 So auch: Langen, Anwendungsbereich und Rechtsfolgen des § 2301 Abs. 1 BGB, S. 178 ff.; Meyer, ZEV 2017, S. 682 (689); Muscheler, Erbrecht II, S. 1439 Rn. 2848; Brox/Walker, ErbR, § 43 Rn. 20.

595 Langen, Anwendungsbereich und Rechtsfolgen des § 2301 Abs. 1 BGB, S. 178 ff.; Muscheler, Erbrecht II, S. 1439 Rn. 2848; Brox/Walker, ErbR, § 43 Rn. 20.

Verfügungen von Todes wegen sind gem. §§ 1937, 1941 BGB Testamente und Erbverträge. Dennoch vertritt eine weit verbreitete Auffassung, dass Schenkungsversprechen von Todes wegen nur den Regelungen des Erbvertrags unterworfen werden könnten.[596] Dagegen spricht aber nicht nur der Wortlaut von § 2301 BGB, sondern auch der Umstand, dass für gewöhnliche erbrechtliche Verfügungen die Testamentsform genügt.[597] Strengere Anforderungen an Schenkungsversprechen von Todes wegen wären unangemessen und unbegründet. Selbst wenn man § 2301 BGB nur bei Annahme der Offerte gelten lassen wollte,[598] würde das nicht auch gleichzeitig die Anwendung der Formvorschriften des Erbvertrags rechtfertigen.[599]

(3) Umdeutung der Schenkungsauflage

i. Umfang der Umdeutung

Das Schenkungsversprechen wird in ein Vermächtnis umgedeutet. Fraglich ist, ob auch Schenkungsauflagen und andere Verwendungsanordnungen von der Umdeutung umfasst sind.

Dem Wortlaut nach ordnet das Gesetz die Umdeutung des gesamten Schenkungsversprechens an. Da Auflagen und andere Verwendungsanordnungen wesentliche Teile des Schenkungsversprechens sind, müssen sie folglich auch von der Umdeutung mitumfasst sein. Anderenfalls würde das Schenkungsversprechen grob verfälscht und der Versprechensempfänger bei Wegfall der Anordnung ungerechtfertigt begünstigt.

ii. Umdeutung der schenkungsrechtlichen Auflage

Bleibt zu klären, ob die schenkungsrechtliche Auflage in ein Untervermächtnis oder in eine erbrechtliche Auflage umgedeutet wird. Auch das ist im Rahmen der Auslegung zu ermitteln.

Vollziehungsberechtigter der schenkungsrechtlichen Auflage ist grundsätzlich der Schenker und nach seinem Tod die Behörde, falls die Auflage im

---

596 KG NJW 1971, 1808; Staudinger/Kanzleiter (2019), § 2301 Rn. 3; RGRK BGB/Kregel (12. Aufl.), § 2301 Rn. 7; Palandt/Weidlich (2019), § 2301 Rn. 6; Muscheler, Erbrecht II, S. 1437 Rn. 2847; Kipp/Coing, Erbrecht, § 81, III.2; Lange, Erbrecht, Kap. 4. § 18 Rn. 183.

597 Ilchmann, Zuwendungen unter Lebenden auf den Todesfall, S. 74. Im Ergebnis auch MüKo BGB/Musielak (7. Aufl.), § 2301 Rn. 13; Bamberger/Roth BGB/Litzenburger (3. Aufl.), § 2301 Rn. 7; jurisPK BGB/Reischl (8. Aufl.), § 2301 Rn. 114.

598 S. Kap. 2, lit. D, Ziff. IV.1a).

599 MüKo BGB/Musielak (7. Aufl.), § 2301 Rn. 13.

öffentlichen Interesse ist.[600] Ein Dritter kann daneben aber den Vollzug verlangen, wenn die Auflage zu seinen Gunsten vereinbart wurde.[601] Dieser Fall kann bei entsprechender Ausgestaltung der Auflage einen Vertrag zugunsten Dritter darstellen gem. § 328 BGB.[602]

Ging es dem Erblasser bei der Schenkung also im Wesentlichen darum, den Destinatären einen Anspruch auf die Begünstigung zu verleihen, spricht das für ein Vermächtnis. Das kann vor allem bejaht werden, sofern die Abrede der schenkungsrechtlichen Auflage ohne ihre Umdeutung ein Vertrag zugunsten Dritter gem. § 328 BGB dargestellt und den Destinatären so einen eigenen Anspruch gegen den Stiftungsträger gegeben hätte. Eine Auflage kann dem Schenkerwillen entsprechen, wenn dieser eine gemeinnützige Stiftung errichten wollte. Diese kann wegen der Vorgaben der Abgabenordnung nur mittels erbrechtlicher Auflage Bestand haben.

3. *Tauglichkeit des Schenkungsversprechens von Todes wegen zur Errichtung einer unselbständigen Stiftung von Todes wegen*

Um das Ergebnis vorwegzunehmen: Von einer Errichtung der unselbständigen Stiftung von Todes wegen mittels Schenkungsversprechen unter Überlebensbedingung ist abzuraten.

Aufgrund der einzuhaltenden Formvorschriften besteht die Gefahr, dass die Stiftung niemals zur Entstehung gelangt, da dem Schenker, sofern er juristischer Laie ist, diese nicht geläufig sein dürften. Nach der allgemeinen Lebenserfahrung werden zwar Grundstücksverträge oder letztwillige Verfügungen mit Formvorschriften verbunden. Bei Schenkungen von Vermögenswerten (außer Grundstücken) fehlt das Bewusstsein aber regelmäßig. Das gilt umso mehr, wenn man das Schenkungsversprechen den Formvorschriften des Erbvertrags unterwirft. Anders als bei einer Schenkung zu Lebzeiten kann der Formmangel auch nicht geheilt werden.[603]

---

600 MüKo BGB/Koch (8. Aufl.), § 525 Rn. 14; Bamberger/Roth BGB/Gehrlein (4. Aufl.), § 525 Rn. 6; Juris PK BGB/Kühle (8. Aufl.), § 525 Rn. 2.

601 MüKo BGB/Koch (8. Aufl.), § 525 Rn. 14; Bamberger/Roth BGB/Gehrlein (4. Aufl.), § 525 Rn. 6; Juris PK BGB/Kühle (8. Aufl.), § 525 Rn. 2.

602 OLG Frankfurt, WM 1987, S. 1248 f.; MüKo BGB/Koch (8. Aufl.), § 525 Rn. 14; Bamberger/Roth BGB/Gehrlein (4. Aufl.), § 525 Rn. 6; Juris.

603 Muscheler, Erbrecht II, S. 1440 Rn. 2850.

Die gesamte Umdeutung des Schenkungsversprechens ist aufgrund seiner notwendigen Auslegung mit hoher Unsicherheit verbunden. Es ist nicht gesichert, dass am Ende das entsteht, was der Schenker wollte.

Da der im Wege des Schenkungsversprechens zugewendete Gegenstand zum Nachlass gehört, unterliegt er dem Zugriff der Nachlassgläubiger und muss bei der Berechnung des Pflichtteils berücksichtigt werden.[604] Die Kürzung des Vermächtnisses aufgrund der §§ 2318 ff. BGB kommt ebenso in Betracht. Auch eine gesicherte Rechtsposition besitzt der Zuwendungsempfänger nicht.[605]

Für den Schenker kann die Stiftungserrichtung von Todes wegen insofern von Vorteil sein, als er die gedankliche Konfrontation mit seinem Ableben umgehen kann. Die Hemmschwelle zu einer Schenkung, selbst wenn sie in Erwartung des Todes erfolgt, ist häufig niedriger.[606]

Im Ergebnis lässt sich festhalten, dass die Stiftungserrichtung mittels Schenkungsversprechen von Todes wegen keine maßgeblichen Vorteile bringt. Die Feststellung von *Nieder*, das Schenkungsversprechen von Todes wegen sei für den Kautelarjuristen unbrauchbar,[607] ist zutreffend. Wünscht der Erblasser eine Überlebensbedingung, sollte gleich die passende Verfügung von Todes wegen gewählt werden.[608]

Aus diesem Grund wird auch auf einen Formulierungsvorschlag für ein Schenkungsversprechen von Todes wegen verzichtet.

---

604 Kipp/Coing, Erbrecht, § 81, III.2a; Lange, Erbrecht, Kap. 4, § 18 Rn. 184. Natürlich muss auch eine Schenkung im Rahmen des Pflichtteilsrechts berücksichtigt werden, dort allerdings nur im Rahmen von § 2325 BGB.

605 Muscheler, Erbrecht II, S. 1439f. Rn. 2849; Ilchmann, Zuwendungen unter Lebenden auf den Todesfall, S. 75.

606 Lange, Erbrecht, Kap. 4, § 18 Rn. 217.

607 Nieder/W. Kössinger, in: Nieder/Kössinger (Hrsg.), Handbuch der Testamentsgestaltung, § 4 Rn. 4.

608 Lange, Erbrecht, Kap. 4, § 18 Rn. 186.

3. Kapitel Die an der Stiftung Beteiligten und deren Rechtsstellung

Um die rechtliche Stellung der Beteiligten und deren Beziehungen untereinander zu bestimmen, muss man sich die Beteiligtenstruktur innerhalb der unselbständigen Stiftung von Todes wegen vor Augen halten:

Der Erblasser ist der Stifter. Da die Stiftung aber erst nach seinem Tod entsteht, offenbaren sich die Konsequenzen seiner Gestaltung erst, wenn er keinen Einfluss mehr auf sie besitzt. Die Umsetzung seines Willens obliegt dem Stiftungsträger. Je nach Gestaltung gibt es Gremien, die in der Regel die Tätigkeit des Stiftungsträgers überwachen und so sicherstellen, dass der Erblasserwillen tatsächlich umgesetzt wird.

Am Ende stehen die Destinatäre. Diese erhalten das, was der Stiftungsträger mit der Stiftung für sie erwirtschaftet hat.

A. Rechtliche Stellung des Erblassers als Stifter

Bei der „echten" unselbständigen Stiftung von Todes wegen ist der Erblasser der Stifter. Anders als bei der unselbständigen Stiftung unter Lebenden[609] bestehen keine Rechtsbeziehungen zwischen Stifter und den übrigen Beteiligten naturgemäß. Die Stiftung kommt erst mit Annahme der letztwilligen Vermögenszuwendung durch den Stiftungsträger zustande und damit erst nach dem Tod des Stifters.[610]

B. Rechtliche Stellung des Stiftungsträgers

I. Aufgaben des Stiftungsträgers

Hauptpflicht des Stiftungsträgers ist sowohl bei der unselbständigen Stiftung von Todes wegen als auch bei der unter Lebenden die Erfüllung des Stiftungszwecks.[611] Die weiteren Pflichten des Stiftungsträgers ergeben sich in erster Linie

609 S. hierzu Seyfarth, Schutz der unselbstständigen Stiftung, S. 62f.

610 Seyfarth, Schutz der unselbstständigen Stiftung, S. 63.

611 Hof, in: Richter (Hrsg.), Stiftungsrechts-Handbuch, § 36 Rn. 65; Westebbe, Stiftungstreuhand, S. 93 (zur Treuhandstiftung); Herzog, Unselbständige Stiftung des bürgerlichen Rechts, S. 71.

aus dem Stiftungsgeschäft und sollten zwingend dort geregelt werden, um die gewünschte Umsetzung des Stifterwillens zu garantieren.

Im Stiftungsgeschäft kann die Position des Stiftungsträgers unterschiedlich stark ausgestaltet werden. Er allein kann die Entscheidungsbefugnis über die Maßnahmen zur Verfolgung des Stiftungszwecks erhalten. Der Erblasser kann diese jedoch auch detailliert vorgeben. Ebenso kann der Erblasser ein Gremium zur Kontrolle des Stiftungsträgers einsetzen, das sämtliche Entscheidungen hinsichtlich der Verwaltungsmaßnahmen trifft. Der Stiftungsträger hat in dem Fall nur noch eine ausführende Funktion.[612] Legt der Erblasser auf einzelne Aufgaben oder der Art und Weise ihrer Durchführung besonderen Wert, sollten diese ebenfalls im Stiftungsgeschäft geregelt sein.[613] Hierzu gehören bspw. die Art der Vermögensanlage, Rechnungslegungspflichten, Auskunfts- und Belegpflichten gegenüber den Vollziehungsberechtigten gem. § 2194 BGB oder die gesonderte Verwahrung des Stiftungsvermögens.[614]

II. Vergütungsanspruch des Stiftungsträgers

Weder die erbrechtliche Auflage noch das Vermächtnis sehen die Zahlung einer Vergütung des Beschwerten vor. Soll der Stiftungsträger eine Vergütung erhalten, muss das im Stiftungsgeschäft, regelmäßig in der Satzung, vereinbart werden.[615] Die Zahlung der Vergütung kann einmal dadurch sichergestellt werden, dass ein Miterbe oder Vermächtnisnehmer durch ein Vermächtnis verpflichtet wird, die Vergütung zu zahlen.[616] Nachteilig für den Stiftungsträger ist, dass er auf die Erfüllung des Vermächtnisses angewiesen ist, im schlechtesten Fall muss er diese einklagen. Außerdem kann es wegen der Regelung des § 2162 BGB nach Ablauf von 30 Jahren zu Problemen kommen.[617]

Für den Stiftungsträger ist es daher vorteilhafter, er kann sich die Vergütung aus den Stiftungserträgen selbst entnehmen.[618] Dies ist auch gemeinnützigkeitsrechtlich unbedenklich. Die Verwaltung der Stiftung dient der Verwirklichung des Stiftungszwecks.[619] Mit Blick auf § 55 Abs. 1 Nr. 3 AO muss die Vergütung

612 Zum ganzen Absatz: Herzog, Unselbständige Stiftung des bürgerlichen Rechts, S. 72.
613 Hof, in: Richter (Hrsg.), Stiftungsrechts-Handbuch, § 36 Rn. 65.
614 Hof, in: Richter (Hrsg.), Stiftungsrechts-Handbuch, § 36 Rn. 65.
615 Herzog, Unselbständige Stiftung des bürgerlichen Rechts, S. 81.
616 Westebbe, Stiftungstreuhand, S. 119.
617 Westebbe, Stiftungstreuhand, S. 119.
618 Westebbe, Stiftungstreuhand, S. 119; Hof, in: Richter (Hrsg.), Stiftungsrechts-Handbuch, § 36 Rn. 155.
619 Westebbe, Stiftungstreuhand, S. 119.

verhältnismäßig sein. Sie muss einem Fremdvergleich standhalten.[620] Als angemessen kann ein Betrag angesehen werden, der für eine vergleichbare Tätigkeit oder Leistung üblicherweise auch von einer nicht steuerbegünstigten Einrichtung gezahlt wird.[621] Die Angabe von Berechnungsmodalitäten kann bei Änderungen der Verwaltungstätigkeit des Stiftungsträgers eine flexible Anpassung der Stiftungserträge ermöglichen.[622]

III. Aufwendungsersatzanspruch des Stiftungsträgers

Der Aufwendungsersatzanspruch des Stiftungsträgers kann und sollte aus Klarstellungsgründen im Stiftungsgeschäft geregelt werden.[623] Wird hierzu keine Regelung getroffen, ist fraglich, ob der Stiftungsträger dennoch seine Aufwendungen ersetzt erhält. Der Stiftungsträger erhält das Vermögen mit der Maßgabe, damit einen bestimmten Stiftungszweck zu erfüllen. Das Stiftungsvermögen dient folglich auch dazu, für die Aufwendungen aufzukommen, die der Verwirklichung des Stiftungszwecks dienen.[624]

Tätigt der Stiftungsträger Aufwendungen, die den Wert des Stiftungsvermögens übersteigen, hat er die Aufwendungen selbst zu tragen.[625] Eine dem § 526 S.2 BGB oder § 670 BGB vergleichbare Regelung ist im Erbrecht nicht vorhanden.[626] Beide Regelungen ermöglichen einen Rückgriff auf den Stifter. Auch eine entsprechende Anwendung dieser Normen scheidet aus. Von wem sollte der Stiftungsträger die Aufwendungen auch ersetzt verlangen? Der Erblasser als Stifter ist verstorben. Soweit Erben vorhanden sind, gab es keine Rechtsbeziehung zwischen Stiftungsträger und Stifter, in welche sie nach § 1922 BGB eintreten könnten, da zu Lebzeiten zwischen Stifter und Stiftungsträger zumindest keine Rechtsbeziehung bezüglich der unselbständigen Stiftung bestand.[627] Erst mit Annahme des Erbes bzw. des Vermächtnisses, also nach dem Tod des Stifters, gelangt die unselbständige Stiftung zur Entstehung. Die Rechtsbeziehungen zwischen Erben und Stiftungsträger sind rein erbrechtlicher Natur. Sie beschränken sich je nach letztwilliger Verfügung auf die Miterbengemeinschaft,

---

620 Hübschmann/Hepp/Spitaler AO, FGO/Musil, Losebl. (236. Lieferung), § 55 Rn. 213.
621 Hof, in: Richter (Hrsg.), Stiftungsrechts-Handbuch, § 36 Rn. 155.
622 Hof, in: Richter (Hrsg.), Stiftungsrechts-Handbuch, § 36 Rn. 155.
623 Hof, in: Richter (Hrsg.), Stiftungsrechts-Handbuch, § 36 Rn. 155
624 Herzog, Unselbständige Stiftung des bürgerlichen Rechts, S. 83.
625 Westebbe, Stiftungstreuhand, S. 122; Herzog, Unselbständige Stiftung des bürgerlichen Rechts, S. 83.
626 Herzog, Unselbständige Stiftung des bürgerlichen Rechts, S. 83 zu § 526 S. 2 BGB.
627 Seyfarth, Schutz der unselbstständigen Stiftung, S. 62f.

den Auflagenvollziehungsanspruch oder auf aus dem Vermächtnisrecht resultierende Ansprüche des Stiftungsträgers.[628]

C. Rechtliche Stellung der Destinatäre

Die Rechtsstellung der Destinatäre hängt davon ab, ob der Stiftungszweck mittels Auflage oder mittels Vermächtnis festgelegt wurde.

I. Begünstigung mittels Vermächtnis

Im Fall der Begünstigung mittels Vermächtnis besitzen die Destinatäre einen Anspruch auf Übertragung der Stiftungsleistung.[629] Zusätzlich können sie als Vermächtnisnehmer sämtliche Ansprüche aus dem Stiftungsgeschäft geltend machen, auch den auf ordnungsgemäße Verwaltung.[630] Das Schuldverhältnis zwischen Vermächtnisnehmer und Beschwertem richtet sich nach den §§ 241 ff. BGB. Im Fall der Nicht- oder Schlechtleistung des Stiftungsträgers können die Destinatäre daher gegen den Stiftungsträger aus den §§ 280 ff. BGB vorgehen.[631]

II. Begünstigung mittels Auflage

1. Stellung des Auflagenbegünstigten

Im zweiten Fall, der Begünstigung mittels Auflage, haben ausschließlich die Vollziehungsberechtigten die Möglichkeit, die Auflagenerfüllung einzufordern. Wegen § 1940 BGB besitzen die Begünstigten gerade keinen Vollziehungsanspruch. Er kann ihnen vom Erblasser auch nicht eingeräumt werden.[632]

Ein Rechtsverhältnis zwischen Stiftungsträger und Destinatär besteht erst ab dem Zeitpunkt, indem der Stiftungsträger die Auflage erfüllt hat.[633] Davor besitzt der Destinatär keine Ansprüche – anderenfalls würde es sich um ein

628 Seyfarth, Schutz der unselbstständigen Stiftung, S. 63.

629 Lange, ZErb 2013, S. 324 (328); Seyfarth, Schutz der unselbstständigen Stiftung, S. 71; Westebbe, Stiftungstreuhand, S. 107.

630 Westebbe, Stiftungstreuhand, S. 107; Muscheler, ErbR 2016, S. 358 (362).

631 Staudinger/Otte (2013), § 2174 Rn. 31; MüKo BGB/Rudy (7. Aufl.), § 2174 Rn. 11; Seyfarth, Schutz der unselbstständigen Stiftung, S. 71. Dazu ausführlich: Kap. 4, lit. E, Ziff. II.1a).

632 S. Kap. 2, lit. C, Ziff. II.2a).

633 Seyfarth, Schutz der unselbstständigen Stiftung, S. 71; Lange, ZErb 2013, S. 324 (329).

Vermächtnis handeln. Erst der Abschluss dieses Rechtsverhältnisses schafft die Causa, aufgrund derer der Destinatär die Leistung behalten darf.[634]

2. Rechtsgrund der Zuwendung

Bei der selbständigen Stiftung ist umstritten, was den Rechtsgrund für die Zuwendung der Stiftung an einen Destinatär darstellt.[635]

Die gleiche Frage stellt sich auch bei der unselbständigen Stiftung von Todes wegen, deren Zweckbindung mittels Auflage erfolgt. Wurde die unselbständige Stiftung mittels Vermächtnis errichtet, stellt sich die Frage nicht, da zwischen Vermächtnisnehmer und Beschwertem ein eigenes Schuldverhältnis besteht.

a) Verhältnis zum Erblasser

Erfüllt der Stiftungsträger die Auflage, kommt er im Verhältnis zum Erblasser seiner Verpflichtung aus der letztwilligen Verfügung nach.[636]

b) Verhältnis zum Stiftungsträger

Im Verhältnis zum Destinatär könnte es sich um einen Schenkungsvertrag zwischen Stiftungsträger und Destinatär handeln.[637]

Dafür spricht, dass der Begünstigte durch den Beschwerten unentgeltlich einen Vermögensvorteil erhält, der sein Vermögen dauerhaft bereichert. Fraglich ist jedoch bereits die Freiwilligkeit der Leistung. Eine Zuwendung i.S.v. § 516 BGB muss freiwillig erfolgen.[638] Das ist nicht der Fall, wenn der Stiftungsträger die Auflage erfüllt. Die Erfüllung der Auflage ist von den Vollziehungsberechtigten

---

634 Lange, ZErb 2013, S. 324 (329).

635 Eine Ansicht sieht die Erfüllung des Stiftungszwecks als Rechtsgrund an. Bei der vertraglichen Zuwendung von Stiftungsleistung zur Verwirklichung des Stiftungszwecks handelt es sich nicht um eine Schenkung oder ein Schenkungsversprechen, so der BGH, NJW 2010, S. 234 (235f.); BGH, NJW 1957, S. 708 (708); zustimmend: Staudinger/Hüttemann/Rawert (2017),§ 85 Rn. 39; Schiffer, BB 2010, S. 79 (80); Böttcher, DNotZ 2010, S. 191 (191); Jakob, Schutz der Stiftung, S. 178 ff; wohl auch Seyfarth, Schutz der unselbstständigen Stiftung, S. 64f.; Eine andere Ansicht sieht als Rechtsgrund eine Schenkung: Muscheler, NJW 2010, S. 341 (342), ders. in WM 2003, S. 2213 (2216f.); Gantenbrink, ZEV 2010, S. 102 (103), wohl auch: Seifart/v. Campenhausen/Hof § 7 Rn. 168.

636 Lange, ZErb 2013, S. 324 (329).

637 Settels, Destinatsleistungen, S. 206.; Lange, ZErb 2013, S. 324 (329), der zwar auf den konkreten Einzelfall abstellt, aber in der Regel einen Schenkungsvertrag annimmt.

638 Juris PK BGB/Sefrin (7. Aufl.), § 516 Rn. 33.

erzwingbar. Erfüllt der Stiftungsträger die Auflage, erfüllt er nur seine Verpflichtung aus der Auflage.[639] Der Zweck der Leistung ist damit auch die Erfüllung der Auflage bzw. die Erfüllung des Stiftungszwecks und nicht der Wille des Stiftungsträgers, den Destinatär zu beschenken. Der Zweck der Auflage bildet den Rechtsgrund der Zuwendung.[640]

Gegen eine Schenkung sprechen auch deren Folgen, die mit den erbrechtlichen Vorschriften nicht zu vereinbaren sind. Zunächst wäre für jede Vermögensübertragung aufgrund einer Auflage gem. § 518 BGB eine notarielle Beurkundung erforderlich. Das war vom Gesetzgeber aber mit Sicherheit nicht gewollt und findet in den erbrechtlichen Normen keine Stütze. Dem Stiftungsträger als Schenker stünde zudem das Widerrufsrecht aus § 530 BGB wie auch die Rückforderungsrechte wegen Verarmung des Schenkers gemäß § 528 BGB zu.[641] Das wiederum ist sogar eine Umgehung erbrechtlicher Vorschriften. Das Erbrecht hat für die Fälle des verarmten Nachlasses und eines groben Undanks des Begünstigten bereits Regelungen getroffen. Genügt der Nachlass zur Erfüllung der Auflage nicht, besitzt der Stiftungsträger die Rechte aus §§ 1992 bzw. § 2187 BGB.[642] Für die Fälle eines groben Undanks der Begünstigten stehen die erbrechtlichen Anfechtungsgründe zur Verfügung.

Das Rechtsverhältnis Stiftungsträger – Destinatär ist vielmehr, wie *Seyfarth* ausführt, ein Rechtsverhältnis sui generis, das mit der Auskehrung der Stiftungsleistung entsteht.[643]

D. Rechtliche Stellung der Gremien

I. Aufgaben der Gremien

Der Stiftungsträger besitzt im Rahmen einer unselbständigen Stiftung einen noch größeren Handlungsspielraum als der Vorstand einer selbständigen Stiftung.[644] Eine Kontrolle durch die Stiftungsaufsicht gibt es gerade nicht.[645] Daher ist es umso wichtiger, dass der Erblasser in der Satzung ein Gremium (oder auch

639 Zur selbständigen Stiftung und zur Freiwilligkeit der Leistung von Stiftungen an die Destinatäre s. Jakobs, Schutz der Stiftung, S. 183.

640 S. zur selbständigen Stiftung BGH, NJW 2010, S. 234 (235f.); BGH, NJW 1957, S. 708 (708).

641 Seyfarth, Schutz der unselbständigen Stiftung, S. 65.

642 S. Kap. 4, lit. D, Ziff.II. und III.

643 Seyfarth, Schutz der unselbständigen Stiftung, S. 71 mit Verweis auf S. 70.

644 Hof, in: Richter (Hrsg.), Stiftungsrechts-Handbuch, § 36 Rn. 103.

645 S. Kap. 1, lit. A, Ziff. II.1e).

Beirat, Stiftungsrat und Kuratorium) schafft, das dem Stiftungsträger entweder unterstützend oder kontrollierend gegenübersteht.

Die Aufgaben der Gremien reichen von einer reinen Beratungsfunktion über die Mitwirkung an der Stiftungsarbeit durch Übernahme von Verwaltungshandlungen bis hin zur Entscheidung über die Verwendung der Stiftungsmittel und zur Überwachung des Stiftungsträgers.[646] Einzelne Aufgaben könnten bspw. die Entlastung des Stiftungsträgers, die Überprüfung des Rechenschaftsberichts oder die Beschlussfassung über Satzungsänderungen sein.[647] Ebenso ist es möglich, mehrere Gremien nebeneinander zu installieren.[648]

Die Aufgaben der Gremien sollten sich auch an steuerlichen Vorgaben orientieren. So können Steuervorteile oder Steuerbefreiungen teilweise nur wahrgenommen werden, wenn ausschließlich das Stiftungsgremium über die Mittelverwendung entscheidet und nicht der Träger.[649]

Als Gremienmitglieder kann der Erblasser natürliche Personen seines Vertrauens, juristische Personen oder Amtsträger bestimmter Organisationen benennen.[650] Zur Erzielung klarer Abstimmungsergebnisse empfiehlt sich eine ungerade Mitgliederzahl.[651] Erhält der Stiftungsträger, wovon abzuraten ist, einen Sitz in einem Gremium, so sollte er entweder nur eine beratende Funktion innehaben oder zumindest immer überstimmt werden können.[652] Um die Blockierung der Stiftungsaktivität durch einzelne Gremienmitglieder zu verhindern, sollten die Beschlüsse nur in Ausnahmefällen Einstimmigkeit verlangen.[653]

II. Meinungsbild zur rechtlichen Stellung der Gremien

Die rechtliche Stellung der Gremien und deren Rechtsverhältnisse zu den übrigen Beteiligten, insbesondere zu Stiftungsträger und Stifter, sind bislang nicht abschließend geklärt. Werden die Gremien selbst in der Stiftungssatzung oft als Organ bezeichnet, so handelt es sich mangels Rechtsfähigkeit der unselbständigen Stiftung dennoch nicht um ein Organ im Rechtssinne.[654]

---

646 Westebbe, Stiftungstreuhand, S. 86; Augsten/Wolf, ZErb 2006, S. 155 (159).

647 Schewe, in: Beck'sche Online-Formulare Erbrecht (24. Edit.), 3.7, § 8 Abs. 2 der Satzung.

648 Westebbe, Stiftungstreuhand, S. 286, Beispiel D 91–D 93; Augsten/Wolf, ZErb 2006, S. 155 (159).

649 S. Kap. 7, lit. B, Ziff. I.1.

650 Hof, in: Richter (Hrsg.), Stiftungsrechts-Handbuch, § 36 Rn. 112.

651 Hof, in: Richter (Hrsg.), Stiftungsrechts-Handbuch, § 36 Rn. 153.

652 Hof, in: Richter (Hrsg.), Stiftungsrechts-Handbuch, § 36 Rn. 153.

653 Hof, in: Richter (Hrsg.), Stiftungsrechts-Handbuch, § 36 Rn. 153.

654 Schewe, in: Beck'sche Online-Formulare Erbrecht (24. Edit.), 3.7 Rn. 3.

Hof sieht die Gremienmitglieder als Vertragspartner des Stiftungsträgers an. Er zieht Parallelen zum Gesellschaftsrecht in Betracht, da Gremien und Stiftungsträger der gleichen Zwecksetzung verpflichtet sind.[655] *Seyfarth* wehrt sich gegen eine abschließende Einordnung der Rechtsbeziehungen der Gremienmitglieder und macht die jeweilige Vertragsbeziehung vom Einzelfall abhängig. Unabhängig vom jeweiligen Vertragspartner werden die Gremienmitglieder ihrer Ansicht nach grundsätzlich aber aufgrund eines Auftragsverhältnisses tätig.[656]

Bächstädt[657], *Westebbe*[658] und *Herzog*[659] differenzieren bei der Einordnung des Stiftungsgeschäfts zwischen dem unter Lebenden und von Todes wegen, wobei *Bächstädt* nur eine Einordnung für das Stiftungsgeschäft unter Lebenden vornimmt. Dort besteht seiner Ansicht nach ein Auftragsverhältnis zwischen Stifter und Gremienmitglied.

Westebbe qualifiziert die Gremienmitglieder bei der letztwilligen Stiftungserrichtung durch Auflage grundsätzlich als Auflagenbegünstigte und je nach Befugnissen als Vollziehungsberechtigte oder unter Umständen sogar als Vermächtnisnehmer.[660] *Herzog* qualifiziert die Gremienmitglieder bei der unselbständigen Stiftung von Todes wegen als Vollziehungsberechtigte gem. § 2194 BGB und zusätzlich als Testamentsvollstrecker. *Schauer* qualifiziert die Gremienmitglieder wie *Herzog* als Vollziehungsberechtigte. Ihre Einordnung als Testamentsvollstrecker lehnt er allerdings ab.[661]

III. Stellungnahme

Die Qualifizierung der rechtlichen Position der Gremienmitglieder hängt davon ab, ob die Zweckbindung bei Stiftungserrichtung durch Vermächtnis oder Auflage erfolgte, da beide letztwilligen Verfügungen unterschiedliche rechtliche Wirkungen besitzen.

655 Hof, in: Richter (Hrsg.), Stiftungsrechts-Handbuch, § 36 Rn. 154.
656 Seyfarth, Schutz der unselbstständigen Stiftung, S. 67 ff.
657 Bächstädt, Unselbständige Stiftung des Privatrechts, S. 124.
658 Westebbe, Stiftungstreuhand, S. 103.
659 Herzog, Unselbständige Stiftung des bürgerlichen Rechts, S. 87.
660 Westebbe, Stiftungstreuhand, S. 103.
661 Schauer, npoR 2013, S. 120 (122).

1. Stellung der Gremien im Rahmen einer mittels Auflage errichteten Stiftung

a) Gremienmitglieder als Auflagenbegünstigte

Der Einordnung der Gremienmitglieder als Auflagenbegünstigte widerspricht der Erblasserwillen.[662] Der Erblasser setzt Gremienmitglieder nicht ein, weil er diese begünstigen möchte. Sie erhalten vielmehr eine Aufgabe: den Stiftungsträger zu kontrollieren. Sie sollen sicherstellen, dass die vom Erblasser Begünstigten das erhalten, was er für sie vorgesehen hat.[663] In den meisten Fällen treffen sie sogar sämtliche Entscheidungen. Wie *Westebbe* selbst erkennt, könnten die Gremienmitglieder diese Aufgaben als Auflagenbegünstigte gar nicht wahrnehmen.[664] Als Auflagenbegünstigte hätten sie keinerlei Rechte. Sie benötigten sogar wieder jemand, der ihre Rechte für sie wahrnimmt – die Vollziehungsberechtigten. Das allerdings wird nicht vom Erblasser gewollt sein.

Soweit die Gremienmitglieder einen Aufwendungsersatz erhalten, stellt dieser keinen Vorteil dar, sondern lediglich einen Nachteilsausgleich für erbrachte Leistungen.[665]

b) Gremienmitglieder als Vermächtnisnehmer

Der Einordnung der Gremienmitglieder als Vermächtnisnehmer widerspricht ebenfalls der Erblasserwillen. Vorteil der Qualifizierung eines Gremienmitglieds als Vermächtnisnehmer wäre zwar das daraus fließende Recht, von dem Stiftungsträger aus eigenem Recht die Vornahme derjenigen Verwaltungshandlungen zu verlangen, die im Zusammenhang mit der Gremienarbeit stehen.[666]

Der Erblasser setzt die Gremienmitglieder aber ein, um sicherzustellen, dass sein Wille umgesetzt wird. Er bedenkt sie mit Aufgaben, deren Inhalt in der Stiftungssatzung niedergelegt ist und die sie in seinem Sinne erfüllen sollen. Er möchte sie gerade nicht mit einem Leistungsanspruch begünstigen.

Darüber hinaus ergeben sich Probleme mit der Aufnahme neuer Gremienmitglieder, wenn ein Gremienmitglied wegfällt und man die Gremienmitglieder als Vermächtnisnehmer ansieht.

---

662 Schauer, npoR 2013, S. 120 (122).
663 Schauer, npoR 2013, S. 120 (122).
664 Westebbe, Stiftungstreuhand, S. 103.
665 Schauer, npoR 2013, S. 120 (122).
666 Westebbe, Stiftungstreuhand, S. 103.

(1) Keine ausreichende Bestimmtheit gem. § 2151 BGB

In der Regel wird die Mitgliedsdauer eines Gremienmitglieds zeitlich begrenzt. Die Begrenzungen beziehen sich entweder auf das Lebensalter oder bzw. und auf die Dauer der Mitgliedschaft an sich. Ein, aus welchen Gründen auch immer, ausscheidendes Gremienmitglied wird durch ein neues ersetzt. Die nachfolgenden Gremienmitglieder benennt der Erblasser in der Regel nicht namentlich, sondern überlässt die Bestimmung einem Dritten. Das ist nach § 2151 BGB generell zwar möglich. Der Personenkreis muss aber so überschaubar und bestimmt sein, dass festgestellt werden kann, wer als Gesamtgläubiger i.S.v. Abs. 3 anzusehen ist.[667] Ob diese Voraussetzung gegeben ist, hängt von der Formulierung der jeweiligen Satzung ab, dürfte regelmäßig aber wegen der Unbestimmtheit der Formulierung nicht erfüllt sein.[668]

(2) Zeitliche Begrenzung von § 2162 BGB

Sollten die Anforderungen des § 2151 BGB erfüllt sein, würde sich weiter das Problem der zeitlichen Begrenzung des Vermächtnisses auf 30 Jahre aus § 2162 Abs. 2 BGB stellen.

Je nach Qualifizierung des Vermächtnisanspruchs könnte zwar die Ausnahmeregelung des § 2163 Abs. 1 Nr. 1 BGB greifen. § 2163 Abs. 1 Nr. 1 BGB sieht eine Ausnahme von der 30-jährigen Frist vor, wenn das Vermächtnis für den Fall angeordnet ist, dass in der Person des Beschwerten oder des Bedachten ein bestimmtes Ereignis eintritt, und derjenige, in dessen Person das Ereignis eintreten soll, zur Zeit des Erbfalls lebt.

Besteht die Stiftung aber tatsächlich über mehrere Generationen, ist auch § 2163 Abs. 1 Nr. 1 BGB nicht länger hilfreich. Dieser fordert, dass die Person, in der das Ereignis eingetreten ist, zum Zeitpunkt des Erbfalls[669] noch lebt. Irgendwann jedoch wird naturgemäß kein Gremienmitglied mehr vorhanden sein, welches den Erbfall des Erblassers selbst erlebt hat.

---

667 S. 2. Kap., lit. C, Ziff. I.2b).

668 S. die Beispiele bei Westebbe, Stiftungstreuhand, S. 286, Beispiel D 89, D 90, D 92, D 93, § 7 Abs. 2 b) der Mustersatzung von Schewe, in: Beck'sche Online-Formulare Erbrecht (24. Edit.), 3.7.

669 „Erbfall" meint den Erbfall des Stifters. Diesen muss das Gremienmitglied, das den Ausscheidungstatbestand erfüllt, noch erlebt haben.

c) Gremienmitglieder als Vollziehungsberechtigte

(1) Einordnung als Vollziehungsberechtigte

Setzt der Erblasser im Rahmen einer mittels Auflage errichteten unselbständigen Stiftung von Todes wegen Gremienmitglieder ein, sind diese richtigerweise Vollziehungsberechtigte i.S.v. § 2194 BGB.[670] Nur als Vollziehungsberechtigte kann dem Erblasserwillen Rechnung getragen werden. Sie können als solche ihre Aufgabe erfüllen und die ordnungsgemäße Vollziehung der Auflage, deren Inhalt im Testament und der Satzung niedergelegt ist, verlangen und kontrollieren.[671]

(2) Problem: Aufnahme neuer Gremienmitglieder

Mit der Qualifizierung der Gremien als Vollziehungsberechtigte kann auch dem praktischen Problem der Sterblichkeit der Gremienmitglieder begegnet werden. Um das Gremium nicht aussterben zu lassen, müssen neue Gremienmitglieder nachrücken können.

Die Kooption weiterer Mitglieder ist aufgrund § 2194 BGB möglich. Da der Stifter das Recht besitzt, selbst Vollziehungsberechtigte zu benennen, steht es ihm überdies zu, die Benennung eines „Folgevollziehungsberechtigten" in die Hand eines von ihm benannten Vollziehungsberechtigten zu legen. § 2065 Abs. 2 BGB steht dem nicht entgegen, da Gremienmitglieder keine Auflagenbegünstigte sind.[672] Zudem war es nach dem Willen des Gesetzgebers Sinn und Zweck der Auflage, stiftungsähnliche Gestaltungen möglich zu machen. Dafür bedarf es zwingend dauerhaft des Vorhandenseins von Vollziehungsberechtigten, die die Erfüllung der Auflage gewährleisten.[673] Dem Erblasser muss es folglich möglich sein, auch von ihm eingesetzte Vollziehungsberechtigte dauerhaft zu implementieren, um dem Ewigkeitsgedanken der Stiftung Rechnung zu tragen.[674]

---

670 Nomos BGB/Schewe (5. Aufl.), Anhang zu § 1923 Rn. 125; Schauer, npoR 2013, S. 120 (123); enger Westebbe, Stiftungstreuhand, S. 103.

671 Nomos BGB/Schewe (5. Aufl.), Anhang zu § 1923 Rn. 125.

672 S. Kap. 2, lit. C, Ziff. II.2b)(4).

673 Schauer, npoR 2013, S. 120 (122).

674 Schauer, npoR 2013, S. 120 (122).

d) Gremienmitglieder als Testamentsvollstrecker

Die Ansicht, die die vom Erblasser eingesetzten Gremienmitglieder nicht nur als Vollziehungsberechtigte, sondern zugleich als Testamentsvollstrecker mit einem beschränkten Aufgabenkreis sieht, ist abzulehnen.[675]

Es ist regelmäßig kein Erblasserwillen erkennbar, dass ein Gremienmitglied die Stellung eines Testamentsvollstreckers erhalten sollte.[676] Die Qualifizierung als Testamentsvollstrecker steht im Widerspruch zu Stellung und Aufgaben der Gremienmitglieder. Schließlich sollen sie in den meisten Fällen nur eine Kontrollinstanz mit einem klagbaren Vollziehungsrecht sein.[677] Neben ihren Satzungspflichten erhielten die Gremienmitglieder zudem die Pflichten aus § 2215 und § 2218 BGB.[678] Beide Vorschriften sind vom Erblasser gem. § 2220 BGB nicht abdingbar. Ist der Stiftungsträger Erbe, kann er diese Pflichten einfordern. Wegen des ebenfalls unabdingbaren § 2227 BGB[679] hätte der Stiftungsträger das Nachlassgericht daneben als Mittel gegen störende Gremienmitglieder an der Hand, was gleichzeitig zu einer unerwünschten staatlichen Einmischung in die Geschäfte der unselbständigen Stiftung führen würde.[680]

Darüber hinaus würde sich bei den Gremienmitgliedern die Frage der Vergütung stellen. Nach stiftungs- und gemeinnützigkeitsrechtlichen Grundsätzen üben die Gremienmitglieder ihre Tätigkeit ehrenamtlich aus.[681] Wird diesbezüglich in der Stiftungssatzung nichts geregelt, stünde ihnen jedoch plötzlich eine solche kraft Gesetzes zu.[682]

Auch ein Blick auf die Haftungsregelungen der Testamentsvollstreckung zeigen, dass die Regelungen der Testamentsvollstreckung nicht auf die Gremienmitglieder passen. Der Testamentsvollstrecker haftet nach § 2219 BGB, der gem. § 2220 BGB zwingendes Recht darstellt. Die Gremienmitglieder haben in der

---

675 Zu der Qualifizierung von Vollziehungsberechtigten als Testamentsvollstrecker s. Kap. 2, lit. C, Ziff. II.2b)(7).

676 Schauer, npoR 2013, S. 120 ff.

677 Schewe, in: Beck'sche Online-Formulare Erbrecht (24. Edit.), 3.7 Rn. 3.

678 Nur bei einer beaufsichtigenden Testamentsvollstreckung nach § 2208 Abs. 2 BGB würde der Testamentsvollstrecker diese Pflichten nicht besitzen.

679 MüKo BGB/Zimmermann (7. Aufl.), § 2220 Rn. 5; Staudinger/Reimann (2016), § 2227 Rn. 3.

680 Im Ergebnis auch: Schauer, npoR 2013, S. 120 (123).

681 Herzog, Unselbständige Stiftung des bürgerlichen Rechts, S. 90; Schewe, in: Beck'sche Online-Formulare Erbrecht (24. Edit.), 3.7, § 7 Abs. 5 der Satzung; Schauer, npoR 2013, S. 120 (123).

682 Schauer, npoR 2013, S. 120 (123).

Regel jedoch ein Interesse an einer Haftungsmilderung wie bspw. einer Haftungsbegrenzung auf Vorsatz und grobe Fahrlässigkeit.[683] Nicht zuletzt müssten die Gremienmitglieder wie auch ihre Nachfolger gegenüber dem Nachlassgericht gem. § 2202 BGB die Annahme ihres Amtes erklären. Es ist unwahrscheinlich, dass das vom Stifter gewollt ist.[684]

Zuletzt wäre auch die Dauerhaftigkeit der Testamentsvollstreckung fraglich. Würde man die eingesetzten Gremienmitglieder als Dauertestamentsvollstrecker qualifizieren, würde die Testamentsvollstreckung grundsätzlich gem. § 2210 S. 1 BGB nach 30 Jahren enden. Die Höchstgrenze von 30 Jahren gilt zwar nicht für die Abwicklungsvollstreckung. Eine solche kann aber nicht generell angenommen werden.[685] Welche Art der Testamentsvollstreckung gegeben ist, muss im Einzelfall anhand der Aufgaben der Gremienmitglieder geprüft werden.[686] Besitzen die Gremienmitglieder bspw. die Aufgabe, Satzungsänderungen zu beschließen, geht diese Aufgabe weit über die Nachlassabwicklung, und damit über eine Abwicklungsvollstreckung, hinaus. Es läge eine Dauertestamentsvollstreckung vor, die zeitlich begrenzt wäre. Anders verhält es sich, wenn die Gremien lediglich die Aufgabe besitzen, den Stiftungsträger zu kontrollieren. In diesem Fall kontrollieren sie die ordnungsgemäße Vollziehung der Auflage durch den Stiftungsträger und überwachen letztlich die Nachlassabwicklung. Sie nehmen insofern nur die Aufgaben eines Abwicklungsvollstreckers wahr.

e) Gremienmitglieder als Auftragnehmer

In Frage kommt es zudem, die Gremienmitglieder als Auftragnehmer zu sehen. Auftraggeber wäre der Erblasser als Stifter. Die Erteilung des Auftrags würde in der letztwilligen Verfügung erfolgen.[687] Allerdings würde die Annahme eines Auftrags dem Erblasserwillen widersprechen. Anders als bei der mittels Vermächtnis errichteten unselbständigen Stiftung hat der Erblasser bei der Auflage den Vorteil, dass ihm Vollziehungsberechtigte zur Verfügung stehen. Durch die Qualifizierung der Gremienmitglieder als solche kann sein Willen vollumfänglich umgesetzt werden.

---

683 Schauer, npoR 2013, S. 120 (123).

684 Schauer, npoR 2013, S. 120 (123).

685 So wohl Schauer, npoR 2013, S. 120 (122 f.), der jedoch die entsprechende Anwendung von § 2210 S. 1 BGB in diesen Fällen erwägt.

686 S. dazu ausführlich Kap. 3, lit. E, Ziff. IV.2.

687 In einer Testamentsurkunde können auch sonstige Rechtsgeschäfte enthalten sein, s. Staudinger/Otte (2017), Vorbem zu §§ 1937 ff., Rn. 17.

Anders ist das beim Auftrag. Aus dem Auftragsrecht ergeben sich für die Stiftung Probleme, die sich stark zu ihrem Nachteil auswirken können.[688] Es entspräche aber nicht dem Erblasserwillen, die problembehaftete Variante zu wählen, wenn es daneben eine unproblematische gibt.

f) Konsequenzen für die Gestaltung

Die Stellung der Gremien als Vollziehungsberechtigte i.S.v. § 2194 BGB und die daraus resultierenden Rechte sollte der Erblasser im Testament klarstellen.[689]

Er kann und sollte zudem Regelungen für die Ausübung des Vollziehungsrechts in der Satzung aufstellen, bspw., dass dieses nur gemeinsam ausgeübt werden darf.[690] Ist der Erblasser befugt, einzelne Vollziehungsberechtigte auszuwählen, muss er auch die Möglichkeit besitzen, Vorgaben für die Ausübung des Vollziehungsanspruchs zu machen.[691]

Letztlich ist auch durch Auslegung der letztwilligen Verfügung zu ermitteln, ob einem eingesetzten Gremienmitglied eine Stellung als Testamentsvollstrecker eingeräumt werden sollte. Grundsätzlich ist davon aber nicht auszugehen. Sicherheitshalber sollte das in der letztwilligen Verfügung ausdrücklich klargestellt werden.[692]

2. Stellung der Gremienmitglieder in der mittels Vermächtnis errichteten unselbständigen Stiftung von Todes wegen

a) Gremienmitglieder als Vermächtnisnehmer

Wie bei der mittels Auflage errichteten unselbständigen Stiftung von Todes wegen sind auch bei der mittels Vermächtnis errichteten Stiftung die Gremienmitglieder nicht Vermächtnisnehmer.[693]

---

688 S. Kap. 3, lit. D. Ziff. III.2.b).

689 Schewe, in: Beck'sche Online-Formulare Erbrecht (24. Edit.), 3.7, Rn. 3; Schauer, npoR 2013, S. 120 (125).

690 Herzog, Unselbständige Stiftung des bürgerlichen Rechts, S. 88.

691 So auch Herzog, Unselbständige Stiftung des bürgerlichen Rechts, S. 88.

692 Schauer, npoR 2013, S. 120 (125).

693 S. Kap. 3, lit. D, Ziff. III.1,b).

b) Gremienmitglieder als Auftragnehmer

(1) Auftragsverhältnis

Die Gremienmitglieder kommen ihren Aufgaben in der Praxis regelmäßig ehrenamtlich nach. Die Rechtsposition der Gremienmitglieder beruht folglich auf einem Auftragsverhältnis zum Erblasser.[694] Der Auftrag wird vom Erblasser in der letztwilligen Verfügung erteilt.[695] Der Tod des Erblassers als Auftraggeber schadet nach § 130 Abs. 2 BGB seiner Willenserklärung nicht. Es kann von den Gremienmitgliedern durch Annahme ihres Amtes angenommen werden. Sofern bereits ein Auftragsverhältnis zustande gekommen ist, besteht es gem. § 672 BGB im Zweifel auch nach dem Tod des Erblassers fort.

(2) Probleme des Auftragsrechts im Rahmen der mittels Vermächtnis errichteten unselbständigen Stiftung

In dem Auftragsverhältnis liegt eine weitere Schwäche der Stiftungserrichtung mittels Vermächtnis.[696]

Das Vertragsverhältnis geht auf die Rechtsnachfolger des Stifters über. Als Erben treten sie in die rechtlichen und wirtschaftlichen Fußstapfen des Erblassers, ergo auch in das mit den Gremienmitgliedern geschlossene Auftragsverhältnis. Diese erhalten so gegenüber den Gremienmitgliedern die Rechte des Auftraggebers, insbesondere das Weisungsrecht nach § 665 BGB wie auch das Widerrufsrecht nach § 671 BGB. Beides ist vor allem kritisch, wenn der Stiftungsträger Erbe wird.[697] Er könnte sich auf diesem Weg von unliebsamen Gremienmitgliedern befreien.

Überdies besteht die Gefahr des Widerrufs der Willenserklärung des Erblassers gem. § 130 Abs. 1 S. 2 BGB vor Zugang seiner Willenserklärung bei den vom Erblasser bestimmten Gremienmitgliedern. Wird nicht der Stiftungsträger Erbe, sondern andere Personen, können diese ebenfalls die Stiftung durch Weisungen oder Widerrufe schädigen.

---

694 Seyfarth, Schutz der unselbstständigen Stiftung, S. 68; Westebbe, Stiftungstreuhand, S. 86, nimmt bei der unselbständigen Stiftung unter Lebenden zwar ein Auftragsverhältnis an, jedoch besteht dieses seiner Ansicht nach zwischen Stiftungsträger und Gremienmitgliedern.

695 Zur Zulässigkeit s. Staudinger/Otte (2008), Vorbem zu §§ 1937–1941 Rn. 17.

696 Herzog, Unselbständige Stiftung des bürgerlichen Rechts, S. 86f., lehnt deshalb ein Auftragsverhältnis ab.

697 Seyfarth, Schutz der unselbstständigen Stiftung, S. 68.

(3) Problemlösung

i. Verzicht auf Widerrufsrechte

Die Probleme durch den Widerruf lassen sich durch einen Verzicht auf das jeweilige Widerrufsrecht vermeiden, soweit dies zulässig ist. So ist ein Verzicht auf das Widerrufsrecht nach § 130 Abs. 1 S. 2 BGB unproblematisch möglich.[698]

Ein Verzicht auf das Widerrufsrecht des Auftraggebers aus § 671 Abs. 1 BGB ist nach überwiegend vertretener Ansicht zulässig, wenn der Auftrag auch im Interesse des Beauftragten oder eines Dritten erteilt ist und die diesbezüglichen Interessen gegenüber denen des Auftraggebers mindestens gleichwertig sind.[699]

Das ist hier der Fall. Das Interesse der Destinatäre als Begünstigte der Stiftung ist gleichwertig zu dem Interesse des Erblassers an dieser.[700] Als Begünstigte der Stiftung sind sie an der ordnungsgemäßen Verwaltung und der Erfüllung des Stiftungszwecks ebenso interessiert wie der Stifter selbst.[701] Handelt es sich um eine gemeinnützige Stiftung, besteht zudem ein Interesse der Allgemeinheit an den Stiftungsleistungen.[702]

Der Verzicht des Erblassers auf sein Widerrufsrecht gem. § 671 BGB ist somit zulässig und sollte wegen der damit einhergehenden Risiken zwingend in der Satzung niedergelegt werden.

In entsprechender Anwendung von § 671 Abs. 3 BGB ist allerdings ein Verzicht auf das Widerrufsrecht aus wichtigem Grund nicht möglich.[703] Dauerschuldverhältnisse müssen bei Vorliegen eines wichtigen Grundes kündbar sein.[704] Der Auftraggeber darf insoweit nicht schlechterstehen als der Beauftragte.[705]

---

698 KG, NJW 2005, S. 1053 (1054); MüKo BGB/Einsele (7. Aufl.), § 130 Rn. 40.

699 BGH, WM 1971, S. 956 (957); Soergel/Beuthien (13. Aufl.), § 671 Rn. 3; Palandt/Sprau (2019), § 671 Rn. 2; Staudinger/Martinek/Omlor (2017), § 671 Rn. 10, der zumindest nicht ausdrücklich gleichwertige Interessen fordert; RGRK BGB/Steffen (12. Aufl.), § 671 Rn. 9 bejaht einen Verzicht, wenn der Auftrag auch im Interesse des Beauftragten ist.

700 Kaper, Bürgerstiftungen, S. 172 und Westebbe, Stiftungstreuhand, S. 155 zu Treuhandstiftungen; Seyfarth, Schutz der unselbstständigen Stiftung, S. 28.

701 Seyfarth, Schutz der unselbstständigen Stiftung, S. 28.

702 Kaper, Bürgerstiftungen, S. 172; Seyfarth, Schutz der unselbstständigen Stiftung, S. 28.

703 Staudinger/Martinek/Omlor (2017), § 671 Rn. 10.

704 Staudinger/Martinek/Omlor (2017), § 671 Rn. 2.

705 Soergel/Beuthien (13. Aufl.), § 671 Rn. 3.

ii. Verzicht auf das Weisungsrecht

Die Frage nach der Möglichkeit des Verzichts stellt sich ebenso beim Weisungsrecht des Erblassers. Dass eine Weisungsgebundenheit der Gremienmitglieder nicht mit ihrer Stellung als Kontrollinstanz zu vereinbaren ist, versteht sich von selbst.[706] Wie beim Widerrufsrecht kann der Auftraggeber darauf jedoch verzichten.[707]

§ 665 BGB gibt dem Auftraggeber das Recht, seinem Vertragspartner Weisungen zu erteilen. Er kann dem Beauftragten aber auch die Freiheit lassen, bedingungslos und ohne jede Weisung zu handeln.[708]

Wie beim Verzicht auf das Widerrufsrecht spricht zudem die Interessenverteilung bei der unselbständigen Stiftung für die Möglichkeit des Verzichts auf das Weisungsrecht.[709] Im Rahmen der unselbständigen Stiftung werden die Gremienmitglieder als Auftragnehmer nicht nur im Interesse des Stifters tätig, sondern, wie zuvor festgestellt, ebenso im Interesse der Destinatäre und meistens zudem der Allgemeinheit. Die typische Interessenlage[710], bei der ein Beauftragter ausschließlich dem Geschäftsherrn dient, was die Grundlage der Weisungsbefugnis darstellt, liegt bei einer unselbständigen Stiftung, bei der der Erblasser sein Vermögen einem Dritten übergibt, nicht vor.[711] In dem Umfang, in dem der Stifter auf sein freies Widerrufsrecht verzichten kann, kann er damit auch auf sein Weisungsrecht verzichten.[712] Da der Auftraggeber immer mindestens ein Widerrufsrecht aus wichtigem Grund besitzt, ist er darüber hinaus nicht völlig schutzlos gestellt, sollte der Beauftragte entgegen seinem Auftrag handeln.

iii. Konsequenzen für die Gestaltung

Im Stiftungsgeschäft muss sowohl das Widerrufsrecht des Auftraggebers aus § 130 Abs. 1 S. 2 BGB wie auch das nach § 671 Abs. 1 BGB ausdrücklich ausgeschlossen werden.[713] Ebenso sollte ein Verzicht auf das Weisungsrecht des Auftraggebers aufgenommen werden.

---

706 Ausführlich hierzu Herzog, Unselbständige Stiftung des bürgerlichen Rechts, S. 86f.

707 Seyfarth, Schutz der unselbstständigen Stiftung, S. 114; Kaper, Bürgerstiftungen, S. 224f.

708 Staudinger/Martinek/Omlor (2017), § 665 Rn. 11.

709 Kaper, Bürgerstiftungen, S. 224.

710 Zur typischen Interessenlage: Staudinger/Martinek/Omlor (2017), § 665 Rn. 1.

711 Kaper, Bürgerstiftungen, S. 224.

712 Kaper, Bürgerstiftungen, S. 225.

713 Seyfarth, Schutz der unselbstständigen Stiftung, S. 68.

IV. Aufwendungsersatz der Gremienmitglieder

1. Mittels Vermächtnis errichtete unselbständige Stiftung

Handelt es sich um eine mittels Vermächtnis errichtete unselbständige Stiftung von Todes wegen, besitzen die Gremienmitglieder einen Aufwendungsersatzanspruch aus § 670 BGB gegen den Auftraggeber. Wer Auftraggeber ist, hängt davon ab, wer Rechtsnachfolger des Erblassers ist.

Um hier Konflikte zu vermeiden, sollte in der Stiftungssatzung geregelt werden, dass die Aufwendungen der Gremienmitglieder zu erstatten sind.

2. Mittels Auflage errichtete unselbständige Stiftung

Bei einer mittels Auflage errichteten unselbständigen Stiftung von Todes wegen handelt es sich bei den Gremienmitgliedern um Vollziehungsberechtigte gem. § 2194 BGB.[714] Die Kosten für die Erfüllung der Auflage sind daher vom Beschwerten zu tragen.[715] Die Kosten für die Durchsetzung des Vollziehungsanspruchs muss der Vollziehungsberechtigte zunächst selbst tragen. Er kann erst im Nachhinein von den Auflagenbegünstigten nach den Regeln der Geschäftsführung ohne Auftrag oder des Auftrags Ersatz verlangen.[716]

Da Gremienmitglieder nicht die Auflage erfüllen, sondern nur deren Erfüllung sicherstellen und damit für deren Durchsetzung sorgen, steht ihnen kein gesetzlicher Aufwendungsersatzanspruch für ihre Arbeit zu. Ihre Auslagen müssen sie zunächst selbst tragen und können sie nur von den Destinatären ersetzt verlangen. Um dieses unbillige und unpraktische Ergebnis zu umgehen, sollte der Aufwendungsersatzanspruch der Gremienmitglieder unbedingt in der Stiftungssatzung geregelt werden. Handelt es sich um eine gemeinnützige Stiftung, muss auch hier die Vergütung der Gremienmitglieder wegen § 56 AO im Verhältnis zu den Stiftungsmitteln stehen.

E. Testamentsvollstreckung

Verfügt ein Stiftungsträger nicht über genügend Rechtskenntnisse, um schwierige Nachlassfälle abzuwickeln, kann mit der Einsetzung eines entsprechend

---

714 S. 3. Kapitel, lit. D, Ziff. II. 1.

715 MüKo BGB/Rudy (7. Aufl.), § 2194 Rn. 10; Staudinger/Otte (2013), § 2194 Rn. 14.

716 Vgl. Staudinger/Otte (2013), § 2194 Rn. 14; Nomos BGB/Kroiß/J. Mayer (5. Aufl.), § 2194 Rn. 19; MüKo BGB/Rudy (7. Aufl.), § 2194 Rn. 10; Lange/Kuchinke, Erbrecht, § 30, III, 4.

ausgebildeten Testamentsvollstreckers dafür Sorge getragen werden, den Nachlass möglichst ungeschmälert in das Stiftungsvermögen zu übernehmen.[717]

Die Einsetzung eines Testamentsvollstreckers bietet daneben noch weitere Vorteile für die unselbständige Stiftung von Todes wegen. Bei der Belastung des Nachlasses mit Pflichtteilsansprüchen kann er dazu ermächtigt werden, diese zu regulieren.[718]

Die Testamentsvollstreckung bietet noch einen weiteren, beachtlichen Vorteil. Sie führt gem. §§ 2205, 2211, 2214 BGB zu einer Trennung von Eigenvermögen und Nachlassvermögen des Erben.[719] Für die Dauer der Testamentsvollstreckung ist es den Eigengläubigern des Erben nicht möglich, auf das Nachlassvermögen zuzugreifen. Mittels Testamentsvollstreckung kann damit dafür Sorge getragen werden, dass trotz eines überschuldeten Erben die Stiftungserrichtung zum Tragen kommt.[720]

I. Person des Testamentsvollstreckers

Der Erblasser sollte sich bewusst sein, dass eine Testamentsvollstreckung mit der Person des Testamentsvollstreckers steht und fällt.[721] Um die Herausforderungen im Rahmen der unselbständigen Stiftungen zu meistern, sollte sie daher den notwendigen Sachverstand hierfür mitbringen. Wenn möglich, sollte der Erblasser den Testamentsvollstrecker selbst auswählen. Eine Regelung, was bei Wegfall des Testamentsvollstreckers geschieht, ist zwingend notwendig.[722] Ein natürlicher Testamentsvollstrecker kann vorversterben und eine juristische Person durch Liquidation wegfallen.[723]

---

717 Schiffer/Reinke/Schürmann, in: Schiffer (Hrsg.), Die Stiftung in der Beraterpraxis, § 10 Rn. 51.

718 Schiffer/Reinke/Schürmann, in: Schiffer (Hrsg.), Die Stiftung in der Beraterpraxis, § 10 Rn. 51.

719 Schiffer/Reinke/Schürmann, in: Schiffer (Hrsg.), Die Stiftung in der Beraterpraxis, § 10 Rn. 52.

720 Schiffer/Reinke/Schürmann, in: Schiffer (Hrsg.), Die Stiftung in der Beraterpraxis, § 10 Rn. 52.

721 Reimann, in: Bengel/Reimann (Hrsg.), Handbuch der Testamentsvollstreckung, 2. Kapitel Rn. 100.

722 Reimann, in: Bengel/Reimann (Hrsg.), Handbuch der Testamentsvollstreckung, 2. Kapitel Rn. 102.

723 Ballerstedt/Salzwedel, DJT 44, S. 17.

Grundsätzlich können auch Miterben oder Vermächtnisnehmer zum Testamentsvollstrecker eingesetzt werden.[724] Die Einsetzung eines Alleinerben zum Testamentsvollstrecker ist jedoch kritisch und nach h.M. grundsätzlich nicht möglich.[725] Als Alleinerbe sei der Erbe bereits zur schrankenlosen Verfügung über den Nachlass berechtigt, so dass es sinnlos sei, ihm als Testamentsvollstrecker an demselben Nachlass Verwaltungsrechte einzuräumen.[726] Bestimmt der Erbe einen Miterben zum Stiftungsträger der unselbständigen Stiftung, kann es sich anbieten, diesen als Testamentsvollstrecker einzusetzen. So erhält er mehr Rechte als die übrigen Erben und kann die Vermögenszuwendung unabhängig vom Einverständnis der anderen Miterben vollziehen.

Alternativ kann der Erblasser seine Bestimmung auch dem Nachlassgericht (§ 2200 BGB) oder einem Dritten (§ 2198 BGB) überlassen. Ist die Person des Testamentsvollstreckers nicht von Beginn an geklärt, kann es zur Verwaltung des Nachlasses notwendig sein, für den unbekannten Testamentsvollstrecker einen Nachlasspfleger gem. § 1960 BGB analog einzusetzen.[727] Da die wirksam angeordnete Testamentsvollstreckung für den Erben bereits mit dem Erbfall beginnt, besitzt der Erbe ab diesem Zeitpunkt schon keine Verfügungsbefugnis mehr. Es gäbe daher niemanden, der sich um die Verwaltung des Nachlasses kümmern könnte, bis ein Testamentsvollstrecker bestimmt wurde.

724 J. Mayer, in: J. Mayer/Bonefeld (Hrsg.), Testamentsvollstreckung, § 5 Rn. 35; MüKo BGB/ Zimmermann (7. Aufl.), § 2197 Rn. 10f.

725 BGH, ZEV 2005, S. 204 (205); RGZ 77, S. 177 (177f.); RGZ 163, S. 57 (58); OLG Jena, ZEV 2009, S. 244 (255); BayObLG, NJW-RR 2005, S. 232 (233); MüKo BGB/Zimmermann (7. Aufl.), § 2197 Rn. 11; Bamberger/Roth BGB/J. Mayer (3. Aufl.), § 2197 Rn. 33. Es mehren sich jedoch zunehmend die kritischen Stimmen, die sich gegen das Dogma, der Alleinerbe könne nicht Testamentsvollstrecker werden, richten, so bspw. J. Mayer, in: J. Mayer/Bonefeld (Hrsg.), Testamentsvollstreckung, § 5 Rn. 40; Adams, ZEV 2005, S. 206 (206); Muscheler, Erbrecht II, S. 1380 Rn. 2751.

726 BayObL, ZEV 2002, S. 24 (25); RGZ 77, S. 177 (177f.); RGZ 163, S. 57 (58); MüKo BGB/Zimmermann (7.Aufl.), § 2197 Rn. 11.

727 Strittig ist, ob der Pfleger nach § 1913 BGB oder gem. § 1960 BGB bestimmt wird. Für eine Pflegschaft nach § 1913 BGB: MüKo BGB/Zimmermann (7. Aufl.), § 2197 Rn. 2; Damrau, ZEV 1996, S. 81 (83). Für eine Pflegschaft gem. § 1960 BGB analog: Bengel/Dietz, in: Bengel/Reimann (Hrsg.), Handbuch der Testamentsvollstreckung, Kapitel 1 Rn. 16; Bamberger/Roth BGB/J. Mayer (3. Aufl.), § 2197 Rn. 36.

II. Abwicklungsvollstreckung im Rahmen der unselbständigen Stiftung von Todes wegen

1. Abwicklungsvollstreckung

Die Abwicklungsvollstreckung ist der gesetzliche Regelfall.[728] Hat der Erblasser die Aufgaben des Testamentsvollstreckers nicht bestimmt und ergibt sich auch durch Auslegung nichts anderes, trifft ihn die Pflicht zur Ausführung der letztwilligen Verfügung (§ 2203 BGB) sowie der Auseinandersetzung des Nachlasses (§ 2204 BGB).[729] Er hat die Pflicht, den Nachlass gem. dem Willen des Erblassers abzuwickeln.[730] Er muss Vermächtnisse erfüllen, Auflagen ausführen und den übrigen Nachlass an die Erben auskehren.[731] Bestehen für die Durchführung der Erbauseinandersetzung keine Anordnungen des Erblassers, richten sich die Rechte und Pflichten des Testamentsvollstreckers nach den gesetzlichen Bestimmungen.[732] Im Rahmen der Abwicklung ist er u.a. berechtigt, den Nachlass in Besitz zu nehmen, Verbindlichkeiten einzugehen, Nachlassverbindlichkeiten zu erfüllen,[733] über Nachlassgegenstände zu verfügen, zum Nachlass gehörende Rechte gerichtlich geltend zu machen und die Art und Weise der Verwaltung zu bestimmen.[734] Die Erben besitzen über die Nachlassgegenstände gem. § 2211 Abs. 1 BGB für die Dauer der Testamentsvollstreckung keine Verfügungsbefugnis. Aus § 2205 S.2 BGB folgt, dass diese der Testamentsvollstrecker erhält. Mit der vollständigen Erfüllung seiner Aufgabe endet das Amt des Abwicklungsvollstreckers von selbst.[735]

2. Anordnungsmöglichkeiten

Je nach Inhalt der letztwilligen Verfügung kann der Erblasser die Testamentsvollstreckung für den gesamten Nachlass anordnen oder gem. § 2208 Abs. 1 BGB

---

728 J. Mayer, in: J. Mayer/Bonefeld (Hrsg.), Testamentsvollstreckung, § 3 Rn. 2.

729 Bengel, Dietz, in: Bengel/Reimann (Hrsg.), Handbuch der Testamentsvollstreckung, 1. Kapitel Rn. 64; J. Mayer, in: J. Mayer/Bonefeld (Hrsg.), Testamentsvollstreckung, § 3 Rn. 2.

730 MüKo BGB/Zimmermann (7. Aufl.), § 2203 Rn. 5.

731 MüKo BGB/Zimmermann (7. Aufl.), § 2203 Rn. 5.

732 J. Mayer, in: J. Mayer/Bonefeld (Hrsg.), Testamentsvollstreckung, § 3 Rn. 2.

733 MüKo BGB/Zimmermann (7. Aufl.), § 2203 Rn. 10.

734 Bengel, Dietz, in: Bengel/Reimann (Hrsg.), Handbuch der Testamentsvollstreckung, 1. Kapitel Rn. 64.

735 MüKo BGB/Zimmermann (7. Aufl.), § 2203 Rn. 5; J. Mayer, in: J. Mayer/Bonefeld (Hrsg.), Testamentsvollstreckung, § 3 Rn. 2.

nur für die Ausführung einzelner Verfügungen, wie bspw. die Erfüllung der Auflage. Letzteres macht insbesondere dann Sinn, wenn nur ein Teil des Nachlassvermögens zur Stiftungserrichtung verwendet wird und der Rest den übrigen Erben zur freien Verfügung stehen soll. Betrifft die Auflage einen Gegenstand, der nicht der Testamentsvollstreckung unterliegt, besitzt der Testamentsvollstrecker die Befugnis, die Vollziehung der Auflage gem. § 2194 BGB zu verlangen.[736]

a) Stiftungsträger als Erbe

Ist der Stiftungsträger Erbe, könnte die Aufgabe des Testamentsvollstreckers allein in der Erfüllung der Auflage bestehen.[737] Das ist zulässig, da ein Mindestumfang für die Befugnisse des Testamentsvollstreckers nicht vorgesehen ist.[738]

b) Stiftungsträger als Vermächtnisnehmer

Ist der Stiftungsträger Vermächtnisnehmer, kann die Testamentsvollstreckung auch nur für den Fall des § 2223 BGB angeordnet sein – um für die Ausführung der einem Vermächtnisnehmer auferlegten Beschwerungen zu sorgen.

Obwohl es sich in allen Fällen um eine Abwicklungsvollstreckung handelt, weichen die jeweiligen Befugnisse des Testamentsvollstreckers voneinander ab. Die Art der Testamentsvollstreckung und der Umfang seiner Befugnisse müssen in der letztwilligen Verfügung daher genau beschrieben werden.

Ist der Stiftungsträger lediglich ein mit einer Auflage oder einem Untervermächtnis beschwerter Vermächtnisnehmer und wird ein Testamentsvollstrecker nur gem. § 2223 BGB eingesetzt, muss bedacht werden, dass von § 2223 BGB die Erfüllung des Vermächtnisses nicht umfasst ist.[739] Mit der Testamentsvollstreckung ist nur der Stiftungsträger als Vermächtnisnehmer beschwert. Der nach § 2223 BGB eingesetzte Testamentsvollstrecker kann daher lediglich die Leistung des vermachten Gegenstandes nach § 2174 BGB geltend machen, aber nicht selbst das Vermächtnis an den Stiftungsträger erfüllen.[740] Möchte der Erblasser die Vermächtniserfüllung sicherstellen, sollte er daher einmal den Erben mit der Testamentsvollstreckung beschweren und die Testamentsvollstreckung

736 S. hierzu lit. C.Ziff. II.2.b)(5).

737 Wochner, ZEV 1999, S. 125 (130).

738 Ausdrücklich zur alleinigen Aufgabe des Testamentsvollstreckers, eine Auflage zu erfüllen: BayObLG, DNotZ 1986, S. 549 (550f.); juris PK BGB/Heilmann (7. Aufl.), § 2208 Rn. 4.

739 Staudinger/Reimann (2016), § 2223 Rn. 1.

740 Juris PK BGB/Heilmann (7. Aufl.), § 2223 Rn. 3; MüKo BGB/Zimmermann (7. Aufl.), § 2223 Rn. 4.

mit der Aufgabe der Vermächtniserfüllung anordnen.[741] Zum Zweiten sollte er den Vermächtnisnehmer mit einer Testamentsvollstreckung beschweren. Hier mit der Aufgabe, die dem Vermächtnisnehmer auferlegten Beschwerungen auszuführen.

c) Anwendbarkeit von § 2223 BGB bei Beschwerung des Auflagenbegünstigten mit einer Auflage

Fraglich ist, ob auch in den Fällen der „sukzessiven Doppelauflage" für den Vollzug der Unterauflage Testamentsvollstreckung angeordnet werden kann. Dagegen spricht jedenfalls nicht, dass der Testamentsvollstrecker regelmäßig im Rechtskreis des Erben tätig wird. § 2223 BGB zeigt gerade, dass auch andere Begünstigte als der Erbe mit einer Testamentsvollstreckung beschwert werden können.

Die fehlende Verweisung in § 2192 BGB hindert ebenfalls nicht die Anwendbarkeit von § 2223 BGB. § 2192 BGB ist nicht abschließend. Die Anwendbarkeit anderer, nicht ausdrücklich genannter Vorschriften ist daher keineswegs ausgeschlossen.[742]

Genauso wenig steht der Anwendbarkeit von § 2223 BGB dessen Wortlaut entgegen, der nur von Vermächtnissen spricht. Beide Rechtsinstitute beinhalten eine Leistungspflicht des Beschwerten, aus der ihre Ähnlichkeit resultiert.[743] Die Normen des Vermächtnisrechts wie auch die sonstigen Vorschriften des Erbrechts sind daher auf Auflagen anwendbar, wenn der Anwendbarkeit die Besonderheit der Auflage nicht im Wege steht – das Fehlen eines anspruchsberechtigten Begünstigten.[744] Somit sind insbesondere die Vorschriften nicht anwendbar, die einen bestimmten Bedachten voraussetzen.[745]

Ist ein Auflagenbegünstigter mit einer Unterauflage beschwert, hat er eine Leistungspflicht zu erfüllen. Die Konstellation ist somit die gleiche wie beim Vermächtnisnehmer, der mit einem Untervermächtnis beschwert ist. In beiden Fällen besitzen die Beschwerten Pflichten, auf deren Erfüllung ein Dritter angewiesen ist. Wie beim Untervermächtnis besteht auch bei der Unterauflage die Gefahr, dass der Beschwerte seiner Verpflichtung nicht nachkommt. Diese

---

741 MüKo BGB/Zimmermann (7. Aufl.), § 2223 Rn. 8.

742 Staudinger/Otte (2013), § 2192 Rn. 1; Lange/Kuchinke, Erbrecht, § 30, II, 3.c); Nomos BGB/Kroiß/J. Mayer (5. Aufl.), § 2192 Rn. 1.

743 Nomos BGB/Kroiß/J. Mayer (5. Aufl.), § 2192 Rn. 2.

744 Erman BGB/Schmidt (15. Aufl.), § 2192 Rn. 2 und Nomos BGB/Kroiß/J. Mayer (5. Aufl.), § 2192 Rn. 16, 17.

745 Nomos BGB/Kroiß/J. Mayer (5. Aufl.), § 2192 Rn. 17.

Gefahr kann mit der Einsetzung eines Testamentsvollstreckers bei der Auflage ebenso verringert werden wie beim Vermächtnis.

Wäre eine Testamentsvollstreckung nur bei Untervermächtnissen, nicht aber bei Unterauflagen möglich, würde der mit der Unterauflage Beschwerte bevorzugt. Der Vollzug der Unterauflage könnte nicht sichergestellt werden. Die Anordnung der Testamentsvollstreckung setzt auch generell keinen Leistungsanspruch voraus, da eine der Hauptaufgaben des Testamentsvollstreckers regelmäßig die Erfüllung von Auflagen darstellt. § 2223 BGB muss daher auch in den Fällen angewandt werden können, in denen ein Auflagenbegünstigter mit einer Auflage beschwert ist.

III. Dauertestamentsvollstreckung im Rahmen der unselbständigen Stiftung von Todes wegen

Die Dauertestamentsvollstreckung ist in § 2209 S. 1 HS 2 BGB geregelt. Hier soll der Testamentsvollstrecker den Nachlass nach der Erledigung der ihm sonst zugewiesenen Aufgaben verwalten.[746] Die Erledigung der Abwicklung führt folglich nicht zur Beendigung der Testamentsvollstreckung, sondern setzt sich in der Verwaltung des Nachlasses fort. Dabei gelten für die Verwaltungsvollstreckung in weiten Teilen die Regelungen der Abwicklungsvollstreckung.[747]

Bislang war die Anordnung einer Dauertestamentsvollstreckung bei einer unselbständigen Stiftung von Todes wegen rechtlich unbedenklich.[748] Momentan ungeklärt ist, ob sich durch eine Entscheidung des OLG Frankfurt[749] aus dem Jahr 2010 etwas daran geändert hat. Das ist zu verneinen.[750] In dem vom OLG Frankfurt verhandelten Fall hat das Gericht entschieden, dass mit der rechtsfähigen Stiftung von Todes wegen eine Dauertestamentsvollstreckung für die Verwaltung des Nachlasses nicht vereinbar sei, weil das zur Aufgabe des Stiftungsvorstands, das Stiftungsvermögen in Eigenverantwortung zu verwalten, sowie zur Staatsaufsicht über Stiftungen in Widerspruch stehe. Die

746 MüKo BGB/Zimmermann (7. Aufl.), § 2209 Rn. 2; J. Mayer, in: J. Mayer/Bonefeld (Hrsg.), Testamentsvollstreckung, § 3 Rn. 3.

747 Bengel/Dietz, in: Bengel/Reimann (Hrsg.), Handbuch der Testamentsvollstreckung, 1. Kapitel Rn. 149. Nicht anwendbar ist bspw. § 2217 BGB im Rahmen der Verwaltungsvollstreckung, da der Testamentsvollstrecker während der Verwaltung aller Nachlassgegenstände bedarf.

748 Reimann, DNotZ 2012, S. 250 (256).

749 OLG Frankfurt, ZEV 2011, S. 605 ff.

750 Werner, ZErb 2013, S. 1 (3); Lange, ZErb 2013, S. 324 (329).

Stiftungsaufsicht habe so keine Möglichkeit zu überprüfen, ob das Vermögen in Einklang mit den Grundsätzen des Landesstiftungsgesetzes verwaltet werde.[751]

Bei der unselbständigen Stiftung liegt eine gänzlich andere Sachverhaltslage vor. Ihr Charakter und gleichzeitig ihr großer Vorteil beruht darauf, dass weder die Vorschriften des BGB noch die der staatlichen Stiftungsaufsicht auf sie anwendbar sind. Jede Argumentation, die mit den Befugnissen der Stiftungsaufsicht zusammenhängt, ist damit im Rahmen der unselbständigen Stiftung hinfällig. Vielmehr benötigt diese gerade wegen der fehlenden Stiftungsaufsicht und der Macht des Stiftungsträgers eine Kontrollinstanz.[752] Diese kann ein Gremium (Beirat, Kuratorium, Vorstand) sein oder aber ein Testamentsvollstrecker.[753] Über die Kompetenzverteilung innerhalb der Stiftung entscheidet allein der Erblasser.

IV. Nachteile und Risiken einer Testamentsvollstreckung für die unselbständige Stiftung von Todes wegen

1. Vergütungsanspruch des Testamentsvollstreckers

Sofern der Erblasser nichts Gegensätzliches regelt, sieht das Gesetz für den Testamentsvollstrecker in § 2221 BGB grundsätzlich eine angemessene Vergütung vor.[754] Zwar haben Privatpersonen und Notarvereine verschiedenste Vergütungstabellen ausgearbeitet. Eine gesetzliche Vergütungsordnung oder verbindliche Vergütungsrichtlinien gibt es indes nicht.[755] Maßgebend für die Vergütung des Testamentsvollstreckers sind deshalb sein ihm obliegender Pflichtenkreis, der Umfang der ihn treffenden Verantwortung und die von ihm geleistete Arbeit, wobei die Schwierigkeit der gelösten Aufgaben, die Dauer der Abwicklung oder der Verwaltung, die Verwertung besonderer Kenntnisse und Erfahrungen und auch die Bewährung einer sich im Erfolg auswirkenden Geschicklichkeit zu berücksichtigen sind.[756] Handelt es sich um die Vergütung einer Verwaltungsvollstreckung oder Dauervollstreckung, kann die Vergütungshöhe nur nach den Einzelfallumständen beurteilt werden. Häufig ist eine in Zeitabständen zu

---

751 OLG Frankfurt, ZEV 2011, S. 605 (607). Die Unvereinbarkeit bei selbständigen Stiftungen nimmt auch die Bund-Länder-Arbeitsgruppe an, s. Bund-Länder-Arbeitsgruppe Stiftungsrecht 2016, S. 120f.

752 Lange, ZErb 2013, S. 324 (329).

753 Werner, ZErb 2013, S. 1 (3).

754 Juris PK BGB/Heilmann (7. Aufl.), § 2221 Rn. 14.

755 MüKo BGB/Zimmermann (7. Aufl.), § 2221 Rn. 9.

756 BGH, NJW 1967, 2400 (2400); BGH, MDR 1963, S. 293 (293).

zahlende Vergütung angemessen, bspw. eine jährlich zu zahlende Vergütung, die sich prozentual am Jahresbetrag der Bruttoeinnahmen oder am Nachlassbruttowert orientiert.[757] Schuldner des Vergütungsanspruchs ist vorbehaltlich eines entgegenstehenden Willens des Erblassers der Erbe,[758] bei einer Nacherbenvollstreckung nach § 2222 BGB der Nacherbe[759] und bei einer Vermächtnisvollstreckung nach § 2223 der Vermächtnisnehmer[760].

Bei der unselbständigen Stiftung ist folglich stets der Stiftungsträger Schuldner der Vergütung. Die Gefahr für die unselbständige Stiftung liegt dabei darin, dass gerade bei der Verwaltungs- oder Dauervollstreckung das Stiftungsvermögen durch die Testamentsvollstreckervergütung aufgebraucht werden kann.[761] Bei der Testamentsgestaltung sollte der Erblasser daher entweder einen Vergütungsanspruch des Testamentsvollstreckers ausschließen[762] oder einen Vergütungsanspruch festlegen, der die Gefährdung des Nachlasses ausschließt.

2. *Zeitliche Begrenzung der Testamentsvollstreckung*

§ 2210 BGB begrenzt die zeitliche Dauer einer Dauertestamentsvollstreckung auf 30 Jahre. Die Anordnung der Dauervollstreckung wird nach dem Ablauf von 30 Jahren seit dem Erbfall von selbst unwirksam.[763] Für die Abwicklungsvollstreckung gilt diese Grenze hingegen nicht.[764] Für die unselbständige Stiftung von Todes wegen ist die zeitliche Begrenzung daher nur problematisch, wenn eine Dauervollstreckung i.S.v. § 2209 BGB angeordnet wurde. Fraglich ist die Abgrenzung von Abwicklungs- und Dauertestamentsvollstreckung.

757 MüKo BGB/Zimmermann (7. Aufl.), § 2221 Rn. 14.

758 Testamentsvollstreckervergütung wird als Nachlassverbindlichkeit gem. § 1967 Abs. 2 BGB geschuldet, s. Bamberger/Roth BGB/Lohmann (3. Aufl.), § 1967 Rn. 18.

759 Soergel/Damrau (13. Aufl.), § 2222 Rn. 10.

760 Soergel/Damrau (13. Aufl.), § 2222 Rn. 7.

761 Lange, ZErb 2013, S. 324 (329); sehr kritisch zur Einsetzung des Testamentsvollstreckers wegen der anfallenden Vergütung: Heinzmann, BWNotZ 2012, S. 97.

762 In dem Fall sollte der Erblasser aber zwingend mit dem Testamentsvollstrecker absprechen, ob er bereit ist, das Amt ohne Vergütung zu übernehmen. Die Gefahr einer Nichtannahme des Amtes ist ansonsten sehr hoch.

763 Staudinger/Reimann (2016), § 2210 Rn. 20.

764 Staudinger/Reimann (2016), § 2210 Rn. 22.

a) *Abgrenzung von Abwicklungs- und Dauertestamentsvollstreckung bei der selbständigen Stiftung von Todes wegen*

Bei der selbständigen Stiftung von Todes wegen endet die Abwicklungsvollstreckung, wenn die Stiftung errichtet ist, mithin im Zeitpunkt ihrer Anerkennung, und wenn sämtliche vermögensrechtlichen Angelegenheiten abgewickelt sind.[765] Ab diesem Zeitpunkt wurde der letztwilligen Verfügung von Todes wegen zur Durchsetzung verholfen.[766] Alle weiteren vom Erblasser angeordneten Aufgaben des Testamentsvollstreckers sind klassische Fälle der Nachlassverwaltung. Der Erbe wird in einer für die Dauertestamentsvollstreckung typischen Art und Weise bevormundet.[767]

b) *Die Abwicklungsvollstreckung bei der unselbständigen Stiftung von Todes wegen*

Bei der unselbständigen Stiftung von Todes wegen kann aufgrund ihrer andersartigen Errichtung die Abgrenzung nicht wie bei der selbständigen Stiftung vorgenommen werden.

Inhalt von Auflage und Vermächtnis ist die Umsetzung des angeordneten Stiftungsgeschäfts. Dieses besteht nicht nur aus der Stiftungsgründung, sondern regelt auch die Verwaltung und die Ausschüttung der Erträge. Die Auflage wie auch das Vermächtnis sind weder mit Stiftungserrichtung noch mit der ersten Ausschüttung an die Destinatäre erfüllt, sondern werden permanent durch die Arbeit der Stiftung verwirklicht. Dies kann theoretisch ewig andauern.[768] Ein Vermächtnis unterliegt zwar grundsätzlich einer zeitlichen Grenze, diese gilt aber nur für seinen Anfall. Wie die Auflage kann seine Erfüllung permanent andauern, sobald es entstanden ist.[769]

Der Testamentsvollstrecker nimmt bei der Überwachung der Auflagen- und Vermächtnisvollziehung die charakteristische Aufgabe der Abwicklungsvollstreckung wahr – die Verteilung des Nachlasses unter den vom Erblasser begünstigten Personen. Beschränkt man die Testamentsvollstreckung in diesen Fällen

---

765 Schewe, Errichtung der rechtsfähigen Stiftung von Todes wegen, S. 248; Reimann, DNotZ 2012, S. 250 (256).

766 Schewe, Errichtung der rechtsfähigen Stiftung von Todes wegen, S. 248.

767 Schewe, Errichtung der rechtsfähigen Stiftung von Todes wegen, S. 248.

768 Zur Auflage s. Bund, JuS 1966, S. 63 Fn.19. Sie kann zeitlich unbegrenzt bestehen, auch wenn sie in regelmäßigen Zahlungen für einen bestimmten Zweck besteht.

769 Zur zeitlichen Begrenzung des § 2162 BGB bei der mittels Vermächtnis errichteten unselbständigen Stiftung s. Kap. 2, lit. C, Ziff. I.3b)(1). Zur Abgrenzung von Anfall und Fälligkeit Kap. 2, lit. B, Ziff. IV.1.

entsprechend § 2210 BGB, könnte der Testamentsvollstrecker die unselbständige Stiftung nie ausreichend lange schützen. Bei der Auflage würde das sogar ausdrücklich dem Willen des Gesetzgebers widersprechen. Er sah trotz der zeitlich unbeschränkten Auflage den Testamentsvollstrecker als Vollziehungsberechtigten vor.[770]

Solange die Stiftung besteht, ist die Erfüllung der Beschwerungen folglich nicht abgeschlossen. Das Ende der Abwicklungsvollstreckung tritt erst mit Beendigung der Stiftung ein.

c) Die Dauertestamentsvollstreckung bei der unselbständigen Stiftung von Todes wegen

Im Rahmen der selbständigen Stiftung führte der BGH[771] aus, dass die fortlaufende Mitwirkung des Testamentsvollstreckers bei Satzungsänderungen oder an der Willensbildung einer vom Erblasser letztwillig begründeten rechtsfähigen Stiftung zumindest in tatsächlich-wirtschaftlicher Hinsicht einer Dauervollstreckung nahekommt.

Diese Ausführungen können im Ansatz für die unselbständige Stiftung übernommen werden. Die zur Erfüllung der Auflage notwendige Verwaltung gehört zwar noch zur Abwicklungsvollstreckung.[772] Anders ist das aber, wie der BGH bei der selbständigen Stiftung annimmt, bei der Ermächtigung zu Satzungsänderungen oder der Mitwirkung an der Willensbildung der Stiftung. Die Verwaltungsrechte der Beschwerten werden auf Dauer zusätzlich beschränkt, ohne dass dies noch in Zusammenhang mit der Nachlassabwicklung steht.

Bei der unselbständigen Stiftung von Todes wegen liegt in der Verleihung dieser Kompetenzen eine, wenn auch inhaltlich beschränkte, Dauertestamentsvollstreckung vor, für die die zeitliche Begrenzung des § 2210 S. 1 BGB gilt.[773]

770 Motive, V, S. 215.

771 BGH, NJW 1964, S. 1316 (1318), der die Frage aber letztlich nicht entscheiden musste.

772 Staudinger/Reimann (2016), § 2210 Rn. 22. A.A. Wochner, ZEV 1999, S. 125 (130), der der bei einer mittels Auflage errichteten unselbständigen Stiftung eine Dauertestamentsvollstreckung sieht, wenn der Testamentsvollstrecker zur Sicherung des Auflagenvollzugs eingesetzt wurde. Er verkennt aber die Besonderheit der Auflagen- und Vermächtniserfüllung in den vorliegenden Fällen.

773 Grundvoraussetzung dafür ist, dass die Satzung überhaupt geändert werden darf und darüber hinaus der Testamentsvollstrecker diese Befugnisse besitzen kann.

3. *Testamentsvollstreckung über juristische Personen*

In der Praxis ist es weit verbreitet und wird regelmäßig empfohlen, juristische Personen als Stiftungsträger einzusetzen. Laut *Neuhoff* können juristische Personen allerdings nicht mit einer Testamentsvollstreckung beschwert werden.[774] Es gebe keine Gründe, warum bei juristischen Personen eine Testamentsvollstreckung sinnvoll sei – anders als bei natürlichen Personen, bei welchen die in der menschlichen Natur liegenden Gründe wie Minderjährigkeit oder eine leichtsinnige Lebensweise eine Testamentsvollstreckung notwendig machen könnten.[775]

Diese Ansicht widerspricht bereits dem Konzept des BGB, das grundsätzlich auf natürliche wie auch auf juristische Personen anwendbar ist.[776] Zu Recht wird ihr überdies entgegengehalten, dass eine Testamentsvollstreckung bei vollgeschäftsfähigen und natürlichen Personen mit dieser Argumentation überflüssig sei.[777] Letztlich verkennt die Ansicht auch die Stellung des Testamentsvollstreckers. Er erfüllt ausschließlich den Erblasserwillen. Es geht nicht um Personensorge.[778]

---

774 Neuhoff, ZSt 2008, S. 77f.
775 Neuhoff, ZSt 2008, S. 77 (79).
776 Schewe, ZEV 2012, S. 236 (240); sich dem anschließend: Werner, ZErb 2013, S. 1 (3).
777 Schewe, ZEV 2012, S. 236 (240); sich dem anschließend: Werner, ZErb 2013, S. 1 (3).
778 Schewe, ZEV 2012, S. 236 (240); sich dem anschließend: Werner, ZErb 2013, S. 1 (3).

4. Kapitel Herausforderungen für die unselbständige Stiftung von Todes wegen

Herausforderungen für die unselbständige Stiftung von Todes wegen gibt es zahlreiche. Entscheidend für ihr Gewicht ist jedoch nicht die Anzahl der Herausforderungen, sondern die Frage, ob und wie sie gelöst werden können. Dementsprechend werden in diesem Kapitel nicht nur die Gefahren für die unselbständigen Stiftung, sondern auch die Möglichkeiten zu deren Vermeidung untersucht.

A. Gefahren durch das Pflichtteilsrecht

Unabhängig davon, in welcher Form der Stiftungsträger bedacht wurde, kann durch die Geltendmachung von Pflichtteilsansprüchen eine Gefahr für die unselbständige Stiftung entstehen. Das Stiftungsvermögen kann durch den Pflichtteilsanspruch und andere Nachlassverbindlichkeiten gänzlich aufgebraucht werden.

I. Pflichtteils- und Pflichtteilsergänzungsansprüche

Bei Erbeinsetzung des Stiftungsträgers kommen Pflichtteilsansprüche enterbter Abkömmlinge gem. § 2303 Abs. 1 BGB sowie enterbter Ehegatten und Eltern nach § 2303 Abs. 2 BGB in Betracht. Wurde ein Pflichtteilsberechtigter zwar bedacht, aber ist der ihm hinterlassene Erbteil geringer als die Hälfte des gesetzlichen Erbteils, kann er den Zusatzpflichtteil nach § 2305 BGB verlangen.

Im Fall eines pflichtteilsberechtigten Vermächtnisnehmers gilt § 2307 BGB, wenn der Wert des Vermächtnisses geringer ist als der Pflichtteil. In dem Fall steht ihm ein Wahlrecht zu, ob er das Vermächtnis ausschlägt und den ganzen Pflichtteil verlangt oder das Vermächtnis annimmt und es sich auf den Pflichtteil anrechnen lässt.[779] Neben Pflichtteilsansprüchen entstehen noch Gefahren durch Pflichtteilsergänzungsansprüche nach §§ 2325 ff. BGB wegen lebzeitiger Schenkungen des Erblassers. Pflichtteilsergänzungsansprüche stellen für den Stiftungsträger ein unkalkulierbares Risiko dar, da der Stiftungsträger meistens keinen Einblick in die Schenkungen des Erblassers hatte.

---

779 MüKo BGB/Lange (7. Aufl.), § 2307 Rn. 2.

II. Ausschlagung nach § 2306 BGB

Zu unvorhergesehener Belastung des Nachlasses mit Pflichtteilsansprüchen kann es aufgrund von § 2306 BGB kommen. Dieser betrifft die Pflichtteilsberechtigten, die einen Erbteil erhalten haben, der jedoch mit Vermächtnissen und Auflagen beschwert oder mit einer Testamentsvollstreckung, Nacherbschaft oder Teilungsanordnung beschränkt wurde. Der pflichtteilsberechtigte Erbe erhält in diesem Fall ein Wahlrecht zwischen der Annahme des belasteten Erbteils und der Ausschlagung des Erbteils mit gleichzeitiger Geltendmachung des Pflichtteils.[780]

Ist der pflichtteilsberechtigte Erbe mit einem Vermächtnis oder einer Auflage zur Gründung der Stiftung beschwert und schlägt er den Nachlass aus, wird der Nachlass mit einer weiteren Nachlassverbindlichkeit belastet.

III. Kürzung von Vermächtnissen und Auflagen

Aus dem Pflichtteilsrecht drohen nicht nur Gefahren aufgrund der Geltendmachung des Pflichtteilsanspruchs. Einreden des Erben, die zu einer Kürzung des Vermächtnisanspruchs oder der Auflage führen, können die Entstehung einer unselbständigen Stiftung von Todes wegen von vornherein verhindern.

1. Kürzungsmöglichkeiten

§ 2318 Abs. 1 BGB gewährt dem Erben gegenüber Vermächtnisnehmern und Auflagenbegünstigten ein Leistungsverweigerungsrecht, vorausgesetzt, der Pflichtteilsanspruch wird geltend gemacht.[781] Der Allein- oder Miterbe kann die Vermächtnisnehmer und Auflagenbegünstigten zur Tragung des Pflichtteils heranziehen, indem er den Auflagen- oder Vermächtnisbetrag jeweils nach deren Verhältnis zum Wert des ungekürzten Nachlasses oder Erbanteils kürzt.[782]

§ 2318 Abs. 3 BGB gibt dem pflichtteilsberechtigten Erben das Recht, Vermächtnis und Auflage so weit zu kürzen, dass ihm sein eigener Pflichtteil verbleibt.

780 Nomos BGB/Bock (5. Aufl.), § 2306 Rn. 1.

781 OLG Zweibrücken, ZEV 2007, S. 97 (99); MüKo BGB/Lange (7. Aufl.), § 2318 Rn. 6; Nomos BGB/Bock (5. Aufl.), § 2318 Rn. 8; W. Kössinger, in: Nieder/Kössinger (Hrsg.), Handbuch der Testamentsgestaltung, § 2 Rn. 84; a.A. Staudinger/Otte (2015), § 2318 Rn. 6.

782 W. Kössinger, in: Nieder/Kössinger (Hrsg.), Handbuch der Testamentsgestaltung, § 2 Rn. 84.

Durch § 2322 BGB erhält derjenige Erbe ein Kürzungsrecht von Auflagen und Vermächtnissen, dem eine Erbschaft zugutekommt, die zuvor aufgrund Beschwerungen vom Pflichtteilsberechtigten ausgeschlagen wurde. Er darf die Begünstigungen insoweit kürzen, als dass ihm der zur Deckung der Pflichtteilslast erforderliche Betrag verbleibt.[783] Die Kürzungsbefugnis besteht nur, wenn die Pflichtteilslast zusammen mit den Beschwerungen den Wert des durch die Ausschlagung erlangten Vorteils übersteigt.[784] Entsteht der Pflichtteilsanspruch erst durch Ausschlagung von Erbschaft bzw. Vermächtnis, geht das Kürzungsrecht aus § 2322 BGB dem aus § 2318 Abs. 1 BGB vor.[785]

Das Kürzungsrecht des Erben aus § 2318 Abs. 1 BGB ist über § 2318 Abs. 2 BGB eingeschränkt, wenn der Vermächtnisnehmer selbst pflichtteilsberechtigt ist.[786] Ebenso greift § 2323 BGB in das Kürzungsrecht des Erben ein und untersagt ihm die Kürzung, wenn er die Vermächtnisse und Auflagen nach den §§ 2320–2322 BGB auf Miterben und Vermächtnisnehmer abwälzen kann.[787]

2. *Verhinderung von Kürzungen*

Um die Gefahr für die unselbständige Stiftung von Todes wegen durch Kürzungen zu umgehen, kann der Erblasser nach § 2324 BGB für § 2318 Abs. 1 und §§ 2320–2323 BGB abweichende Anordnungen treffen. Das kann ausschließlich in Testament und Erbvertrag geschehen.[788] Im Rahmen seiner Änderungsbefugnis kann er § 2318 Abs. 1 BGB ausschließen[789], beschränken oder erweitern.[790] Er kann bspw. anordnen, dass sämtliche Nachlassverbindlichkeiten vom Erben getragen werden müssen.[791] Ebenso ist ein Ausschluss von § 2322 BGB möglich.[792] Nicht dispositiv hingegen sind die Regelungen des § 2318 Abs. 2 und

783 Staudinger/Otte (2015), § 2322 Rn. 4.

784 BGH, NJW 1983, S. 2378 (2379); Staudinger/Otte (2015), § 2322 Rn. 4.

785 BGH, NJW 1983, S. 2378 (2379); jurisPK BGB/Birkenheier (8. Aufl.), § 2322 Rn. 9.

786 W. Kössinger, in: Nieder/Kössinger (Hrsg.), Handbuch der Testamentsgestaltung, § 2 Rn. 84; Staudinger/Otte (2015), § 2318 Rn. 14.

787 W. Kössinger, in: Nieder/Kössinger (Hrsg.), Handbuch der Testamentsgestaltung, § 2 Rn. 86.

788 Staudinger/Otte (2015), § 2324 Rn. 2; MüKo BGB/Lange (7. Aufl.), § 2324 Rn. 3.

789 BGH, MDR 1981, S. 474 (474); Staudinger/Otte (2015), § 2324 Rn. 1.

790 OLG Stuttgart, BWNotZ 1985, S. 88 (88); Staudinger/Otte (2015), § 2324 Rn. 1; MüKo BGB/ Lange (7. Aufl.), § 2324 Rn. 1.

791 JurisPK BGB/Birkenheier (8. Aufl.), § 2324 Rn. 12; Staudinger/Otte (2015), § 2324 Rn. 1.

792 Staudinger/Otte (2015), § 2322 Rn. 7.

3 BGB. Anderenfalls könnte der Erblasser einseitig Einfluss auf die Pflichtteilsrechte nehmen.[793]

Bei einem Ausschluss der Kürzung muss generell das Risiko einer Nachlassinsolvenz im Auge behalten werden. Sie kann zur Überschuldung des Nachlasses und damit zum Nichtentstehen der Stiftung führen.[794]

IV. Vermeidung und Minderung von Pflichtteilsansprüchen

1. Erbverzichtsvertrag

Der Erbverzichtsvertrag nach § 2346 Abs. 1 BGB beseitigt das Erb- und Pflichtteilsrecht des verzichtenden Angehörigen. Er ist zur Minderung von Pflichtteilsansprüchen jedoch nicht empfehlenswert, da er gem. § 2310 BGB zugleich eine Erhöhung der Erbquoten der übrigen Angehörigen bewirkt und somit auch eine Erhöhung ihrer Pflichtteilsquoten. Die Pflichtteilsansprüche bestehen weiter in voller Höhe fort – sie verteilen sich nur auf weniger Berechtigte.[795] Der unselbständigen Stiftung von Todes wegen ist im Hinblick auf die Reduzierung von Pflichtteilsansprüchen mit einem Erbverzicht folglich nicht geholfen.

2. Pflichtteilsverzichtsvertrag

a) Umfassender Pflichtteilsverzichtsvertrag

Für die unselbständige Stiftung von Todes wegen sehr viel sinnvoller ist der Pflichtteilsverzichtsvertrag nach § 2346 Abs. 2 BGB. Er hat keine Auswirkungen auf die gesetzliche Erbfolge, sondern führt lediglich dazu, dass mit dem Erbfall keine Pflichtteils- und Pflichtteilsergänzungsansprüche des Verzichtenden entstehen.[796] Ein Pflichtteilsverzichtsvertrag bedarf nach § 2348 BGB der notariellen Beurkundung.

b) Ausschluss des Zugewinnausgleichs

Leben Ehegatten im gesetzlichen Güterstand der Zugewinngemeinschaft, muss bei einem Pflichtteilsverzicht des überlebenden Ehepartners auch der Zugewinnausgleichsanspruch ausgeschlossen werden.[797] Dieser kann gem. § 1371

793 MüKo BGB/Lange (7. Aufl.), § 2324 Rn. 2.
794 Für den Ausschluss der Kürzung nach § 2322 BGB und die Gefahr der Nachlassinsolvenz: Soergel/Dieckmann (13. Aufl.), § 2322 Rn. 3; Staudinger/Otte (2015), § 2322 Rn. 7.
795 Lehmann/Hahn, in: Feick (Hrsg.), Stiftung als Nachfolgeinstrument, § 16 Rn. 42.
796 Müller, in: Schlitt/Müller (Hrsg.), Handbuch Pflichtteilsrecht, § 10 Rn. 54.
797 J. Mayer, ZEV 2007, S. 556 (557).

Abs. 2 BGB dem überlebenden Ehegatten neben dem Pflichtteilsanspruch zustehen, was unter Umständen zu einer enormen Belastung des Nachlasses führt.[798]

c) *Beschränkter Pflichtteilsverzichtsvertrag*

Je nach Gestaltung kann auch ein beschränkter Pflichtteilsverzichtsvertrag ausreichend sein. Eine praxisrelevante Variante davon ist der gegenständlich beschränkte Pflichtteilsverzicht.[799] Bei diesem werden bestimmte Gegenstände bei der Berechnung des Pflichtteilsanspruchs als nicht zum Nachlass gehörend angesehen und bleiben bei seiner Berechnung unberücksichtigt. Pflichtteilsansprüche können aber dennoch entstehen, den Nachlass belasten und damit das Stiftungsvermögen minimieren. Eine andere Form des beschränkten Pflichtteilsverzichts ist der Verzicht auf die Wahlmöglichkeit nach § 2306 BGB.[800]

d) *Pflichtteilsverzicht unter der Bedingung einer Stiftungserrichtung*

Befürwortet ein Pflichtteilsberechtigter grundsätzlich die Verwendung des Nachlasses für eine Stiftung, kann der Pflichtteilsverzichtsvertrag unter der Bedingung geschlossen werden, dass der Erblasser entsprechend testiert.[801] § 311b Abs. 4 BGB steht dem nicht im Wege, da nach § 311b Abs. 5 BGB eine Vereinbarung über den Pflichtteilsanspruch zulässig ist.[802]

Ebenso ist § 2302 BGB nicht anwendbar, da der Erblasser sich nicht verpflichtet, eine bestimmte Verfügung von Todes wegen zu errichten. Vielmehr handelt es sich um eine Bedingung, die auf den Inhalt einer Verfügung von Todes wegen reagiert.

Beim Abschluss von Pflichtteilsverzichtsverträgen ist jedoch in Hinblick auf die umstrittene Rechtsprechung des BGH Vorsicht geboten, dass Pflichtteilsverzichtsverträge nur zu Lebzeiten des Erblassers wirksam geschlossen werden können.[803] Pflichtteilsverzichtsverträge, die aufgrund einer aufschiebenden Bedingung erst nach dem Tod des Erblassers wirksam werden, wären demnach unwirksam.

798 J. Mayer, ZEV 2007, S. 556 (557).
799 Müller, in: Schlitt/Müller (Hrsg.), Handbuch Pflichtteilsrecht, § 10 Rn. 77.
800 Müller, in: Schlitt/Müller (Hrsg.), Handbuch Pflichtteilsrecht, § 10 Rn. 75.
801 Lehmann/Hahn, in: Feick (Hrsg.), Stiftung als Nachfolgeinstrument, § 16 Rn. 50.
802 Bamberger/Roth BGB/Gehrlein (4. Aufl.), § 311b Rn. 52; MüKo BGB/Krüger (7. Aufl.), § 311b Rn. 121.
803 BGH, NJW 1997, S. 521 (522).

Nach herrschender Ansicht in der Literatur hingegen kann eine Bedingung nach wie vor nach dem Erbfall eintreten.[804] Möchte man jedoch kein Risiko eingehen, sollte aber von einer aufschiebenden Bedingung, die erst nach dem Erbfall eintritt, abgesehen werden.[805]

3. *Güterstandswahl*

Pflichtteilsansprüche von Abkömmlingen können durch den Güterstand der Ehegatten verringert werden.[806] Im gesetzlichen Güterstand der Zugewinngemeinschaft beträgt die Erbquote des überlebenden Ehegatten insgesamt ein Halb. Sie setzt sich aus dem Viertel des Ehegatten nach § 1931 Abs. 1 BGB und dem pauschalen Zugewinnausgleichsviertel nach § 1931 Abs. 4 i.V.m. § 1371 Abs. 1 BGB zusammen. Im Güterstand der Gütertrennung wiederum richtet sich die Erbquote des überlebenden Ehegatten nach § 1931 Abs. 4 BGB. Bei einem oder zwei Abkömmlingen erben der überlebende Ehegatte und die Abkömmlinge zu gleichen Anteilen, d.h. je ein Halb bzw. je ein Drittel. Bei drei oder mehr Abkömmlingen erhält der überlebende Ehegatte lediglich ein Viertel aus § 1931 Abs. 1 BGB und die vorhandenen Abkömmlinge bekommen die übrigen drei Viertel.[807] Bei zwei oder mehr Abkömmlingen sollte daher aus Gründen der Pflichtteilsreduzierung auf den Güterstand der Gütertrennung verzichtet werden.[808]

4. *Statutenwechsel*

Ein Statutenwechsel, um dem deutschen Erbrecht und seinen Pflichtteilsansprüchen zu entkommen, bietet sich bei der unselbständigen Stiftung von Todes wegen nicht an.[809] Sie basiert auf spezifischen Gestaltungsmitteln des deutschen Erbrechts. Ihr Überleben wäre mit einer ausländischen Rechtsform kaum gesichert.

---

804 Bamberger/Roth BGB/J. Mayer (3. Aufl.), § 2346 Rn. 14; MüKo BGB/Wegehoff (7. Aufl.), § 2346 Rn. 25; Palandt/Weidlich (2019), § 2346 Rn. 10; Soergel/Damrau (13. Aufl.), § 2346 Rn. 12; Staudinger/Schotten (2016), § 2346 Rn. 91; Müller, in: Schlitt/Müller (Hrsg.), Handbuch Pflichtteilsrecht, § 10 Rn. 51.

805 J. Mayer, MittBayNot 1997, S. 85 (87).

806 Lehmann/Hahn, in: Feick (Hrsg.), Stiftung als Nachfolgeinstrument, § 16 Rn. 55.

807 Nomos BGB/Kroiß (5. Aufl.), § 1931 Rn. 14.

808 Lehmann/Hahn in: Feick (Hrsg.), Stiftung als Nachfolgeinstrument, § 16 Rn. 56.

809 Zur selbständigen Stiftung: Lehmann/Hahn in: Feick (Hrsg.), Stiftung als Nachfolgeinstrument, § 16 Rn. 58.

5. *Stundung des Pflichtteilsanspruchs nach § 2331a BGB wegen Gefährdung der unselbständigen Stiftung*

Jeder Erbe kann nach § 2331a BGB die Stundung des Pflichtteilsanspruchs verlangen, wenn die sofortige Erfüllung des gesamten Anspruchs für den Erben wegen der Art der Nachlassgegenstände eine unbillige Härte wäre.

In der Literatur wird teilweise vertreten, dass sich auch eine als Erbin eingesetzte selbständige Stiftung auf § 2331a BGB berufen könne.[810] Es seien durchaus Situationen denkbar, in denen bspw. ein Gebäude, dessen Erträge zur Erfüllung des Stiftungszwecks verwendet werden sollen, für die selbständige Stiftung eine ähnliche Position einnimmt wie für einen natürlichen Erben das Familienheim. Der Bestand des Gebäudes sichert – wie ein Familienheim die Familie – den Bestand der Stiftung ab.[811]

Da Pflichtteilsansprüche in dieser Situation auch die Existenz der unselbständigen Stiftung von Todes wegen gefährden können, wäre eine Anwendung von § 2331a BGB in diesen Fällen wünschenswert.

Anders als die selbständige Stiftung, die unmittelbar als Erbin eingesetzt wurde, wird bei der unselbständigen Stiftung der Stiftungsträger entweder als Erbe oder sogar nur als Vermächtnisnehmer/Auflagenbegünstigter eingesetzt. In letzterem Fall scheidet § 2331a BGB gänzlich aus. Er gilt nur für Erben. Aber auch wenn der Stiftungsträger Erbe wird, scheidet § 2331a BGB wegen einer Existenzgefährdung der unselbständigen Stiftung von Todes wegen aus.

§ 2331a BGB soll die Person des Erben in Ausnahmefällen vor dem Verlust seiner Existenzgrundlage schützen.[812] Es kommt daher darauf an, ob die wirtschaftliche Lebensgrundlage des Erben, hier des Stiftungsträgers, durch die Pflichtteilsansprüche gefährdet ist. Irrelevant ist im Rahmen von § 2331a BGB hingegen, ob der Erbe wegen des Pflichtteilsanspruchs seine Beschwerungen erfüllen und damit die unselbständige Stiftung von Todes wegen existent werden lassen kann. Vielmehr haben, wie das Gesetz beispielhaft an § 2318 BGB zeigt, Beschwerungen regelmäßig hinter dem Pflichtteilsanspruch anzustehen. Eine Anwendbarkeit von § 2331a BGB zum Schutz der unselbständigen Stiftung ist daher abzulehnen.

---

810 Röthel, ZEV 2008, S. 112 (115); Lehmann/Hahn in: Feick (Hrsg.), Stiftung als Nachfolgeinstrument, § 16 Rn. 31.

811 Röthel, ZEV 2008, S. 112 (115).

812 BT-Drs. 16/8954, S. 21.

B. Person des Stiftungsträgers

An und für sich kann der Stifter jedes Rechtssubjekt mit der Realisierung des Stiftungszwecks betrauen.[813] Eine natürliche Person bietet aber keine ausreichende Gewähr für einen dauerhaften Bestand der Stiftung.[814]

Ihre Ungeeignetheit resultiert zwar nicht aus der Unvererblichkeit der Auflagen- oder Vermächtnisverpflichtung.[815] Beide Verpflichtungen sind vererblich.[816] Der Erblasser hat jedoch keinen Einfluss darauf, wer Erbe des Stiftungsträgers und damit neuer Stiftungsträger wird.[817] Eine Verpflichtung des Stiftungsträgers, in einer bestimmten Art und Weise letztwillig zu verfügen, ist nach § 2302 BGB unwirksam.

In Betracht käme, den Stiftungsträger mit einer weiteren Auflage zu beschweren, die Zuwendung zu Lebzeiten mittels Schenkung unter Auflage zu einem bestimmten Ereignis, bspw. Alter des Stiftungsträgers oder Krankheit, an einen vom Erblasser bestimmten Dritten zu übertragen.[818] Diese Möglichkeit ist in der Praxis jedoch untauglich. So kann der Stiftungsträger bereits vor Eintritt des Ereignisses wegfallen. Der vom Erblasser benannte Dritte muss die Schenkung annehmen wollen oder können, sicherheitshalber muss ein weiterer Dritter benannt und eine Regelung getroffen werden, was passiert, wenn dieser ebenfalls ausfällt. Folgt endgültig kein neuer Stiftungsträger nach, endet die Stiftung.[819] Auch die Bestimmtheit der Auflage ist je nach Ereignis schwierig zu formulieren. Der nachträgliche Wegfall des Stiftungsträgers wegen Bedingungseintritts bringt zudem eine komplizierte Rückabwicklung mit sich. Insgesamt birgt eine solche Regelung zu viel Konfliktpotential.

Die Bestimmung einer juristischen Person als Stiftungsträger hingegen bietet weit mehr Garantien für die Erhaltung der Stiftung als eine

---

813 Danckwerth, Das Recht der unselbständigen Stiftungen, S. 46.

814 Danckwerth, Das Recht der unselbständigen Stiftungen, S. 46.

815 So noch MüKo BGB/Reuter (4. Aufl.), vor § 80 Rn. 93, der diese Auffassung in MüKo BGB/ Reuter (6. Aufl.), vor § 80 Rn. 107 nicht mehr vertritt.

816 Für die Vererblichkeit der Verpflichtung aus einer Auflage: Westebbe, Stiftungstreuhand, S. 80; Muscheler, ErbR 2016, S. 358 (360); MüKo BGB/Weitemeyer (8. Aufl.), § 80 Rn. 278; Staudinger/Otte (2013), § 2192 Rn. 21; Herzog, Unselbständige Stiftung des bürgerlichen Rechts, S. 64; Ebersbach, Handbuch des deutschen Stiftungsrechts, S. 181f.; zur Vererblichkeit einer Verpflichtung aus einem Vermächtnis: Staudinger/ Otte (2013), § 2147 Rn. 4.

817 MüKo BGB/Weitemeyer (8. Aufl.), § 80 Rn. 278.

818 So wohl Wochner, ZEV 1999, S. 125 (129).

819 Ebersbach, Handbuch des Deutschen Stiftungsrechts, S. 181f.

natürliche.[820] Wird die juristische Person allerdings aufgelöst und ist kein Rechtsnachfolger vorhanden oder hat der Erblasser für diesen Fall keine Bestimmungen getroffen, führt auch das zur Beendigung der Stiftung.[821] Die Liquidatoren kehren das Vermögen an die in der Satzung benannten Anfallberechtigten aus. Damit ist die Stiftung beendet. Entgegen *Westebbe*[822] kann die juristische Person die Auflage nicht ohne einen dahingehenden Erblasserwillen auf einen anderen Rechtsträger übertragen.[823] Setzt man dennoch eine natürliche Person als Stiftungsträger ein, bietet es sich an, die Trägerschaft an ein von der natürlichen Person bekleidetes öffentliches Amt anzuknüpfen. So wird der jeweilige Nachfolger im Amt der Stiftungsträger.[824]

C. Haftung

Die Haftung im Rahmen der unselbständigen Stiftung beschäftigt sich im Wesentlichen mit der Frage, wer für die Haftung von Verbindlichkeiten einzustehen hat. Die Vielfalt an möglichen Verbindlichkeiten ist groß. Grob untergliedert dreht es sich um Stiftungsverbindlichkeiten, private Verbindlichkeiten des Trägers und um Verbindlichkeiten des Erblassers.

I. Haftung des Stiftungsträgers für Stiftungsverbindlichkeiten

Stiftungsverbindlichkeiten sind solche Ausgaben, die der Stiftungsträger zur Verwirklichung des Stiftungszwecks tätigt.[825] Für diese haftet er mit seinem gesamten Vermögen persönlich.[826]

---

820 Danckwerth, Das Recht der unselbständigen Stiftungen, S. 47; MüKo BGB/Weitemeyer (8. Aufl.), § 80 Rn. 278; A. Werner, in: Werner/Saenger/Fischer (Hrsg.), Die Stiftung, § 13, Rn. 68.

821 So auch Ebersbach, Handbuch des Deutschen Stiftungsrechts, S. 181 f.; Seyfarth, Schutz der unselbstständigen Stiftung, S. 92.

822 Westebbe, Stiftungstreuhand, S. 163.

823 So auch Ebersbach, Handbuch des Deutschen Stiftungsrechts, S. 181 f.; Seyfarth, Schutz der unselbstständigen Stiftung, S. 92.

824 Ebersbach, Handbuch des Deutschen Stiftungsrechts, S. 173; A. Werner, in: Werner/Saenger/Fischer (Hrsg.), Die Stiftung, § 13, Rn. 70.

825 Herzog, Unselbständige Stiftung des bürgerlichen Rechts, S. 95; Westebbe, Stiftungstreuhand, S. 125.

826 BGH, WM 1964, S. 179 (179); Bächstädt, Unselbständige Stiftung des Privatrechts, S. 60; Hof, in: Richter (Hrsg.), Stiftungsrechts-Handbuch, § 36 Rn. 191; Staudinger/Hüttemann/ Rawert (2017), Vorbem 1 zu §§ 80 ff. Rn. 354; Wochner, ZEV 1999, S. 125 (126).

Die gegenteilige Auffassung[827] stützt sich auf ein Obiter Dictum des Reichsgerichts. In diesem betrachtete das Reichsgericht das Stiftungskapital als ein von dem sonstigen Vermögen des Treuhänders getrennt zu haltendes Sondervermögen. Dadurch hafte der Treuhänder, solange kein Verschulden von ihm vorliegt, für die Stiftungsverbindlichkeiten nicht persönlich mit seinem Vermögen.[828] Dem folgend möchte die gegensätzliche Auffassung die Haftung auf das getrennt verwaltete Stiftungsvermögen begrenzen, soweit den Stiftungsträger kein Verschulden trifft.[829]

Diese Ansicht ist jedoch aus Gläubigerschutzgründen abzulehnen.[830] Eine Haftungsbeschränkung auf das Stiftungsvermögen für rechtsgeschäftlich begründete Stiftungsverbindlichkeiten ist nur durch Vereinbarung mit dem Gläubiger möglich.[831]

Auch für deliktische Handlungen des Stiftungsträgers oder der Gremien gilt die persönliche und unbeschränkte Haftung des Stiftungsträgers. Eine analoge Anwendung der §§ 86, 31 BGB und eine damit einhergehende Beschränkung der Haftung auf das Stiftungsvermögen ist ausgeschlossen. Es mangelt an der hinreichenden organisatorischen Verselbständigung des Stiftungsvermögens.[832]

II. Haftung des Stiftungsvermögens für Verbindlichkeiten des Stiftungsträgers

1. Umfassende Haftung des Stiftungsvermögens

Mit Übergang des Stiftungsvermögens auf den Stiftungsträger im Wege der Erbeinsetzung, des Vermächtnisses oder der Auflage wird es sowohl rechtlich als auch wirtschaftlich Teil von dessen Vermögen. Es haftet demnach für alle Verbindlichkeiten des Stiftungsträgers – auch für die stiftungsfremden.[833] Im Fall

827 VGH Württ.-Bad., StiftRspr. I, S. 11 ff.; Bley, Die Universitätskörperschaft als Vermögensträger, S. 133; Ebersbach, Handbuch des Deutschen Stiftungsrechts, S. 173.

828 RGZ 105, 305 (307).

829 Bley, Die Universitätskörperschaft als Vermögensträger, S. 133; Ebersbach, Handbuch des Deutschen Stiftungsrechts, S. 173.

830 Bächstädt, Unselbständige Stiftung des Privatrechts, S. 60 ff.; Westebbe, Stiftungstreuhand, S. 125.

831 Bächstädt, Unselbständige Stiftung des Privatrechts, S. 60; Herzog, Unselbständige Stiftung des bürgerlichen Rechts, S. 97; Westebbe, Stiftungstreuhand, S. 125.

832 Zum ganzen Absatz: Hof, in: Richter (Hrsg.), Stiftungsrechts-Handbuch, § 36 Rn. 192; MüKo BGB/Weitemeyer (8. Aufl.), § 80 Rn. 285; Staudinger/Hüttemann/Rawert (2017), Vorbem 1 zu §§ 80 ff. Rn. 354; Westebbe, Stiftungstreuhand, S. 138 ff.

833 Westebbe, Stiftungstreuhand, S. 144.

der Eröffnung des Insolvenzverfahrens über das Vermögen des Stiftungsträgers teilt das Stiftungsvermögen das insolvenzrechtliche Schicksal des Eigenvermögens des Trägers.[834]

a) Widerspruchsklage und Aussonderungsrecht der Vollziehungsberechtigten

Vereinzelt wird die Ansicht vertreten, das Stiftungsvermögen hafte nicht für stiftungsfremde Verbindlichkeiten des Trägers.[835] Insbesondere *Herzog* meint, dem Stiftungsträger könne sowohl bei der Errichtung von Todes wegen als auch bei der Errichtung unter Lebenden das Stiftungsvermögen trotz seiner Eigentümerstellung haftungsrechtlich nicht zugeordnet werden.[836] Den nach § 2196 BGB Berechtigten sollten im Fall der Einzelvollstreckung die Widerspruchsklage des § 771 ZPO und in der Insolvenz ein Aussonderungsrecht nach § 47 InsO zustehen.[837]

Herzog sieht § 2196 BGB als ein die Veräußerung hinderndes Recht. Da die Auflage seiner Ansicht nach aus dem zugewendeten Gegenstand selbst zu erfüllen ist, geht der Gegenstand der Auflage nicht in das allgemeine Vermögen des Trägers über, sondern muss von diesem als Sondervermögen getrennt verwaltet werden. Die Auflage stelle damit eine schuldrechtliche Beschränkung der Verfügungsbefugnis des Stiftungsträgers dar. Da er das Vermögen von vornherein zur Verfolgung des Stiftungszwecks verwenden müsse, sei es nicht gerechtfertigt, wenn seine privaten Gläubiger darauf zugreifen dürften. Demnach sei § 2196 BGB Ausdruck der Nichtzugehörigkeit des Stiftungsvermögens zu dem haftenden Vermögen des Stiftungsträgers.

b) Diskussion

Die Ansicht *Herzogs* ist indessen abzulehnen.[838]

§ 771 ZPO räumt einem Dritten, dem ein die Veräußerung hinderndes Recht zusteht, die Möglichkeit ein, geltend zu machen, dass ein gepfändeter Gegenstand

834 Rohrberg-Braun, Unselbständige Stiftung in der Insolvenz, S. 78.

835 RGZ 105, 305 (307) in einem unbegründeten Obiter Dictum; Bächstädt, Unselbständige Stiftung des Privatrechts, S. 60; Bley, Die Universitätskörperschaft als Vermögensträger, S. 133 schließen sich dieser Rechtsprechung – begründungslos – an; Herzog, Unselbständige Stiftung des bürgerlichen Rechts, S. 112 ff.

836 Herzog, Unselbständige Stiftung des bürgerlichen Rechts, S. 112 ff.

837 Herzog, Unselbständige Stiftung des bürgerlichen Rechts, S. 112.

838 So auch Hof, in: Richter (Hrsg.), Stiftungsrechts-Handbuch, § 36 Rn. 92; Rohrberg-Braun, Unselbständige Stiftung in der Insolvenz, S. 79; Seyfarth, Schutz der unselbstständigen Stiftung, S. 85; Staudinger/Hüttemann/Rawert (2017), Vorbem 1 zu §§ 80 ff. Rn. 356.

haftungsrechtlich nicht zum Schuldnervermögen gehört. Ein die Veräußerung hinderndes Recht wird bei schuldrechtlichen Ansprüchen grundsätzlich nicht angenommen.[839] Etwas anderes gilt nur, wenn die schuldrechtlichen Ansprüche zum Ausdruck bringen, dass eine Sache nicht dem Schuldner gehört, bspw. Herausgabeansprüche eines Vermieters oder eines Verleihers.[840]

§ 2196 BGB ist, wie *Herzog* zutreffend einordnet, ein schuldrechtlicher Anspruch. Nichts sagt er dagegen über die wirtschaftliche Zugehörigkeit des Stiftungsvermögens aus.[841] Mit § 2196 BGB wollte der Gesetzgeber erreichen, dass ein mit einer Auflage Beschwerter die Auflage nicht vereiteln und dennoch die Zuwendung behalten darf.[842] Er greift überhaupt nur bei Verschulden des Stiftungsträgers ein. Eine generelle Aussage über die Zugehörigkeit des Vermögens trifft er nicht. Wenn er eine solche treffen würde, würde er aber wohl das Gegenteil bekunden: dass das Stiftungsvermögen grundsätzlich im Vermögen des Stiftungsträgers steht und er dieses nur unten sehr engen Voraussetzungen, denen des § 2196 BGB, überhaupt herausgeben muss. Vielmehr ist das Stiftungsvermögen ab Übertragung zivilrechtlich ausschließlich dem Stiftungsträger zuzurechnen – daran ändert seine Zweckgebundenheit nichts.

Inkonsequent und ungerechtfertigt ist zudem die unterschiedliche Behandlung von Stiftungs- und Stiftungsträgergläubigern. Während den Gläubigern des Stiftungsträgers der Zugriff auf das Stiftungsvermögen verwehrt bleibt, dürfen die Gläubiger der Stiftung auf das Eigenvermögen des Stiftungsträgers zugreifen.[843]

Eine Auseinandersetzung *Herzogs* mit der mittels Vermächtnis errichteten unselbständigen Stiftung fehlt gänzlich. Ein Vermächtnisanspruch begründet als Verschaffungsanspruch unstrittig kein Interventionsrecht aus § 771 ZPO.[844] Für das Aussonderungsrecht gem. § 47 InsO gilt nichts anderes. Ein Vermächtnisanspruch gibt kein Aussonderungsrecht.[845] Eine mit § 2196 BGB vergleichbare Norm fehlt im Vermächtnisrecht.

839 Wieczorek/Schütze ZPO/Spohnheimer (4. Aufl.), § 771 Rn. 26.
840 Wieczorek/Schütze ZPO/Spohnheimer (4. Aufl.), § 771 Rn. 27.
841 MüKo BGB/Reuter (6. Aufl.), vor § 80 Rn. 111.
842 MüKo BGB/Rudy (7. Aufl.), § 2196 Rn. 1.
843 Hof, in: Richter (Hrsg.), Stiftungsrechts-Handbuch, § 36 Rn. 92.
844 MüKo ZPO/Schmidt, Brinkmann (5. Aufl.), § 771 Rn. 39.
845 Uhlenbruck/Hirte/Vallender InsO/Brinkmann (14. Aufl.), § 47 Rn. 60.

Es ist aber widersprüchlich, dass bei einer mittels Auflage errichteten Stiftung eine Art Sondervermögen entstehen soll, bei der mittels Vermächtnis errichteten aber nicht. In Hinblick auf die Stellung des Stiftungsträgers unterscheiden sich die beiden Formen nicht.

Auch der Vorteil der Geltendmachung von § 771 ZPO für die unselbständige Stiftung erschließt sich nicht. Ihr Bestand wäre dadurch jedenfalls nicht gesichert.[846] Die Wegfallberechtigten aus § 2196 BGB sind nicht verpflichtet, das herausgegebene Vermögen der Stiftung zugutekommen zu lassen.[847] Überdies ist der Einwand *Reuters*, durch Gewährung der Interventionsrechte werde das Stiftungsvermögen zu einem frei schwebenden Sondervermögen, zutreffend.[848] Gerechtfertigt ist dies keinesfalls, sondern es ist contra legem. Es gibt einen Numerus clausus der rechtlich verselbständigten Sondervermögen.[849]

Herzog versucht über die Gewährung der Rechte aus § 771 ZPO und § 47 InsO die unselbständige Stiftung der selbständigen Stiftung anzugleichen. Unselbständige und selbständige Stiftung sind aber von Grund auf unterschiedliche Modelle – eine Gleichschaltung war vom Gesetzgeber nicht gewünscht und ist im Übrigen, entgegen der Ansicht *Herzogs*[850], nicht notwendig.[851]

2. *Schutz durch Anordnung der Nachlassverwaltung*

Ist die Erfüllung der Auflage durch die Vermögenslage des beschwerten Erben gefährdet, besitzen die Vollziehungsberechtigten und, sofern sie durch die Auflage des Trägers bereits bestimmt sind, die Destinatäre als Nachlassgläubiger die Möglichkeit, die Anordnung der Nachlassverwaltung nach § 1981 Abs. 2 S. 1 BGB zu verlangen.[852] Das gilt ebenso für Vermächtnisnehmer.[853] Der Antrag durch die Nachlassgläubiger muss gem. § 1981 Abs. 2 S.2 BGB binnen zwei Jahren nach Erbschaftsannahme erfolgen.

Die Anordnung der Nachlassverwaltung führt zum einen gem. § 1984 Abs. 1 S. 1 BGB zum Verlust der Verfügungs- und Verwaltungsbefugnis des Erben. Zum anderen sind die Gläubiger des Stiftungsträgers von der Vollstreckung in

846 Staudinger/Hüttemann/Rawert (2017), Vorbem 1 zu §§ 80 ff. Rn. 356.
847 S. Kap. 4, lit. E, Ziff. I.1b)(3).
848 MüKo BGB/Reuter (6. Aufl.), vor § 80 Rn. 111.
849 MüKo BGB/Reuter (6. Aufl.), vor § 80 Rn. 111.
850 Herzog, Unselbständige Stiftung des bürgerlichen Rechts, S. 119.
851 S. Kap. 1, lit. A, Ziff. II.1a)(1).
852 Staudinger/Dobler (2016), § 1981 Rn. 18; Muscheler, ErbR 2016, S. 358 (361).
853 Nomos BGB/Krug (5. Aufl.), § 1981 Rn. 11.

das Stiftungsvermögen ausgeschlossen. Der Nachlass wird gem. § 1975 BGB vom übrigen Vermögen des Stiftungsträgers abgesondert.

Das Risiko der Nachlassverwaltung für die unselbständige Stiftung liegt auf der Hand: Ihr Bestand hängt von den Fähigkeiten und dem Willen des Nachlassverwalters ab.

Zudem hilft die Anordnung der Nachlassverwaltung aufgrund des zeitlich begrenzten Antragsrechts bei einer unselbständigen Stiftung nur bedingt. Der Stiftungsträger hat dauerhaft den Stiftungszweck zu erfüllen. Bei einer späteren Gefährdung des Vermögens kann ein Antrag auf Nachlassverwaltung nicht mehr gestellt werden.

Bei einem Vermögensverfall des Stiftungsträgers und der Insolvenz über sein gesamtes Vermögen kann auch Nachlassinsolvenz beantragt und so das Stiftungsvermögen aus der Masse herausgelöst werden.[854]

III. Haftung des Stiftungsvermögens für Verbindlichkeiten des Erblassers

1. Haftung des als Erben eingesetzten Stiftungsträgers für Verbindlichkeiten des Erblassers

a) Vermögensübergang

Bei der zu Lebzeiten errichteten unselbständigen Stiftung mittels Schenkung unter Auflage geht das Stiftungsvermögen in das Eigentum des Stiftungsträgers über und ist ihm sowohl materiell als auch formell zuzuordnen.[855] Das Vermögen ist dem Zugriff der Stiftergläubiger mit Ausnahme der Anfechtungsmöglichkeit der Vermögensübertragung grundsätzlich entzogen.[856]

Bei der Errichtung von Todes wegen geht das Vermögen des Erblassers über § 1922 BGB ebenfalls vollständig in das Eigentum des Stiftungsträgers über. Als Erbe haftet er nach § 1967 BGB für Nachlassverbindlichkeiten, wozu nach § 1967 Abs. 2 BGB auch die vom Erblasser herrührenden Schulden gehören. Darunter fallen alle vertraglichen oder gesetzlichen Nachlassverbindlichkeiten, die vom Erblasser stammen.[857]

---

854 Muscheler, ErbR 2016, S. 358 (361).

855 Seyfarth, Schutz der unselbstständigen Stiftung, S. 87.

856 Seyfarth, Schutz der unselbstständigen Stiftung, S. 87.

857 Bamberger/Roth BGB/Lohmann (3. Aufl.), § 1967 Rn. 14.

b) *Überschuldeter oder zahlungsunfähiger Nachlass*

Ist der Nachlass überschuldet oder zahlungsunfähig, muss der Stiftungsträger gem. § 1980 Abs. 1 BGB unverzüglich die Eröffnung des Nachlassinsolvenzverfahrens beantragen. Sein Antragsrecht ergibt sich aus § 317 Abs. 1 InsO. Das Recht auf Beantragung der Nachlassinsolvenz steht nach § 317 Abs. 1 InsO auch den Nachlassgläubigern zu. Unterlässt der Stiftungsträger die Einleitung der Nachlassinsolvenz, muss er für die Nachlassverbindlichkeiten mit seinem Privatvermögen einstehen.

Die Nachlassinsolvenz führt wie die Nachlassverwaltung zu einer Absonderung des Nachlassvermögens nach § 1975 BGB. Der Stiftungsträger muss das Stiftungsvermögen an den Nachlassinsolvenzverwalter herausgeben, vgl. § 148 InsO.[858]

Der Stiftungsträger als Erbe haftet gem. § 1975 BGB während des Nachlassinsolvenzverfahrens nur mit dem Nachlass, sofern er sein Recht zur Haftungsbeschränkung auf den Nachlass noch nicht verloren hat.[859]

Im Rahmen der Nachlassinsolvenz gehören Verbindlichkeiten aus Auflagen und Vermächtnissen nach § 327 Abs. 1 Nr. 2 InsO zu den nachrangigen Nachlassverbindlichkeiten. Erst am Ende werden die Verbindlichkeiten aus Vermächtnissen und Auflagen berichtigt.[860] Das Entstehen der unselbständigen Stiftung ist darum denkbar unwahrscheinlich, wenn der Nachlass überschuldet ist. *Rohrberg-Braun* geht sogar von einem sicheren Erlöschen der Stiftung in diesen Fällen aus.[861]

Hat der Stiftungsträger bereits die Auflage oder das Vermächtnis erfüllt, kann die Erfüllung nach § 322 InsO i.V.m. § 5 AnfG angefochten werden. Das Erlangte müssen nach § 11 Abs. 1 AnfG die Nachlassgläubiger erhalten.

858 Rohrberg-Braun, Unselbständige Stiftung in der Insolvenz, S. 63.

859 Bamberger/Roth BGB/Lohmann (3. Aufl.), § 1975 Rn. 9.

860 Bamberger/Roth BGB/Lohmann (3. Aufl.), § 1975 Rn. 8; Nomos BGB/Krug (5. Aufl.), § 1975 Rn. 76. Zuvor werden Masseverbindlichkeiten im Sinne von §§ 54, 55 InsO und die in § 324 InsO genannten Verbindlichkeiten, Verbindlichkeiten nach § 39 Abs. 1 InsO und § 39 Abs. 2 InsO, danach die Verbindlichkeiten gegenüber den Gläubigern nach § 1973 BGB, § 1974 BGB und anschließend Pflichtteilsansprüche berichtet.

861 Rohrberg-Braun, Unselbständige Stiftung in der Insolvenz, S. 65.

2. *Haftung des als Vermächtnisnehmer oder Auflagenbegünstigter eingesetzten Stiftungsträgers für die Verbindlichkeiten des Erblassers*

Eine direkte Haftung des Vermächtnisnehmers für die Verbindlichkeiten des Erblassers oder Auflagenbegünstigten scheidet aus. Mittelbar trifft sie eine Überschuldung des Nachlasses aber über §§ 1992, 1990 BGB.

Im Falle einer Nachlassinsolvenz kann lediglich die Erfüllung des Vermächtnisses bzw. der Auflage durch den Erben gem. § 322 InsO, § 5 AnfG wie eine unentgeltliche Leistung des Erben binnen vier Jahren angefochten werden.[862] Der Stiftungsträger als Empfänger der Leistung müsste diese gem. § 143 InsO zur Insolvenzmasse zurückgewähren.[863] Anfechtungsgegner ist dabei nicht der Stiftungsträger, sondern der Erbe, der die Beschwerung erfüllt hat.[864]

IV. Missbrauch des Stiftungsvermögens durch den Stiftungsträger

Alleiniger Eigentümer und alleiniger wirtschaftlich Berechtigter des Stiftungsvermögens ist bei der unselbständigen Stiftung von Todes wegen unstrittig der Stiftungsträger. Er besitzt über das Stiftungskapital eine unbeschränkte Verfügungsbefugnis. Diese ermöglicht ihm aber auch, das Stiftungsvermögen zweckwidrig einzusetzen. Obwohl rechtlich und wirtschaftlich niemand stärker am Stiftungskapital berechtigt ist als der Stiftungsträger, ist dieser durch den Stiftungszweck an die Verwendung des Stiftungskapitals gebunden.[865] Fraglich ist, ob es diese Bindung an den Stiftungszweck rechtfertigt, in die Verfügungsfreiheit des Stiftungsträgers einzugreifen, indem missbräuchliche Rechtsgeschäfte für unwirksam erklärt werden.[866]

1. *Allgemeine Überlegungen zu pflichtwidrigen Rechtsgeschäften des Stiftungsträgers*

Grundsätzlich berührt ein pflichtwidriges Rechtsgeschäft des Stiftungsträgers die Wirksamkeit des Rechtsgeschäfts nicht.[867] Jedoch gibt es Ausnahmen. So werden bei der Stiftungstreuhand Verfügungen, die der Stiftungsträger als

862 Muscheler, ErbR 2016, S. 358 (362).
863 Rohrberg-Braun, Unselbständige Stiftung in der Insolvenz, S. 64.
864 Seyfarth, Schutz der unselbstständigen Stiftung, S. 87.
865 Westebbe, Stiftungstreuhand, S. 133.
866 Bejahend Westebbe, Stiftungstreuhand, S. 133.
867 Seyfarth, Schutz der unselbstständigen Stiftung, S. 74; Westebbe, Stiftungstreuhand, S. 127.

Treuhänder entgegen der im Innenverhältnis bestehenden Abrede zu Gunsten eines Dritten vornimmt, der um die Treuwidrigkeit weiß, nach § 138 BGB für nichtig gehalten.[868] Begründet wird dies damit, dass die Verletzung eines Treuhandverhältnisses nicht eine bloße Verletzung obligatorischer Verpflichtungen sei. Es würden weitreichende fremde Vermögensinteressen geschützt. Hinzu kommt, dass die Destinatäre auf die ehrliche Verwaltung durch den Träger angewiesen sind – ihre Rechte sind nur unzulänglich geschützt. Bei einer gemeinnützigen unselbständigen Stiftung wird darüber hinaus die Allgemeinheit durch ein pflichtwidriges Verhalten des Stiftungsträgers geschädigt.[869] Voraussetzung der Unwirksamkeit nach § 138 BGB ist die Kenntnis beider Geschäftspartner von den sittenwidrigkeitsbegründenden Tatumständen.[870]

Des Weiteren soll bei der Stiftungstreuhand ein Rechtsgeschäft des Stiftungsträgers nach §§ 134 BGB, 266, 27 StGB nichtig sein, wenn hierdurch Vermögensinteressen der Destinatäre berührt und diese im strafrechtlichen Sinne geschädigt werden.[871]

2. *Missbrauch des Stiftungsvermögens bei der unselbständigen Stiftung von Todes wegen*

Bei der unselbständigen Stiftung von Todes wegen ist es ebenfalls interessengerecht, ein missbräuchliches Rechtsgeschäft des Stiftungsträgers gem. § 138 BGB als unwirksam einzuordnen, wenn dem Dritten der Missbrauch erkennbar war.[872]

§ 138 BGB möchte Rechtsgeschäfte verhindern, die für die Rechtsgemeinschaft unerträglich sind, weil sie von ihren ethischen Grundsätzen abweichen.[873] Obwohl der Stiftungsträger im Rahmen der unselbständigen Stiftung von Todes wegen anders als der Treuhänder eine klassische Eigentümerstellung besitzt und nur über eine Auflage bzw. ein Vermächtnis an den Stiftungszweck gebunden ist, die beide

---

868 BGH, NJW 1968, S. 1471 (1471); Seyfarth, Schutz der unselbstständigen Stiftung, S. 75; Westebbe, Stiftungstreuhand, S. 127.

869 Westebbe, Stiftungstreuhand, S. 131.

870 JurisPK BGB/Nassall (8. Aufl.), § 138 Rn. 19; Westebbe, Stiftungstreuhand, S. 131, der § 138 BGB zudem anwendet, wenn der Vertragspartner die Pflichtwidrigkeit nur hätte kennen müssen, s. Westebbe, Stiftungstreuhand, S. 132.

871 Seyfarth, Schutz der unselbstständigen Stiftung, S. 75; Westebbe, Stiftungstreuhand, S. 131.

872 Seyfarth, Schutz der unselbstständigen Stiftung, S. 77; Westebbe, Stiftungstreuhand, S. 133.

873 MüKo BGB/Armbrüster (7. Aufl.), § 138 Rn. 1.

keine Verfügungsbeschränkung bewirken, ist der Träger fiduziarisch gebunden. Er befindet sich in der besonderen Position, dem Erblasserwillen Geltung zu verschaffen. Anders als bei einem lebzeitigen Stifter handelt es sich bei dem Erblasser naturgemäß um einen Verstorbenen, der zur Verwirklichung seiner Wünsche zwingend auf Dritte angewiesen ist. Er ist daher besonders schutzwürdig.

Das gilt ebenso für die Destinatäre. Sie alle sind dem Träger ausgeliefert und auf seine Zuverlässigkeit und Ehrlichkeit angewiesen. Der Träger seinerseits besitzt aufgrund seiner Eigentümerstellung eine Übermacht. Nutzt er diese zu Lasten der Stiftung aus, ist das bereits moralisch verwerflich. Ist seinem Geschäftspartner darüber hinaus das pflichtwidrige Verhalten des Stiftungsträgers bewusst, würde die Wirksamkeit des Rechtsgeschäfts dem Rechtsgefühl aller billig und gerecht Denkenden widersprechen. Ein schutzwürdiges Interesse des Vertragspartners an dem Bestand des Rechtsgeschäfts besteht nicht. § 138 BGB muss in diesen Fällen eingreifen.

Eine Strafbarkeit des Stiftungsträgers wegen Untreue aber ist nicht gegeben. Der Träger ist rechtlich wie wirtschaftlich Eigentümer des Stiftungsvermögens. § 266 StGB dagegen setzt für eine Strafbarkeit die Wahrnehmung fremder Vermögensinteressen voraus.[874]

D. Einreden des Beschwerten

Einreden des beschwerten Stiftungsträgers, die der Erfüllung von Vermächtnissen und Auflagen entgegengehalten werden können, stellen eine Gefahr für die durch letztwillige Verfügung errichtete unselbständige Stiftung dar. Jede Kürzung eines Vermächtnisses oder der Auflage führt zu einer Gefährdung der unselbständigen Stiftung, da das zu ihrer Errichtung und ihrer Erhaltung notwendige Vermögen nicht mehr gesichert ist. Die dem Stiftungsträger zur Verfügung stehenden Einreden hängen von seiner erbrechtlichen Stellung ab.

I. Dürftigkeits- und Unzulänglichkeitseinrede des Erben

Die in § 1975 BGB vorgesehenen Mittel der Haftungsbeschränkung versagen, wenn eine den Verfahrenskosten entsprechende Masse nicht vorhanden ist.[875] Um dem Erben auch in diesen Fällen die Möglichkeit der Haftungsbeschränkung zu eröffnen, gibt das Gesetz ihm in § 1990 BGB die Einrede der Dürftig- bzw. Unzulänglichkeit des Nachlasses an die Hand.[876]

---

874 Fischer, StGB (65. Aufl.), § 266 Rn. 2.
875 MüKo/Küpper (7. Aufl.), § 1990 Rn. 1.
876 MüKo/Küpper (7. Aufl.), § 1990 Rn. 1.

Ein Nachlass ist dürftig i.S.v. § 1990 Abs. 1 S. 1 BGB, wenn eine die Kosten der Nachlassverwaltung oder des Nachlassinsolvenzverfahrens deckende Masse nicht vorhanden ist. Die Dürftigkeit kann sich kraft Tatbestandswirkung oder aus tatsächlichen Gründen ergeben.[877] Ist der Nachlass nur dürftig, aber nicht überschuldet, muss der Erbe sämtliche Nachlassverbindlichkeiten erfüllen, kann aber die Vollstreckung in sein Eigenvermögen gegenüber den Gläubigern verhindern, denen gegenüber er nicht unbeschränkt haftet.[878]

Anders hingegen ist das bei der Unzulänglichkeitseinrede: Hier ist eine Überschuldung des Nachlasses Voraussetzung. Der Erbe macht mit ihr geltend, dass der Nachlass nicht zur Befriedigung sämtlicher Gläubiger ausreicht.[879] Die Folgen der Einreden für die Gläubiger richten sich nach § 1991 BGB. Die Verbindlichkeiten aus Vermächtnissen und Auflagen stehen gem. § 1991 Abs. 4 i.V.m. § 327 Abs. 1 Nr. 2 InsO auf dem letzten Rang. Ihre Erfüllung ist fraglich, das Entstehen der unselbständigen Stiftung damit ebenfalls.

II. Überschwerungseinrede des Erben

In Fällen des § 1992 BGB kann der Erbe i.V.m. § 1990 Abs. 1 S. 1 BGB die Befriedigung der Vermächtnisnehmer und Auflagenbegünstigten verweigern und damit die unselbständige Stiftung verhindern. Dabei muss nach überwiegender Ansicht in Literatur und Rechtsprechung der Nachlass aufgrund von Vermächtnissen und Auflagen überschuldet sein.[880] Ist der Nachlass bereits ohne Berücksichtigung der Anordnungen überschuldet, kann die Überschwerungseinrede nicht geltend gemacht werden, denn in diesem Fall beruht die Überschuldung nicht auf dem Vermächtnis bzw. der Auflage.[881] Auch genügt nicht die ernsthafte Möglichkeit einer Überschuldung.[882]

---

877 Nomos BGB/Krug (5. Aufl.), § 1990 Rn. 5.

878 MüKo/Küpper (7. Aufl.), § 1990 Rn. 11.

879 MüKo/Küpper (7. Aufl.), § 1990 Rn. 11.

880 OLG München, ZEV 1998, S. 100 (101); Staudinger/Dobler (2016), § 1992 Rn. 3; MüKo BGB/ Küpper (7. Aufl.), § 1992 Rn. 5; Damrau PK Erbrecht/Gottwald (3. Aufl.), § 1992 Rn. 6; jurisPK BGB/Klinck (8. Aufl.), § 1992 Rn. 4.

881 OLG München, ZEV 1998, S. 100 (101); Lange/Kuchinke, Erbrecht, § 49, VIII.1c); Muscheler, Erbrecht II, S. 1906 Rn. 3683; MüKo BGB/Küpper (7. Aufl.), § 1992 Rn. 5; Damrau PK Erbrecht/Gottwald (3. Aufl.), § 1992 Rn. 6; Soergel/Stein (13. Aufl.), § 1992 Rn. 2; Nomos BGB/ Krug (5. Aufl.), § 1992 Rn. 5; jurisPK BGB/Klinck (8. Aufl.), § 1992 Rn. 4.

882 Würde man sich mit der bloßen Möglichkeit einer Überschuldung begnügen, würde die Beweislast dem sachfremden Vermächtnisnehmer oder Auflagenberechtigten

III. Einrede des Vermächtnisnehmers aus § 2187 BGB

Der mit dem Untervermächtnis oder der Auflage beschwerte Vermächtnisnehmer muss nicht mehr leisten, als er selbst aus dem Vermächtnis erhält. Der Vermächtnisnehmer darf daher die Leistung verweigern, wenn dasjenige, was er aus dem Vermächtnis erhält, nicht zur Erfüllung des Vermächtnisses ausreicht.[883]

Die Überschwerung führt aber nicht zur Unwirksamkeit des Vermächtnisses, sondern gibt dem Vermächtnisnehmer lediglich ein Recht zur Erfüllungsverweigerung, für dessen Geltendmachung in § 2187 Abs. 3 BGB auf § 1992 BGB verwiesen wird.[884] Das gilt gem. § 2187 Abs. 2 BGB auch für denjenigen, der nach § 2161 BGB an die Stelle des ursprünglich beschwerten Vermächtnisnehmers tritt.[885]

IV. Kürzungsbefugnis des Vermächtnisnehmers nach § 2188 BGB

1. Kürzungsrecht

§ 2188 BGB gewährt dem Hauptvermächtnisnehmer eine Kürzungsbefugnis in Form einer Einrede, wenn das ihm zugewandte Vermächtnis selbst gekürzt wurde.[886] Um eine Überschwerung wie in § 2187 BGB geht es hier nicht.[887] Der Hauptvermächtnisnehmer braucht die Beschwerung nur zu derjenigen Quote zu erfüllen, die er selbst auf das Hauptvermächtnis erhält.[888]

2. Umgehung der Kürzung

Eine Kürzung zulasten der Stiftung kann der Erblasser mit Hilfe von § 2189 BGB umgehen. Grundsätzlich sind sämtliche Beschwerungen, mit denen ein Hauptvermächtnisnehmer belastet ist, auch hinsichtlich der Kürzungslast gleichrangig

---

aufgebürdet. Ein besonderes Schutzbedürfnis des Erben lässt sich für diese Ansicht nicht anführen, s. jurisPK BGB/Klinck (8. Aufl.), § 1992 Rn. 3; Soergel/Stein (13. Aufl.), § 1992 Rn. 2; Muscheler, Erbrecht II, S. 1906 Rn. 3681; a. A. Staudinger/Dobler (2016), § 1992 Rn. 2.

883 MüKo BGB/Rudy (7. Aufl.), § 2187 Rn. 2.

884 MüKo BGB/Rudy (7. Aufl.), § 2187 Rn. 1; Staudinger/Otte (2013), § 2187 Rn. 6, will es schon genügen lassen, wenn die ernsthafte Möglichkeit besteht, dass das Vermächtnis nicht ausreicht.

885 Staudinger/Otte (2013), § 2161 Rn. 5.

886 Staudinger/Otte (2013), § 2188 Rn. 4.

887 Nomos BGB/Horn/J. Mayer (5. Aufl.), § 2188 Rn. 1

888 Staudinger/Otte (2013), § 2188 Rn. 3.

zu behandeln.[889] Dem hilft § 2189 BGB ab. Er gibt dem Erblasser bei der Anordnung mehrerer von Gesetzes wegen gleichrangiger Vermächtnisse und Auflagen die Möglichkeit, eine abweichende Rangfolge herzustellen, die sowohl innerhalb als auch außerhalb des Insolvenzverfahrens wirksam und beachtlich ist.[890]

Der Erblasser kann so der Beschwerung einen Vorrang einräumen, welche die Anordnung der unselbständigen Stiftung enthält. Lediglich an dem Vorrang pflichtteilsersetzender Vermächtnisse kann der Erblasser wegen der zwingenden Natur des Pflichtteilsrechts nichts ändern.[891]

V. Einrede des Auflagenbegünstigten aus § 2187 BGB und § 2188 BGB

Grundsätzlich sind die §§ 2186–2188 BGB ihrem Wortlaut nach bei der Beschwerung eines Vermächtnisnehmers mit einer Auflage anwendbar. Das sagt jedoch nichts darüber aus, ob sie auch anwendbar sind, wenn ein Auflagenbegünstigter mit einer Auflage beschwert ist.

1. Einrede aus § 2187 BGB

Aus dem Vermächtnisrecht sind die Vorschriften anwendbar, die nur mit der Leistungspflicht des Beschwerten in Zusammenhang stehen.[892]

§ 2187 BGB betrifft den Umfang der Haftung des Hauptvermächtnisnehmers. Er gewährt dem Hauptvermächtnisnehmer eine gegenständliche Haftungsbeschränkung, da die Verbindlichkeiten aus einem Untervermächtnis oder einer dem Vermächtnisnehmer auferlegten Auflage keine Nachlassverbindlichkeiten i.S.d. § 1967 Abs. 2 BGB darstellen.[893] Die allgemeinen erbrechtlichen Haftungsbeschränkungen der §§ 1975 ff. BGB gelten daher nicht.[894] Die Normen schützen den Hauptvermächtnisnehmer davor, dass er durch die Beschwerungen über seinen Vorteil hinaus belastet wird.[895] Sie berechtigen ihn zu einer Erfüllungsverweigerung, deren Geltendmachung nach §§ 2187 Abs. 3, 2192 BGB erfolgt.[896] Es

889 Nomos BGB/Horn/J. Mayer (5. Aufl.), § 2189 Rn. 1.
890 Nomos BGB/Horn/J. Mayer (5. Aufl.), § 2189 Rn. 2; Staudinger/Otte (2013), § 2189 Rn. 1.
891 Nomos BGB/Horn/J. Mayer (5. Aufl.), § 2189 Rn. 2; Staudinger/Otte (2013), § 2189 Rn. 1.
892 Nomos BGB/Kroiß/J. Mayer (5. Aufl.), § 2192 Rn. 13. S. hierzu Kap. 3, lit. E, Ziff. II.2c).
893 Nomos BGB/Horn/J. Mayer (5. Aufl.), § 2187 Rn. 1.
894 Nomos BGB/Horn/J. Mayer (5. Aufl.), § 2186 Rn. 1.
895 Nomos BGB/Horn/J. Mayer (5. Aufl.), § 2186 Rn. 1.
896 Nomos BGB/Horn/J. Mayer (5. Aufl.), § 2187 Rn. 1.

handelt sich folglich um eine Norm, die den Beschwerten und dessen Leistungspflicht betrifft und die keinen bestimmten Bedachten voraussetzt.

Die mit einer Auflage beschwerten Auflagenbegünstigten sind zu einer Leistung verpflichtet[897]; im Übrigen sind sie auch dem Erfüllungsanspruch der Vollziehungsberechtigten ausgesetzt. Sie müssen, wie der Vermächtnisnehmer, vor einer Überlastung durch Beschwerungen geschützt sein. Anderenfalls würde der mit einer Unterauflage Beschwerte schlechterstehen als ein beschwerter Vermächtnisnehmer.

Soweit in der Literatur vertreten wird, § 2187 BGB sei im Rahmen der Auflage nicht anwendbar, resultiert diese Annahme aus der hier nicht vertretenen Auffassung, der Auflagenbegünstigte könne nicht selbst mit einer Auflage beschwert werden.[898] Geht man aber davon aus, dass eine Unterauflage unter bestimmten Voraussetzungen möglich ist, muss auch die Anwendung von § 2187 BGB zugunsten des Auflagenbegünstigten möglich sein.

2. *Kürzungsbefugnis aus § 2188 BGB*

Zum selben Ergebnis wie bei § 2187 BGB kommt man auch bei der Frage, ob die Kürzungseinrede aus § 2188 BGB von einem mit einer Unterauflage beschwerten Auflagenbegünstigten erhoben werden kann.

Der Gesetzgeber wollte dem Hauptvermächtnisnehmer mit § 2188 BGB eine Erleichterung schaffen, falls das ihm zustehende Hauptvermächtnis aus Rechtsgründen gekürzt wird.[899] Die Norm betrifft wie § 2187 BGB die Leistungspflicht des Beschwerten. Einen bestimmten Bedachten setzt sie nicht voraus. Die von § 2188 BGB gewährte Unterstützung benötigt ein mit einer Auflage beschwerter Auflagenbegünstigter in gleichem Maße. Auch seine Auflage kann aus Rechtsgründen gekürzt werden.

E. Nicht- oder Schlechtleistung des Stiftungsträgers

Die größte Gefahr für die unselbständige Stiftung ist wohl die Nicht- und Schlechtleistung des Stiftungsträgers. Die Konsequenzen von Nicht- und Schlechtleistung hängen davon ab, in welcher Form der Stiftungsträger das

---

897 Aus diesem Grund lässt die Literatur auch die Anwendung der §§ 2182–2184 BGB auf die Auflage zu, s. Lange/Kuchinke, Erbrecht, § 30, II.3c); Nomos BGB/Kroiß/J. Mayer (5. Aufl.), § 2192 Rn. 15; Soergel/Dieckmann (13. Aufl.), § 2192 Rn. 12.

898 Lange/Kuchinke, Erbrecht, § 30, II.3c); Nomos BGB/Kroiß/J. Mayer (5. Aufl.), § 2192 Rn. 13; Soergel/Dieckmann (13. Aufl.), § 2192 Rn. 12.

899 Nomos BGB/Horn/J. Mayer (5. Aufl.), § 2188 Rn. 1.

Vermögen erhalten hat und ob er mittels Vermächtnis oder Auflage an den Stiftungszweck gebunden wurde.

I. Nicht- oder Schlechtleistung eines mit einer Auflage beschwerten Stiftungsträgers

1. Stiftungsträger als Erbe (beschwert mit einer Auflage)

a) Nicht- oder Schlechtleistung des Stiftungsträgers

§ 2196 BGB regelt ausschließlich den Fall der vom Stiftungsträger zu vertretenden Unmöglichkeit der Auflagenvollziehung. Die in der Praxis relevanteren Fälle der Nicht- oder Schlechtleistung sind von ihm nicht umfasst.[900]

(1) Klage auf Erfüllung

Leistet der Stiftungsträger nicht, können die nach § 2194 BGB Berechtigten auf Erfüllung der Auflage klagen. Der Vollziehungsberechtigte klagt in eigenem Namen und ist Partei im Prozess.[901] Die Rechtskraft eines Urteils, das gegen einen Vollziehungsberechtigten ergangen ist, wirkt nicht gegen die anderen. Die einzelnen Vollziehungsberechtigten sind also keine notwendigen Streitgenossen i.S.v. § 62 ZPO.[902]

In vielen Fällen wird die Durchsetzung des Vollziehungsanspruchs im Rahmen einer Stufenklage gem. § 254 ZPO stattfinden.[903] Der Vollziehungsberechtigte wird zunächst Auskunft vom Träger über seine bisherigen Stiftungstätigkeiten fordern müssen. Ein Auskunftsanspruch steht ihm aus § 242 BGB zu oder ergibt sich direkt aus der letztwilligen Verfügung.[904]

(2) Antrag auf Nachlassverwaltung und Schadensersatzansprüche

Besteht die Befürchtung, dass die Erfüllung der Auflage durch das Verhalten des Beschwerten, hier des Stiftungsträgers, gefährdet ist, bspw. bei schuldhaft schlechter Verwaltung oder Nichtleistung, besteht wie bei einer kritischen Vermögenslage des beschwerten Stiftungsträgers die Möglichkeit, beim

900 Seyfarth, Schutz der unselbstständigen Stiftung, S. 107.

901 Nomos BGB/Kroiß/J. Mayer (5. Aufl.), § 2194 Rn. 16; Damrau PK Erbrecht/Daragan (3. Aufl.), § 2194 Rn. 30.

902 Nomos BGB/Kroiß/J. Mayer (5. Aufl.), § 2194 Rn. 16.

903 So auch im Urteil des OLG Schleswig, BeckRS 2017, 132055 (abrufbar in beck-online).

904 S. zum Inhalt des Auskunftsanspruchs auch Kap. 2, lit. B, Ziff. IV.6.

Nachlassgericht die Anordnung der Nachlassverwaltung nach § 1981 Abs. 2 S. 1 BGB zu beantragen.[905]

Wurde die Nachlassverwaltung angeordnet, sind die vom Stiftungsträger als Erben vor Eröffnung der Nachlassverwaltung getätigten Geschäfte zwar wirksam. Allerdings ist er nach § 1978 BGB bei pflichtwidrigem Handeln zum Schadensersatz verpflichtet.

Voraussetzung eines jeden Schadensersatzanspruchs ist aber der Eintritt eines Schadens. Dieser tritt jedenfalls nicht beim Vollziehungsberechtigten ein, da es diesem an einem materiellen Schaden fehlt.[906] Ein Schadensersatzanspruch des Auflagenbegünstigten, bei der Stiftung die Destinatäre, scheidet aus, da es an dessen Anspruch mangelt.[907] Aus diesen Gründen scheiden auch deliktische Schadensersatzansprüche aus.[908] Das Gesetz sieht nur bei zu vertretender Unmöglichkeit des Beschwerten einen Herausgabeanspruch gem. § 2196 BGB vor.[909]

An dieser Stelle zeigt sich die große Schwäche der Anspruchslosigkeit der Auflage. Trotz Schaden ist es niemandem möglich, einen Schadensersatzanspruch geltend zu machen.

b) Nichtleistung wegen Unmöglichkeit der Auflagenvollziehung

(1) Unmöglichkeit der Auflagenvollziehung und Unsinnigkeit des Stiftungszwecks

i. Unmöglichkeit

Die Auflagenvollziehung kann sich aus verschiedenen Gründen sowohl von vornherein als auch nachträglich als unmöglich erweisen.[910]

---

905 Muscheler, ErbR 2016, S. 358 (362).

906 Muscheler, ErbR 2016, S. 358 (362); MüKo BGB/Rudy (7. Aufl.), § 2194 Rn. 9; Nomos BGB/Kroiß/J. Mayer (5. Aufl.), § 2194 Rn. 14; Palandt/Weidlich (2019), § 2194 Rn. 1; Reuter, in: v. Campenhausen/Kronke/Werner (Hrsg.), Stiftungen in Deutschland und Europa, S. 203 (222); Staudinger/Otte (2013), § 2194 Rn. 15; Westebbe, Stiftungstreuhand, S. 114f.

907 MüKo BGB/Rudy (7. Aufl.), § 2194 Rn. 9; Nomos BGB/Kroiß/J. Mayer (5. Aufl.), § 2194 Rn. 14; Seyfarth, Schutz der unselbstständigen Stiftung, S. 125.

908 Anders Lange/Kuchinke, Erbrecht, § 30, III.5d)α, der in extremen Fällen einen Anspruch aus § 826 BGB annimmt.

909 S. Kap. 4, lit. E, Ziff. I.1b)(3).

910 Strohal, Das deutsche Erbrecht, S. 151.

Objektive Unmöglichkeit liegt nach § 275 Abs. 1 BGB vor, wenn eine geschuldete Leistung schlechthin von niemandem erbracht werden kann.[911] Subjektive Unmöglichkeit dagegen zeichnet sich dadurch aus, dass der Schuldner die Leistung jedenfalls nicht alleine erbringen kann, ein Dritter hingegen schon.[912] Grund für die eintretende Unmöglichkeit der Vollziehung kann ferner die Veränderung der tatsächlichen Umstände sein.[913] Zwingend ist das jedoch nicht:

Kann eine Auflage infolge veränderter Umstände nicht mehr wie vom Erblasser bestimmt vollzogen werden, ist sie dennoch möglich, wenn dem mit ihr zum Ausdruck gebrachten Anliegen des Erblassers durch eine andere Art der Vollziehung Rechnung getragen werden kann.[914] § 2084 BGB zeigt, dass der Gesetzgeber dem Erblasserwillen möglichst weitgehend zur Geltung verhelfen wollte. Dem würde es widersprechen, wenn eine Auflage als unwirksam angesehen wird, obwohl sie in abgewandelter Form dem Erblasserwillen ebenso entsprechen kann.[915] Der BGH hatte dies in einem Fall entschieden, in dem Bewohner einer Pflegeanstalt im Wege der Auflage verpflichtet wurden, einmal jährlich eine Wallfahrt zur Gruft der Erblasserin zu unternehmen. Da die Familiengruft aufgelöst wurde, war die Auflage nicht mehr umsetzbar. Das Gericht legte den Willen der Erblasserin aber dahin aus, dass es ihr im Wesentlichen um ein jährliches Gedenken der Anstaltsbewohner ging, der Ort der Gedenkfeier sei für sie zweitrangig gewesen. Die Auflage könne daher entsprechend angepasst werden und die Gedenkfeier am neu eingerichteten Familiengrab stattfinden.[916]

ii. Unsinnigkeit

Obwohl der Begriff der „Unsinnigkeit" kein Rechtsbegriff ist, ist die Frage, was passiert, wenn die Zweckerfüllung unsinnig wird, von Interesse. Es ist durchaus vorstellbar, dass eine Zweckverfolgung zwar weiterhin möglich ist, sie aber keinen Sinn mehr machen würde, weil sich im Laufe der Jahre die Gegebenheiten geändert haben. Die Unsinnigkeit der weiteren Verfolgung des Stifterwillens zu erfassen, ist allerdings schwierig.[917] Es stellt sich die Frage, aus wessen Sicht sich die Unsinnigkeit beurteilt. *Westebbe* weist hier zu Recht darauf hin, dass sich diese ausschließlich aus Sicht des Erblassers beurteilen lässt, kann es doch sein,

911 MüKo BGB/Ernst (7. Aufl.), § 275 Rn. 36.
912 MüKo BGB/Ernst (7. Aufl.), § 275 Rn. 52.
913 Herzog, Unselbständige Stiftung des bürgerlichen Rechts, S. 80.
914 BGH, NJW 1965, S. 688 (688).
915 BGH, NJW 1965, S. 688 (688).
916 Sachverhalt nach BGH, NJW 1965, S. 688f.
917 Westebbe, Stiftungstreuhand, S. 165.

dass er die Stiftung gerade deshalb gründet, „um den allgemeinen Vorstellungen von Sinn und Unsinn zu trotzen".[918]

(2) Konsequenzen der Unsinnigkeit

Bei Schaffung des BGB ging man davon aus, dass widersinnige Auflagen unwirksam seien.[919] Dem ist so pauschal jedoch nicht zuzustimmen. Der Erblasser muss eine Stiftung gründen dürfen deren Sinnhaftigkeit fraglich ist. Erst wenn der Stiftungszweck aufgrund seiner Unsinnigkeit die Grenzen der §§ 134, 138 BGB durchbricht oder aus anderen, vor allem tatsächlichen, Gründen unmöglich ist, ist der Stiftungszweck unwirksam.

Ist die Stiftungsgründung aber kein rebellischer Akt, sondern ergibt sich die Unsinnigkeit des Zwecks aus den geänderten gesellschaftlichen und rechtlichen Voraussetzungen, wird es nicht dem Erblasserwillen entsprechen, die Stiftung mit der ursprünglich gewählten Zwecksetzung zu errichten. In diesen Fällen ist durch Auslegung zu versuchen, dem Stiftungsgeschäft Informationen zu entnehmen, was im Falle eines unsinnigen Stiftungszwecks geschehen soll.[920]

(3) Konsequenzen der Unmöglichkeit

Fraglich sind die Folgen der Unmöglichkeit für die Zuwendung an den Stiftungsträger, da dieser bei Unmöglichkeit gem. § 275 BGB von seiner Leistungspflicht befreit wird. Von Interesse ist dabei insbesondere, ob der Stiftungsträger die Zuwendung zur freien Verfügung behalten darf. Dabei sind die Fälle von anfänglicher und nachträglicher Unmöglichkeit zu unterscheiden.

i. § 2195 BGB bei anfänglicher Unmöglichkeit der Auflage

Gem. § 2192 BGB i.V.m. § 2171 Abs. 1 BGB ist eine Auflage, die anfänglich unmöglich ist, unwirksam.[921] § 2195 BGB wiederum ordnet bei einer unwirksamen Auflage die Unwirksamkeit der Zuwendung an, wenn anzunehmen ist, dass der Erblasser die Zuwendung nicht ohne die (unwirksame) Auflage getätigt hätte.

---

918 Westebbe, Stiftungstreuhand, S. 165.

919 Jakobs/Schubert, Beratung des BGB, Teil 2, S. 1366.

920 Westebbe, Stiftungstreuhand, S. 168 ff.

921 So auch Brox/Walker, ErbR, § 28 Rn. 7. Einige Literaturstimmen gehen davon aus, dass eine Auflage auch bei ihrer nachträglichen Unmöglichkeit unwirksam ist, s. Strohal, Das deutsche Erbrecht, S. 151; Soergel/Dieckmann (13. Aufl.), § 2195 Rn. 3. Eine gesetzliche Grundlage dafür findet sich aber nicht. § 2171 BGB, auf den § 2192 BGB verweist, ist in dieser Hinsicht eindeutig. So sieht das wohl auch Herzog, Unselbständige Stiftung des bürgerlichen Rechts, S. 80.

§ 2195 BGB drückt nochmal speziell für die Auflage das aus, was bereits § 2085 BGB anordnet. Grundsätzlich berührt die unwirksame Auflage die Zuwendung an den Beschwerten nicht.[922] Etwas anderes gilt nur, wenn der Erblasser die Zuwendung nicht ohne die (unwirksame) Auflage getätigt hätte. Das Gegenteil ist von demjenigen zu beweisen, der die Unwirksamkeit der Zuwendung geltend macht.[923]

Die Anforderungen an die Abhängigkeit der Zuwendung von der Auflage werden in der Literatur unterschiedlich beurteilt. Richtigerweise ist die Zuwendung unwirksam, wenn sie ausschließlich zu dem Zweck getätigt wurde, die Auflage zu erfüllen.[924] Das ist unter anderem der Fall, wenn die Beschwerung des Bedachten nur in Form einer Auflage sinnvoll ist und nach der Vorstellung des Erblassers der Wert der Zuwendung vollständig für die Vollziehung der Auflage zu verwenden war.[925]

Andere Stimmen in der Literatur meinen, es genüge, wenn die Zuwendung lediglich in erster Linie zur Erfüllung der Auflage gemacht wurde.[926] Sie verkennen aber, dass jeder weitere Zuwendungszweck den Tatbestand des § 2195 BGB ausschließt.[927] Sie ist zudem zu ungenau und wird dem Ausnahmecharakter der Norm nicht gerecht.

Unabhängig davon, welcher Ansicht man folgt, liegt jedenfalls im Rahmen der Errichtung einer unselbständigen Stiftung von Todes wegen ein Wirksamkeitszusammenhang von Auflage und Vermögenszuwendung sehr nahe.

Möchte der Erblasser eine unselbständige Stiftung errichten, ist in vielen Fällen die Auflage das taugliche Mittel – bei einer gemeinnützigen Stiftung sogar ausschließlich.[928] Regelmäßig soll auch in diesen Fällen nach der Vorstellung des Erblassers der gesamte Wert der Zuwendung für die Vollziehung der Auflage

---

922 Muscheler, Erbrecht II, S. 1329 Rn. 2688.

923 Muscheler, Erbrecht II, S. 1329 Rn. 2690; MüKo BGB/Rudy (7. Aufl.), § 2195 Rn. 2.

924 Muscheler, Erbrecht II, S. 1329 Rn. 2690; Staudinger/Otte (2013), § 2195 Rn. 3; wohl auch: Erman BGB/Nobis (14. Aufl.) Band II, § 2195 Rn. 1.

925 Staudinger/Otte (2013), § 2195 Rn. 3.

926 Bamberger/Roth BGB/Müller-Christmann (3. Aufl.), § 2195 Rn. 1; jurisPK BGB/Linnartz (8. Aufl.), § 2195 Rn. 1; Palandt/Weidlich (2019), § 2195 Rn. 1; RGRK/Johannsen (12. Aufl.), § 2195 Rn. 1; Soergel/Dieckmann (13. Aufl.), § 2195 Rn. 2. Das in MüKo BGB/Rudy (7. Aufl.), § 2195 Rn. 2 geforderte Abgrenzungskriterium, die Zuwendungen sollen miteinander „stehen" und „fallen", verwischt die Grenzen zur bedingten Zuwendung zu sehr, s. Nomos BGB/Kroiß/J. Mayer (5. Aufl.), § 2195 Rn. 5.

927 Staudinger/Otte (2013), § 2195 Rn. 3.

928 S. Kap. 2, lit. C, Ziff. I.3a).

verwendet werden. Gerade bei der Einsetzung einer juristischen Person oder einer natürlichen, dem Erblasser nicht nahestehenden Person als Stiftungsträger spricht vieles dafür, dass es dem Erblasser bei der Vermögenszuwendung einzig auf die Erfüllung der Auflage ankam und nicht auf eine darüber hinausgehende Begünstigung des Beschwerten.

ii. Herausgabe nach § 2196 BGB bei vom Stiftungsträger zu vertretender anfänglicher und nachträglicher Unmöglichkeit

Grundvoraussetzung des § 2196 BGB ist, dass ein Fall des § 2195 BGB nicht vorliegt.[929] Bei einer anfänglich unmöglichen Auflage ist § 2196 BGB daher von vorneherein nicht einschlägig. Liegt ein Fall der nachträglichen Unmöglichkeit vor, greift § 2195 BGB hingegen nicht, da die nachträgliche Unmöglichkeit die Auflage nicht unwirksam werden lässt. Zusätzlich muss der Stiftungsträger als Erbe und Auflagenbeschwerter die Unmöglichkeit der Vollziehung zu vertreten haben.

Liegen diese Voraussetzungen vor, ordnet der Gesetzgeber in § 2196 BGB einen Herausgabeanspruch an.[930] Anspruchsberechtigter aus § 2196 BGB ist derjenige, dem der Wegfall des zunächst Beschwerten unmittelbar zugutekommen würde. Gegenstand der Herausgabepflicht ist das, was der Beschwerte zur Vollziehung der Auflage hätte verwenden müssen.[931]

Der Umfang des Herausgabeanspruchs richtet sich nach den Vorschriften über die ungerechtfertigte Bereicherung. Bei der Prüfung der Bereicherung sind nur die Gegenstände miteinzubeziehen, die zur Erfüllung der Auflage heranzuziehen waren, und nicht der Nachlass schlechthin.[932]

War die Auflage mittels eines bestimmten Gegenstandes zu erfüllen und geht dieser Gegenstand unter, besteht kein Anspruch aus §§ 2196, 818 BGB, wenn der Beschwerte für diesen keinen Ersatz oder Ersatzanspruch erhält. Der Beschwerte ist gem. § 818 Abs. 3 BGB entreichert. § 819 BGB kann nicht greifen, da dieser einen einmal entstandenen Bereicherungsanspruch voraussetzt.[933]

---

929 Staudinger/Otte (2013), § 2196 Rn. 1.

930 BGHZ 121, 357 (367); Muscheler, ErbR 2016, S. 358 (362); Staudinger/Otte (2013), § 2194 Rn. 15.

931 Staudinger/Otte (2013), § 2196 Rn. 4.

932 Staudinger/Otte (2013), § 2196 Rn. 5; MüKo BGB/Rudy (7. Aufl.), § 2196 Rn. 7; Muscheler, ErbR 2016, S. 358 (362); a. A.: Soergel/Dieckmann (13. Aufl.), § 2196 Rn. 8.

933 Staudinger/Otte (2013), § 2196 Rn. 5; MüKo BGB/Schwab (7. Aufl.), § 819 Rn. 1; MüKo BGB/Rudy (7. Aufl.), § 2196 Rn. 7; Hauger, Die unselbständige Stiftung, S. 102; Herzog, Unselbständige Stiftung des bürgerlichen Rechts, S. 80; Muscheler, ErbR 2016, S. 358 (362); a. A. RGRK BGB/Johannsen (12. Aufl.), § 2196 Rn. 4; Soergel/Dieckmann (13. Aufl.), § 2196 Rn. 8; Brox/Walker, ErbR, § 28 Rn. 8.

Dementsprechend ist auch der Lösungsversuch der Literatur, die verschärfte bereicherungsrechtliche Haftung mit dem Ereignis eintreten zu lassen, das zur Unmöglichkeit der Leistung führt, erfolglos.[934]

Strittig, aber zu verneinen ist die Frage, ob der Herausgabeberechtigte verpflichtet ist, die Auflage mit dem Erlangten zu erfüllen. Weder kann der Herausgabeberechtigte mit einer Auflage oder einem Vermächtnis beschwert werden, das können nach dem Gesetz nur Erben, Vermächtnisnehmer und unter Umständen der Auflagenbegünstigte, noch lässt sich das aus einer Anordnung des Erblassers herleiten.[935]

Da der Beschwerte wirtschaftlich nicht besserstehen soll, als wenn er die Auflage erfüllt hätte, besteht ein Herausgabeanspruch auch, wenn mit Erfüllung der Auflage Kosten verbunden sind und der Beschwerte sich diese aufgrund der Unmöglichkeit erspart hat.[936]

2. Stiftungsträger als Vermächtnisnehmer (beschwert mit einer Auflage)

a) Nicht- oder Schlechtleistung des Stiftungsträgers

Bei Nichtleistung des Vermächtnisnehmers können die Vollziehungsberechtigten gem. § 1994 BGB zunächst auf Erfüllung klagen. Die Anordnung einer Nachlassverwaltung scheidet bei einem Vermächtnisnehmer als Stiftungsträger, der nicht oder schlecht leistet, aus.

b) Unmöglichkeit und Unwirksamkeit der Auflage

Es gilt das zu einem mit einer Auflage beschwerten Erben als Stiftungsträger Gesagte.

---

934 Soergel/Dieckmann (13. Aufl.), § 2196 Rn. 8; wohl auch Lange/Kuchinke, Erbrecht, § 30, III.5d)α.

935 Soergel/Dieckmann (13. Aufl.), § 2196 Rn. 8; Staudinger/Otte (2013), § 2196 Rn. 6; MüKo BGB/Rudy (7. Aufl.), § 2196 Rn. 8; Muscheler, ErbR 2016, S. 358 (362); jurisPK BGB/ Linnartz (8. Aufl.), § 2196 Rn. 13; Herzog, Unselbständige Stiftung des bürgerlichen Rechts, S. 126; a. A.: Kipp/Coing, Erbrecht, § 65, III.; RGRK BGB/Johannsen (12. Aufl.), § 2196 Rn. 2; Palandt/Weidlich (2019), § 2196 Rn. 2.

936 Soergel/Dieckmann (13. Aufl.), § 2196 Rn. 8; Staudinger/Otte (2013), § 2196 Rn. 4; MüKo BGB/Rudy (7. Aufl.), § 2196 Rn. 6; Muscheler, ErbR 2016, S. 358 (362).

3. *Stiftungsträger als Auflagenbegünstigter (beschwert mit einer Auflage)*

a) *Nicht- oder Schlechtleistung des Stiftungsträgers*

Möglich ist hier wie bei einem mit einer Auflage beschwerten Vermächtnisnehmer die Klage auf Erfüllung gem. § 2194 BGB durch die Vollziehungsberechtigten. Die Anordnung einer Nachlassverwaltung scheidet aus.

b) *Unmöglichkeit und Unwirksamkeit der Auflage*

Es gilt das zu einem mit einer Auflage beschwerten Erben als Stiftungsträger Gesagte.

4. *Bewertung*

a) *Schutz der unselbständigen Stiftung von Todes wegen*

Die obigen Ausführungen zeigen, dass die unselbständige Stiftung von Todes wegen, die mittels Auflage errichtet wurde, nicht adäquat geschützt werden kann.

Bei Nicht- oder Schlechtleistung gibt es zwar die Möglichkeit einer Klage und bei einem beschwerten Erben die Anordnung der Nachlassverwaltung. Ein bereits angerichteter Schaden wird aber nicht ersetzt. Dennoch kann die Nachlassverwaltung immerhin ein Mittel sein, um eine in der Gefahr der Schädigung stehende Stiftung zu retten. Aufgrund der damit verbundenen gerichtlichen Kontrolle entstünde auch eine gewisse Sicherheit für die Stiftung. Gleichzeitig würde dies eine der unselbständigen Stiftung fremde staatliche Einmischung bedeuten.

In Fällen der Unmöglichkeit bietet auch § 2196 BGB keinen ausreichenden Schutz.[937] Die für die Stiftung lebensnotwendige Wiederherstellung des Wertes des Stiftungsvermögens kann nicht verlangt werden.[938] Selbst wenn § 2196 BGB erfolgreich geltend gemacht wird, führt das regelmäßig zur Beendigung der unselbständigen Stiftung, da der Herausgabeberechtigte nicht zur Erfüllung der Auflage verpflichtet ist.[939]

Wird die Erfüllung des Stiftungszwecks ohne Verschulden des Stiftungsträgers unmöglich, wird er bei der Anwendbarkeit von § 2196 BGB von seiner Verpflichtung frei und darf die Zuwendung behalten.[940] § 2196 BGB greift

---

937 So auch Seyfarth, Schutz der unselbstständigen Stiftung, S. 106.

938 Westebbe, Stiftungstreuhand, S. 186.

939 Herzog, Unselbständige Stiftung des bürgerlichen Rechts, S. 126.

940 Ebersbach, Handbuch des Deutschen Stiftungsrechts, S. 181; Herzog, Unselbständige Stiftung des bürgerlichen Rechts, S. 80; Muscheler, ErbR 2016, S. 358 (362); RGRK/Johannsen (12. Aufl.), § 2196 Rn. 2; Staudinger/Otte (2013), § 2196 Rn. 2; Soergel/Dieckmann (13. Aufl.), § 2196 Rn. 8.

nicht, da er ein Verschulden voraussetzt. § 812 Abs. 1 S. 2 Alt. 2 BGB greift nicht, da § 2196 BGB als Lex specialis § 812 BGB ausschließt.[941] § 285 BGB ist mangels Schuldverhältnis zwischen Auflagenbegünstigtem und Stiftungsträger nicht anwendbar.

Kann § 2195 BGB bejaht werden, kommt es zwar nicht zu § 2196 BGB. Der Stiftungsträger muss die Zuwendung unabhängig von seinem Verschulden herausgegeben. Das ist jedoch nur ein schwacher Trost, da die Herausgabe wie bei § 2196 BGB nicht der Stiftung zugutekommt und deren Ende bedeutet.

b) *Regelungen in der letztwilligen Verfügung für Nicht- und Schlechtleistung bzw. Unmöglich- und Unwirksamkeit*

(1) Regelungsoptionen

Um Auslegungsprobleme im Rahmen von § 2195 BGB zu vermeiden, kann der Erblasser in seiner letztwilligen Verfügung die Abhängigkeit von Auflage und Zuwendung anordnen.[942] Zusätzlich sollte angeordnet werden, wem die Zuwendung anstelle des ursprünglich Beschwerten zugutekommen sollte.

Für die Fälle der Nicht- und Schlechtleistung des Stiftungsträgers können testamentarische Regelungen getroffen werden. Sinnvoll ist eine Regelung, die die Zuwendung unter Auflage unter die auflösende Bedingung ihrer Erfüllung stellt. Da § 2196 BGB dispositiv ist,[943] ist das auch in Fällen der nachträglichen, vom Stiftungsträger unverschuldeten, Unmöglichkeit möglich.[944]

Die Regelung muss allerdings genau durchdacht sein und führt bei einer bedingten Erbeinsetzung zu einer sog. „konstruktiven Vor- und Nacherbfolge“[945].[946]

Vereinzelt wird in der Literatur vertreten, eine Auflage setze voraus, dass der mit ihr Beschwerte die Auflage behalten dürfe, wenn er die Unmöglichkeit nicht zu vertreten habe.[947] Diese Auffassung findet im Gesetz aber keine Stütze.

941 MüKo BGB/Weitemeyer (8. Aufl.), § 80 Rn. 286; Muscheler, ErbR 2016, S. 358 (362). RGZ 105, 305 (309) geht davon wohl bei einer Schenkung unter Auflage ebenfalls aus. Da es aber letztlich eine Treuhandstiftung annimmt, greift es auf § 812 BGB zurück.

942 Nomos BGB/Kroiß/J. Mayer (5. Aufl.), § 2195 Rn. 6.

943 Staudinger/Otte (2013), § 2196 Rn. 8; MüKo BGB/Rudy (6. Aufl.), § 2196 Rn. 2; Nomos BGB/Kroiß/J. Mayer (5. Aufl.), § 2196 Rn. 8.

944 Stumpf, in: Andrick/Gantenbrink/Janitzki u.a. (Hrsg.), Die Stiftung, 11. Jg., S. 23 (32).

945 Zum Begriff s. Nomos BGB/Selbherr (5. Aufl.), § 2074 Rn. 9.

946 S. Kap. 2, lit. B, Ziff. III.2a)(1).

947 MüKo BGB/Weitemeyer (8. Aufl.), § 80 Rn. 278 und zuvor schon MüKo BGB/Reuter (6. Aufl.), vor § 80 Rn. 108.

Auflagen dürfen generell unter eine Bedingung gestellt werden.[948] Insbesondere darf ihre Wirksamkeit von der auflösenden Bedingung ihrer Nichterfüllung abhängig gemacht werden.[949] § 2196 BGB ist keine zwingende Vorschrift.[950] Der Erblasserwille ist auch hier vorrangig.[951] Es würde ein Widerspruch zu § 2195 BGB entstehen, würde dort der Erblasserwille Berücksichtigung finden, bei § 2196 BGB, der mit diesem in engem Zusammenhang steht, aber nicht.

Tritt die auflösende Bedingung ein, entfällt die Einsetzung des Stiftungsträgers als Begünstigter. Keinesfalls wird er dadurch jedoch Verwaltungsvollstrecker.[952] Die Testamentsvollstreckerregelungen passen insgesamt nicht auf die Stellung des Stiftungsträgers. Insbesondere spricht § 2227 BGB gegen die Annahmen einer Testamentsvollstreckung. Der Stiftungsträger könnte vom Staat entlassen werden, was dem System der staatsfreien unselbständigen Stiftung widerspricht. Stattdessen wird der Stiftungsträger, je nach Gestaltung, endgültig zum Vorerben oder Vorvermächtnisnehmer.

Ist nur die Zuwendung unwirksam, muss (je nach Erblasserwillen) wegen §§ 2192 i.V.m. 2161 BGB der Wegfall der Beschwerung gesondert angeordnet werden, ansonsten bleibt die Auflage trotz Wegfall des Beschwerten bestehen.

Regelungen für den Fall der Schlechtleistung können in der letztwilligen Verfügung aufgenommen werden. Eine Schlechtleistung könnte bspw. eine falsche Anlageentscheidung hinsichtlich des Stiftungsvermögens darstellen. Dabei ist aber zu bedenken, dass es nicht i.S.d. Erblassers ist, wenn bei jeder noch so geringen Schlechtleistung Zuwendung und Beschwerung entfallen und damit eventuell die Stiftung beendet werden würde. Die Regelung muss daher sehr differenziert getroffen werden.

Sollen mit der unselbständigen Stiftung steuerbegünstigte Zwecke im Sinne der §§ 51 ff. AO verfolgt werden, ist bei jeder Ersatzgestaltung wegen des Grundsatzes der Vermögensbindung Vorsicht geboten.[953] Es sollte stets bestimmt werden, dass das Vermögen für steuerbegünstigte Zwecke im Sinne der §§ 51 ff. AO verwendet wird.[954]

948 S. Kap. 1, lit. A, Ziff. IV.2b)(2).

949 RGRK BGB/Johannsen (12. Aufl.), § 2196 Rn. 2; Staudinger/Otte (2008), § 1940 Rn. 3; Nomos BGB/Kroiß/J. Mayer (5. Aufl.), § 1940 Rn. 9; Burandt/Rojahn/Burandt (3. Aufl.), § 2196 Rn. 2.

950 RGRK BGB/Johannsen (12. Aufl.), § 2196 Rn. 2.

951 Mugdan, V, S. 112 (Motive); Kipp/Coing, Erbrecht, § 65, III.

952 So aber in MüKo BGB/Weitemeyer (7. Aufl.), § 80 Rn. 209. In MüKo BGB/Weitemeyer (8. Aufl.), § 80 Rn. 279 wird das nicht mehr vertreten.

953 Herzog, Unselbständige Stiftung des bürgerlichen Rechts, S. 81.

954 Herzog, Unselbständige Stiftung des bürgerlichen Rechts, S. 81.

(2) Formulierungsvorschläge für die Fälle der Unwirksamkeit, der Unmöglichkeit und der Nichtleistung der Auflage[955]

1. Wirksamkeitszusammenhang von Erbeinsetzung und Auflage
Die Unwirksamkeit der Auflage i.S.v. § 2195 BGB hat die Unwirksamkeit der unter der Auflage gemachten Erbeinsetzung zur Folge.
2. Auflösend bedingte Erbeinsetzung und auflösend bedingte Auflage
Ist die Erfüllung der Auflage unmöglich oder leistet der Erbe ST nicht[956], gleich aus welchem Grund, gleich ob ein Verschulden des Erben vorliegt oder nicht, entfällt die Erbenstellung sowie die Auflage und es gelten die unter Ziff. 3 getroffenen Regelungen. § 2196 BGB ist ausdrücklich abbedungen.
3. Aufschiebend bedingte Erbeinsetzung für die Fälle der Unwirksamkeit, der Unmöglichkeit und der Nichtleistung
In den Fällen der Unwirksamkeit der Auflage, ihrer nachträglichen Unmöglichkeit oder der Nichtleistung soll die gemeinnützige Organisation *MNO* Alleinerbin werden. Das heißt, mein Vermögen geht in das Vermögen der Erbin über und vereinigt sich mit deren Vermögen zu einer Vermögensmasse.
Sollte die MNO als Erbin vor oder nach dem Erbfall wegfallen, gleich aus welchem Grund, so bestimme ich entgegen jeder anderslautenden gesetzlichen oder richterlichen Vermutungs- und Auslegungsregel die gemeinnützige Stiftung *GHI* zu meiner Ersatzerbin, wiederum ersatzweise soll die gemeinnützige Stiftung *DEF* Erbin werden.

II. Nicht- oder Schlechtleistung eines mit einem Vermächtnis beschwerten Stiftungsträgers

Das Vermächtnis gewährt dem Begünstigten lediglich einen schuldrechtlichen Anspruch. Für den dinglichen Rechtsübergang müssen gem. § 2174 BGB folglich die entsprechenden Erfüllungsgeschäfte erst noch vorgenommen werden. Die gegenseitigen Rechte und Pflichten des Bedachten und des Beschwerten richten sich nach den §§ 241 ff. BGB. Daraus ergeben sich bei Nicht- oder Schlechtleistung des Stiftungsträgers folgende Konsequenzen:

955 Aus Gründen der Einfachheit wurde die Formulierung für einen Erben, beschwert mit einer Auflage, gewählt. Es ergeben sich aber keine inhaltlichen Änderungen bei einem Vermächtnisnehmer, der mit einer Auflage beschwert ist.

956 Hier bietet es sich an, noch den Fall der Nichtleistung zu definieren.

1. Stiftungsträger als Erbe (beschwert mit einem Vermächtnis)

a) Nicht- oder Schlechtleistung des Stiftungsträgers

(1) Klage auf Erfüllung und Schadensersatz

Bei Nichtleistung steht den Vermächtnisnehmern zunächst eine Klage auf Erfüllung des Vermächtnisses offen.

Eine Nicht-, Schlecht- oder Zu-spät-Leistung eines Vermächtnisanspruchs stellt darüber hinaus eine Pflichtverletzung dar, auf die die §§ 280 ff. BGB anwendbar sind.[957] Soweit der Beschwerte die Pflichtverletzung zu vertreten hat, erhält der Vermächtnisnehmer seinen Schaden über § 280 BGB ersetzt.

Schadensersatz statt der Leistung kann der Begünstigte unter den Voraussetzungen des § 281 BGB verlangen und sogar Schadensersatz wegen Verzögerung der Leistung erhält er aus §§ 280 Abs. 1, 2, 286 BGB.[958]

§ 288 BGB Abs. 1 BGB gilt für das Geldvermächtnis.[959]

(2) Antrag auf Nachlassverwaltung

Die Vermächtnisnehmer als Nachlassgläubiger haben auch hier gegenüber dem Erben die Möglichkeit, nach § 1981 Abs. 2 S. 1 BGB die Anordnung der Nachlassverwaltung zu beantragen, wenn Grund zu der Annahme besteht, dass die Befriedigung der Nachlassgläubiger aus dem Nachlass durch das Verhalten des Erben gefährdet wird.[960]

b) Nichtleistung wegen Unmöglichkeit der Vermächtniserfüllung

(1) Anfängliche Unmöglichkeit

Ein anfänglich objektiv unmögliches Vermächtnis ist nach § 2171 Abs. 1 BGB unwirksam. § 2171 BGB gilt sowohl für die rechtliche als auch die tatsächliche Unmöglichkeit.[961] Für den Zeitpunkt der Unmöglichkeit ist der Erbfall maßgeblich.[962] Im Fall eines Vermächtnisses unter einer aufschiebenden Bedingung oder eines Anfangstermins nach § 2177 BGB kommt es auf den Zustand bei Eintritt der Bedingung oder des Anfangstermins an.[963]

---

957 Burandt/Rojahn/Burandt (3. Aufl.), § 2174 Rn. 9; Brambring, ZEV 2002, S. 137 (140); MüKo BGB/Rudy (7. Aufl.), § 2174 Rn. 11; Staudinger/Otte (2013), § 2174 Rn. 31.

958 Brambring, ZEV 2002, S. 137 (139).

959 Brambring, ZEV 2002, S. 137 (139).

960 Nomos BGB/Krug (5. Aufl.), § 1981 Rn. 11.

961 Nomos BGB/Horn/J. Mayer (5. Aufl.), § 2171 Rn. 3.

962 MüKo BGB/Rudy (7. Aufl.), § 2171 Rn. 4.

963 MüKo BGB/Rudy (7. Aufl.), § 2171 Rn. 4.

(2) § 2085 BGB bei anfänglicher Unmöglichkeit des Vermächtnisses

Das Pendant zu § 2195 BGB findet sich in § 2085 BGB wieder. Hier wie dort gilt der Grundsatz, dass die Unwirksamkeit einer letztwilligen Verfügung nicht die Unwirksamkeit des gesamten Testaments mit sich bringt, es sei denn, es ergibt sich ein anderer Erblasserwillen.

Im Fall eines unwirksamen Vermächtnisses und der ihm zugrundeliegenden Zuwendung liegt nach der hier vertretenen Auffassung wie bei § 2195 BGB aber ein anderer Erblasserwillen vor.[964] Ist das Vermächtnis unwirksam, soll der Stiftungsträger in der Regel auch nicht von der Zuwendung profitieren.

(3) Schadensersatzansprüche bei nachträglicher Unmöglichkeit

Führt der Stiftungsträger die Unmöglichkeit des Vermächtnisses nachträglich schuldhaft herbei, bleibt das Vermächtnis, vorbehaltlich einer anderen letztwilligen Verfügung, wirksam. Bei einem nachträglich unmöglichen Vermächtnis ist der Stiftungsträger bei Vorliegen der Voraussetzungen nach §§ 280 Abs. 1 und 3, 283 BGB zum Schadensersatz verpflichtet.

Ein Schadensersatzanspruch aus § 823 BGB steht dem Vermächtnisnehmer bei schuldhafter Zerstörung des Vermächtnisgegenstandes gegen den Beschwerten nicht zu. Geschützt sind im Rahmen von § 823 BGB nur absolute Rechte, wozu Forderungsrechte als relative Rechte nicht gehören.[965]

Hat der Stiftungsträger bei nachträglicher Unmöglichkeit aufgrund des zur Unmöglichkeit führenden Umstandes ein Surrogat erlangt, hat er dieses nach § 285 BGB herauszugeben. Auf sein Verschulden kommt es im Rahmen von § 285 BGB nicht an.

2. *Stiftungsträger als Vermächtnisnehmer (beschwert mit einem Untervermächtnis)*

Für ein Untervermächtnis gelten grundsätzlich dieselben Regeln wie für ein Vermächtnis. Das gilt nur nicht, wenn sich Unterschiede daraus ergeben, dass der Anspruch gegen einen Vermächtnisnehmer und nicht gegen einen Erben geltend gemacht wird und er daher keine Nachlassverbindlichkeit darstellt.[966]

---

964 S. zu § 2195 BGB: Kap. 4, lit. E, Ziff. I, 1b)(2).

965 BGH, NJW 1959, S. 479 (481); LG Berlin, Urteil v. 29.11.2007, Az.5 O 162/07, Rn. 23 – zit. nach juris (abrufbar in juris); Palandt/Sprau (2019), § 823 Rn. 11.

966 MüKo BGB/Rudy (7. Aufl.), § 2186 Rn. 3; Staudinger/Otte (2013), § 2186 Rn. 2.

Ein Untervermächtnisnehmer besitzt folglich keine Möglichkeit, eine Nachlassverwaltung zu beantragen, wenn der Stiftungsträger mit seinem Verhalten die Erfüllung des Untervermächtnisses gefährdet. Die Haftung des Stiftungsträgers für Nicht- oder Schlechtleistung sowie für die Unmöglichkeit eines Untervermächtnisses richtet sich im Übrigen aber nach dem oben Gesagten.

3. *Stiftungsträger als Auflagenbegünstigter (beschwert mit einem Vermächtnis)*

Ein Stiftungsträger als Auflagenbegünstigter kann nicht mit einem Vermächtnis belastet werden.

4. *Bewertung*

a) *Schutz der unselbständigen Stiftung von Todes wegen*

Die Destinatäre als Vermächtnisnehmer sind im Fall der Unmöglichkeit oder bei Fehlverhalten des Vermächtnisnehmers besser geschützt als die auflagenbegünstigten Destinatäre. Insbesondere die möglichen Schadensersatzansprüche der Destinatäre sind ein unbestreitbarer Vorteil der Vermächtnisvariante. Dabei darf allerdings nicht übersehen werden, dass die Schadensersatzansprüche zwar den Destinatären, nicht aber der Stiftung zugutekommen. Das pflichtwidrige Verhalten des Stiftungsträgers wird sanktioniert, die drohenden Schadensersatzansprüche wirken möglicherweise präventiv, gesichert sind eine ordnungsgemäße Verwaltung der Stiftung und deren Bestand dadurch aber nicht. Wie im Rahmen von § 2196 BGB kann eine Wiederherstellung des Stiftungsvermögens nicht verlangt werden.[967]

b) *Regelungen in der letztwilligen Verfügung für Nicht- und Schlechtleistung bzw. Unmöglich- und Unwirksamkeit*

(1) Regelungsoptionen

Für die Fälle der Nichtleistung, der Unwirksamkeit und der Unmöglichkeit des Vermächtnisses sollten Regelungen in der letztwilligen Verfügung aufgenommen werden.

Je nach Erblasserwillen sollte wie bei der Auflage ein Wirksamkeitszusammenhang von Vermächtnis und der ihm zugrundeliegenden Zuwendungen mittels Bedingungen hergestellt werden. Je nachdem, wie weiter testiert wird, muss wegen § 2161 BGB der Wegfall der Beschwerung gesondert angeordnet werden,

---

967 Westebbe, Stiftungstreuhand, S. 186.

ansonsten bleibt bspw. im Fall der Nichtleistung das Vermächtnis trotz Wegfall des Beschwerten bestehen.

(2) Formulierungsvorschläge für die Unwirksamkeit, die Unmöglichkeit und die Nichtleistung des Vermächtnisses[968]

1. Wirksamkeitszusammenhang von Vermächtnis und Erbeinsetzung[969]

Für den Fall, dass das Vermächtnis unwirksam sein sollte, gleich aus welchem Grund, hat dies die Unwirksamkeit der angeordneten Erbeinsetzung zur Folge. ST soll in dem Fall keinesfalls Erbe sein.

2. Auflösend bedingte Erbeinsetzung und auflösend bedingtes Vermächtnis

Leistet der Erbe ST nicht oder ist die Erfüllung des Vermächtnisses nachträglich unmöglich, gleich aus welchem Grund, gleich ob ein Verschulden des Erben vorliegt oder nicht, entfällt das Vermächtnis zulasten wie auch die Erbeinsetzung zugunsten von ST.

3. Aufschiebend bedingte Verfügungen bei Unwirksamkeit, Unmöglichkeit oder Nichtleistung des Vermächtnisses[970]

---

968 Aus Gründen der Einfachheit wurde die Formulierung für einen Erben (=ST), beschwert mit einem Vermächtnis, gewählt. Es ergeben sich aber keine inhaltlichen Änderungen bei einem Vermächtnisnehmer, der mit einem Untervermächtnis beschwert ist.

969 Wegen § 2085 BGB sollte angeordnet werden, was mit den übrigen letztwilligen Verfügungen passiert, wenn das Vermächtnis unwirksam ist. Anderenfalls greift die Auslegungsregel des § 2085 BGB und die Erbeinsetzung zugunsten des Stiftungsträgers bliebe bestehen, nur ohne Beschwerung mit dem Vermächtnis.

970 Hier muss wie bei Kap. 4, lit. E, Ziff. I, 4b)(2) neu testiert werden.

5. Kapitel Satzung

Mangels gesetzlicher Vorgaben ist die unselbständige Stiftung bei der Ausgestaltung ihres Stiftungsgeschäfts frei. Eine Satzung sollte die Stiftung dennoch besitzen. Ihre schriftliche Abfassung ist dringend anzuraten.[971] Wird die Satzung im Rahmen der letztwilligen Verfügung errichtet, folgt bereits daraus ein Zwang zur Einhaltung der Form. Sie ist dort Teil der Auflage bzw. des Vermächtnisses.

A. Regelung der wesentlichen Stiftungsmerkmale

Die Satzung einer unselbständigen Stiftung[972], sei es unter Lebenden oder von Todes wegen, ist der der rechtsfähigen Stiftung recht ähnlich. Wie die rechtsfähige Stiftung enthält sie drei zentrale Regelungsgebiete: Stiftungszweck, Stiftungsvermögen und Stiftungsorganisation.[973]

Daneben enthält sie üblicherweise Regelungen zu Namen und Sitz, zu Satzungsänderungen, zur Auflösung der Stiftung, Bestimmungen für die Verwaltungstätigkeit des Trägers, Vergütung und Aufwandsentschädigung der Beteiligten[974] oder Umwandlung der Stiftung in eine rechtsfähige Stiftung.[975]

I. Stiftungszweck

1. Bedeutung des Stiftungszwecks für die unselbständige Stiftung von Todes wegen

Die Formulierung des Stiftungszwecks ist für die unselbständige Stiftung von Todes wegen existentiell.[976] Der Stiftungszweck bestimmt die Ausrichtung der Stiftung, bindet dauerhaft den Stiftungsträger, legt die Destinatäre in abstracto

971 Hof, in: Richter (Hrsg.), Stiftungsrechts-Handbuch, § 36 Rn. 137.

972 Ein Beispiel für eine Satzung einer unselbständigen Stiftung von Todes wegen bietet Schewe, in: Beck'sche Online-Formulare Erbrecht (24. Edit.), 3.7; als Orientierung für eine Satzung können auch die Treuhandverwaltungsgrundsätze des Bundesverbands Deutscher Stiftungen dienen, s. Bundesverband Deutscher Stiftungen, Grundsätze guter Verwaltung von Treuhandstiftungen.

973 Wigand/Haase-Theobald/Heuel u.a., Stiftungen in der Praxis, Kap. 4 Rn. 56.

974 S. hierzu Kap. 3.

975 Aufzählung bspw. bei Schlüter/Stolte, Stiftungsrecht (3. Aufl.), Kap. 4, lit. B Rn. 34 ff.

976 OLG Celle Beschl. v. 10.4.2017 – 6 W 36/17, BeckRS 2017, 107072 (abrufbar in beck-online).

oder in concreto fest und ist für eine mögliche Anerkennung der Gemeinnützigkeit relevant.

Er ist für den Erblasser die einzige Möglichkeit sicherzustellen, dass sein Vermögen nach seinem Tod seinem Willen entsprechend eingesetzt wird. Die Vorgaben der §§ 80 ff. BGB finden keine Anwendung, was mehr Raum bei der Ausgestaltung des Zwecks lässt.[977] Gleichzeitig birgt dies aber die Gefahr einer missverständlichen und ungenauen Zwecksetzung, die wiederum zum Scheitern der Stiftung führen kann.

Eine weitere elementare Bedeutung hat der Stiftungszweck für Steuerbefreiungen aufgrund des Gemeinnützigkeitsrechts. Seine Formulierung muss den Anforderungen der Abgabenordnung entsprechen.

2. *Der Stiftungszweck und der Grundsatz der materiellen Höchstpersönlichkeit*

§ 2065 Abs. 2 BGB enthält den Grundsatz der materiellen Höchstpersönlichkeit. Er legt fest, dass der Erblasser bestimmte Entscheidungen, unter anderem die über den Zuwendungsempfänger, nicht einem Dritten überlassen darf. Da der Stiftungszweck die Zuwendungsempfänger festlegt, folgt aus § 2065 Abs. 2 BGB, dass der Erblasser den Stiftungszweck stets selbst anordnen muss und keinesfalls einem Dritten überlassen darf.[978] Dritter in diesem Sinne ist auch der Testamentsvollstrecker.[979]

Obwohl das Gesetz von § 2065 Abs. 2 BGB Ausnahmen im Auflagen- und Vermächtnisrecht zulässt (§§ 2156 und 2193 BGB), gehen diese Ausnahmen nie so weit, dass auch die Zweckbestimmung durch einen Dritten vorgenommen werden dürfte. Im Gegenteil: Die Zweckbestimmung ist vielmehr die Grundvoraussetzung beider Normen. Sie darf keinesfalls fehlen, anderenfalls ist die Zuwendung unwirksam.[980]

---

977 Zur analogen Anwendung der §§ 80 ff. BGB s. Kap. 1, lit. A, Ziff. II.1c).

978 Zum gleichen Ergebnis kommt Schewe bei der selbständigen Stiftung von Todes wegen, s. Schewe, Errichtung der rechtsfähigen Stiftung von Todes wegen, S. 137f.

979 Staudinger/Otte (2013), § 2065 Rn. 9; MüKo BGB/Lange (7. Aufl.), § 2065 Rn. 17.

980 Für die Auflage: OLG Celle Beschl. v. 10.4.2017 – 6 W 36/17, BeckRS 2017, 107072 (abrufbar in beck-online); OLG München, NJW 2014, S. 2448 (2450); Staudinger/Otte (2013), § 2193 Rn. 2; für das Vermächtnis: BayObLG, NJW-RR 1999, S. 946 (947); jurisPK/Reymann (8. Aufl.), § 2156 Rn. 4.

3. *Anforderungen an den Stiftungszweck*

Anders als bei der selbständigen Stiftung sind an die Bestimmtheit des Stiftungszwecks der unselbständigen Stiftung keine besonderen Anforderungen zu stellen.[981] Zwar hat der Stiftungszweck für den Stifter eine besondere Bedeutung und dessen inhaltliche Präzision ist für eine gelungene Stiftungserrichtung maßgeblich. Daraus ergibt sich aber keine zivilrechtliche Pflicht i.S.v. § 80 Abs. 2 BGB, den Zweck in besonderer Weise zu konkretisieren.[982] Ebenso wie bei selbständigen Stiftungen muss der Stiftungszweck zumindest aus Sicht des Stifters uneigennützig sein.[983] Zudem sind Stiftungen, die nur sich selbst dienen, sog. Selbstzweckstiftungen, unzulässig.[984] Der Stiftungszweck darf sich nicht allein auf Erhalt und Verwaltung des eigenen Vermögens beschränken, sondern muss einen Zweck verwirklichen, der außerhalb der Bewirtschaftung des eigenen Vermögens liegt.[985] Stiftungen, die nur sich selbst dienen, sind mit dem Wesen des Stiftungsbegriffs nicht vereinbar.[986]

Daneben muss der Stiftungszweck auf Dauer angelegt sein, sofern keine Verbrauchsstiftung vorliegt.[987]

4. *Sittenwidrigkeit des Stiftungszwecks*

Obwohl eine analoge Anwendung der §§ 80 ff. BGB ausgeschlossen ist, sind der Testierfreiheit des Erblassers und damit dem Stiftungszweck die Grenzen gesetzt, die für die rechtsgeschäftliche Freiheit überhaupt gelten.[988]

---

981 Happ, Stifterwille und Zweckänderung, S. 174.

982 Happ, Stifterwille und Zweckänderung, S. 174. Er darf allerdings auch nicht zu weit gefasst sein, s. Kap. 5, lit. B, Ziff. I.2b).

983 Bamberger/Roth BGB/Backert (4. Aufl.), § 80 Rn. 6, Herzog, Unselbständige Stiftung des bürgerlichen Rechts, S. 19; Staudinger/Hüttemann/Rawert (2017), Vorbem 1 zu §§ 80 ff., Rn. 8; Soergel/Neuhoff (13. Aufl.), vor § 80 Rn. 8; Strickrodt, Stiftungsrecht, S. 166.

984 Bamberger/Roth BGB/Backert (4. Aufl.), § 80 Rn. 6, Herzog, Unselbständige Stiftung des bürgerlichen Rechts, S. 19; Soergel/Neuhoff (13. Aufl.), vor § 80 Rn. 8; Staudinger/Hüttemann/Rawert (2017), Vorbem 1 zu §§ 80 ff., Rn. 8.

985 Staudinger/Hüttemann/Rawert (2017), Vorbem 1 zu §§ 80 ff., Rn. 8; Hof, in: Richter (Hrsg.), Stiftungsrechts-Handbuch, § 7 Rn. 61; MüKo BGB/Weitemeyer (8. Aufl.), § 80 Rn. 118.

986 Staudinger/Hüttemann/Rawert (2017), Vorbem 1 zu §§ 80 ff., Rn. 150.

987 S. Kap. 1, lit. A, Ziff. III.

988 Staudinger/Otte (2017), Einl zum ErbR, Rn. 55.

Die Testierfreiheit wird durch die Verbote der §§ 134, 138 BGB begrenzt.[989] Diese gelten für sämtliche letztwilligen Verfügungen – damit auch für Auflagen und Vermächtnisse.

Die Voraussetzungen, die an eine sittenwidrige letztwillige Verfügung gestellt werden, sind hoch. Ihre Sittenwidrigkeit wird nur in eng begrenzten Ausnahmefällen angenommen.[990] Für den BGH kommt die Nichtigkeit einer letztwilligen Verfügung nach § 138 Abs. 1 BGB in Betracht, wenn „sich das Verdikt der Sittenwidrigkeit auf eine klare, deutlich umrissene Wertung des Gesetzgebers oder allgemeine Rechtsauffassung stützen könnte."[991]

Der für die Beurteilung maßgebliche Zeitpunkt für das Vorliegen einer Sittenwidrigkeit ist der Erbfall, da erst hier die rechtlichen Wirkungen eintreten.[992] Die vom BGH[993] geäußerte Ansicht, es sei auf den Zeitpunkt der Testamentserrichtung abzustellen, ist abzulehnen. Es gibt keinen Grund, eine zum Zeitpunkt des Erbfalls wirksame Verfügung unwirksam werden zu lassen, nur weil sie mit den früheren, bereits überholten Wertvorstellungen nicht übereinstimmt.[994]

Der maßgebliche Zeitpunkt für einen Verstoß gegen eine Verbotsnorm wird von §§ 2192, 2171 Abs. 1 BGB bestimmt: Es ist auf den Zeitpunkt des Erbfalls abzustellen.[995]

5. *Gemeinwohlgefährdung des Stiftungszwecks*

Eine Gemeinwohlgefährdung i.S.v. § 87 BGB liegt bei Verstößen des Stiftungszwecks gegen einfaches Gesetzesrecht oder bei Gefahren für Rechtsgüter mit Verfassungsrang vor.[996]

Eine Überprüfung des Stiftungszwecks unter Gemeinwohlgesichtspunkten ist meines Erachtens im Rahmen der unselbständigen Stiftung überflüssig.[997]

---

989 Für die Anwendbarkeit der §§ 134, 138 BGB auf die unselbständige Stiftung: Herzog, Unselbständige Stiftung des bürgerlichen Rechts, S. 19; Hof, in: Richter (Hrsg.), Stiftungsrechts-Handbuch, § 36 Rn. 74.

990 BGH, NJW 2011, S. 1586 (1587).

991 BGH, NJW 1994, S. 248 (250).

992 Bamberger/Roth BGB/Wendtland (4. Aufl.), § 138 Rn. 28; Eckert, AcP 1999, S. 337 (357f.); Lange, Erbrecht, Kap. 3, § 18 Rn. 50; Muscheler, Erbrecht I, Rn. 1956.

993 BGHZ 20, 71 (71), dem folgend: jurisPK BGB/Nassall (8. Aufl.), § 138 Rn. 26.

994 So auch: Bamberger/Roth BGB/Wendtland (4. Aufl.), § 138 Rn. 28.

995 Staudinger/Otte (2013), § 2171 Rn. 7; MüKo BGB/Rudy (7. Aufl.), § 2171 Rn. 4.

996 BVerwGE 106, 177 (180).

997 So auch Herzog, Unselbständige Stiftung des bürgerlichen Rechts, S. 19f.; Hof, in: Richter (Hrsg.), Stiftungsrechts-Handbuch, § 36 Rn. 143; Westebbe, Stiftungstreuhand, S. 36; Stumpf/Suehrbaum/Schulte u.a. Stiftungsrecht/Stumpf (2018), lit. B, Rn. 112; a.A. Bächstädt, Unselbständige Stiftung des Privatrechts, S. 157.

Dehnbare Begriffe wie die Gemeinwohlgefährdung erleichtern staatlichen Institutionen ein Vorgehen gegen unliebsame Stiftungszwecke. In Anbetracht dessen ist es ratsam, die Eingriffsmöglichkeiten des Staates bei Stiftungen gering zu halten und der unselbständigen Stiftung keine Grenzen aufzubürden, die sie von Natur aus nicht besitzt – namentlich die §§ 80 ff. BGB.

Darüber hinaus ist eine Prüfung unter Gemeinwohlgefährdungsgesichtspunkten unnötig, da das Gemeinwohl über §§ 134, 138 BGB ausreichend vor Gesetzes- oder sittenwidrigen Zwecken geschützt ist.[998]

II. Stiftungsvermögen

Beim Stiftungsvermögen ergeben sich im Vergleich zur unselbständigen Stiftung unter Lebenden keine Besonderheiten, weshalb auf die dazu bereits zahlreich vorhandene Literatur verwiesen wird.[999] Wichtig ist, dass Regelungen für die Vermögensanlage und ein Vermögenserhaltungskonzept in der Satzung enthalten sind.[1000]

Fehlen im Stiftungsgeschäft konkrete Vorschriften zur Vermögensverwaltung, muss auf allgemeine Grundsätze der Vermögensverwaltung zurückgegriffen werden.

Die erbrechtliche Auflage wie auch das Vermächtnisrecht enthalten keine Vorschriften zur Vermögensverwaltung. In Betracht kommen daher die für die unselbständige Stiftung unter Lebenden mittels Treuhandvertrag entwickelten Verwaltungsregelungen.[1001]

Die Interessenlage ist identisch.[1002] Es wird ein zweckgebundenes Vermögen verwaltet, dessen Erträge nicht dem Verwalter zugutekommen.[1003] In beiden Fällen geht es um eine unselbständige Stiftung.

---

998 Herzog, Unselbständige Stiftung des bürgerlichen Rechts, S. 19f.; Westebbe, Stiftungstreuhand, S. 36.

999 Auszugsweise: Schlüter/Stolte, Stiftungsrecht (3. Aufl.), Kap. 5, lit. B Rn. 45 ff; Wigand/ Haase-Theobald/Heuel u.a., Stiftungen in der Praxis, Kap. 4 Rn. 62; Hof, in: Richter (Hrsg.), Stiftungsrechts-Handbuch, § 36 Rn. 157 ff.

1000 Schlüter/Stolte, Stiftungsrecht (3. Aufl.), Kap. 4, lit. B Rn. 39.

1001 Westebbe, Stiftungstreuhand, S. 101; Herzog, Unselbständige Stiftung des bürgerlichen Rechts, S. 72.

1002 Westebbe, Stiftungstreuhand, S. 101; Herzog, Unselbständige Stiftung des bürgerlichen Rechts, S. 72.

1003 Westebbe, Stiftungstreuhand, S. 101.

Im Einzelnen bedeutet das:
Die Verwaltertätigkeit hat sich an Vernunftgesichtspunkten zu orientieren.[1004] Der Stiftungsträger muss die Möglichkeiten zum Vorteil des Stiftungsvermögens wahrnehmen, das Stiftungsvermögen vor Schaden bewahren und alle erforderlichen Maßnahmen zur Sicherung, Erhaltung und Verwirklichung der als Stiftungsvermögen übertragenen Rechte ergreifen.[1005] Das Stiftungsvermögen sollte der Stiftungsträger getrennt von seinem Eigenvermögen verwalten.[1006] Das wird von den Finanzbehörden für die Steuerbefreiung der nichtselbständigen Stiftung wegen der Förderung von steuerbegünstigten Zwecken sogar gefordert.[1007]

III. Stiftungsorganisation

Die Stiftungsorganisation der unselbständigen Stiftung unter Lebenden und der von Todes wegen unterscheidet sich an sich nicht. Allerdings ergeben sich aufgrund der erbrechtlichen Vorschriften Besonderheiten bei der Stellung der Beteiligten, die in der Satzung berücksichtigt werden müssen.[1008]

IV. Name und Sitz

Einstimmig plädiert die Literatur dafür, dass die unselbständige Stiftung einen Namen tragen sollte. Das ist für die Abgrenzung vom übrigen Vermögen des Trägers wie auch für die Repräsentation der Stiftung nach außen sinnvoll.[1009] Da die unselbständige Stiftung keine eigene Rechtspersönlichkeit besitzt, kann sie dem Namensschutz des § 12 BGB aber nicht unterfallen.[1010]

1004 Westebbe, Stiftungstreuhand, S. 94.

1005 BGHZ 32, 67 (67); Westebbe, Stiftungstreuhand, S. 95; RGRK BGB/Steffen (12. Aufl.), § 662 Rn. 9. Zur Anlage des Stiftungsvermögens s. Westebbe, S. 95 ff.

1006 Liebich/Mathews, Treuhand und Treuhänder in Recht und Wirtschaft, S. 97; Westebbe, Stiftungstreuhand, S. 98.

1007 OFD Frankfurt/M. v. 30.08.2011, Az.S 0170 – 41 – St 53, n.v.

1008 S. Kap. 3.

1009 S. bspw. Hof, in: Richter (Hrsg.), Stiftungsrechts-Handbuch, § 36 Rn. 139; Staudinger/Hüttemann/Rawert (2017), Vorbem 1 zu §§ 80 ff., Rn. 236; Herzog, Unselbständige Stiftung des bürgerlichen Rechts, S. 120 ff.; Schlüter/Stolte, Stiftungsrecht (3. Aufl.), Kap. 4, lit. B Rn. 35; Wigand/Haase-Theobald/Heuel u.a., Stiftungen in der Praxis, Kap. 4 Rn. 58.

1010 Hof, in: Richter (Hrsg.), Stiftungsrechts-Handbuch, § 36 Rn. 139; Staudinger/Hüttemann/ Rawert (2017), Vorbem 1 zu §§ 80 ff., Rn. 236; a.A. Herzog, Unselbständige Stiftung des bürgerlichen Rechts, S. 120 ff.; Schlüter/Stolte, Stiftungsrecht (3. Aufl.), Kap. 4, lit. B Rn. 35.

Den Begriff Stiftung darf sie im Namen führen – dieser ist nicht rechtsfähigen Stiftungen vorbehalten. Das gilt auch bei einer juristischen Person als Rechtsträger, sofern eine wirksame treuhänderische Bindung an den Stiftungszweck besteht.[1011]

Einen eigenen Sitz hat sie nicht und kann auch nicht bestimmt werden.[1012] Da rechtliches Zuordnungssubjekt ausschließlich der Stiftungsträger ist, kommt es für ihre räumliche Zuordnung auf den Sitz des Stiftungsträgers an.[1013]

B. Die Regelung nachträglicher Eingriffe in die Zielsetzung der Stiftung

Ein in der Satzung, aber auch in der letztwilligen Verfügung elementarer Regelungspunkt sind nachträgliche Eingriffe in die Zielsetzung der Stiftung. Da diese für die Stiftung existenzgefährdend sein können, muss auf diese Regelung große Sorgfalt verwendet werden.

I. Zweckänderung[1014]

Soll der ursprüngliche Stiftungsweck geändert werden, bspw. weil seine Erfüllung unmöglich geworden ist, stellt sich die Frage nach einer Zweckänderung.

1. Zweckänderung aufgrund Vereinbarung mit dem Stifter

Da bei der unselbständigen Stiftung von Todes wegen die Stiftung erst mit dem Tod des Stifters entsteht, kommt die Vereinbarung einer Zweckänderung

---

1011 OLG Stuttgart, NJW 1964, S. 1231 (1231 f.); Bamberger/Roth BGB/Backert (4. Aufl.), § 80 Rn. 24; Hof, in: Richter (Hrsg.), Stiftungsrechts-Handbuch, § 36 Rn. 139.

1012 Hof, in: Richter (Hrsg.), Stiftungsrechts-Handbuch, § 36 Rn. 141; Wigand/Haase-Theobald/Heuel u.a., Stiftungen in der Praxis, Kap. 4 Rn. 59.

1013 Westebbe, Stiftungstreuhand, S. 38; Hof, in: Richter (Hrsg.), Stiftungsrechts-Handbuch, § 36 Rn. 141.

1014 Der Stiftungszweck wird regelmäßig in der Stiftungssatzung festgelegt. Wird der Stiftungszweck geändert, folgt daraus zwangsläufig auch eine Satzungsänderung. Dennoch wird im Folgenden zwischen Zweck- und Satzungsänderung unterschieden. Im Rahmen einer „Zweckänderung" wiederum muss eine Unterscheidung von Zweckänderung und Zweckersetzung erfolgen. Zweckänderung ist eine Modifikation des Zwecks, während eine Zweckersetzung die vollständige Ersetzung des bisherigen Zwecks bedeutet, s. Muscheler, Stiftungsrecht, § 14 S. 299 Fn.25. Im Folgenden umfasst die Thematik „Zweckänderung" jedoch auch die Zweckersetzung, da deren rechtliche Konsequenzen für die vorliegende Fragestellung identisch sind.

zwischen Stifter und Stiftungsträger nicht in Betracht.[1015] Mangels Rechtsposition des Stifters zu Lebzeiten scheidet auch eine Einigung mit seinen Rechtsnachfolgern aus.[1016]

2. *Keine Zweckänderung aufgrund Erblasseranordnung*

a) *Berücksichtigung von § 2065 Abs. 2 BGB*

In der Literatur wird teilweise vertreten, bei der unselbständigen Stiftung von Todes wegen sei eine nachträgliche Änderung des Stiftungszwecks möglich, wenn der Erblasser den Stiftungsbeteiligten ausdrücklich ein Recht zur Zweckänderung eingeräumt habe.[1017]

Diese Ansicht hat aber aus dem Blick verloren, dass durch den Stiftungszweck gleichzeitig die vom Erblasser Begünstigten bestimmt werden.[1018] Überlässt der Erblasser die Bestimmung des Stiftungszwecks einem Dritten, überlässt er diesem folglich die Bestimmung der Begünstigten. Dass die Zweckänderung während des laufenden Stiftungsgeschäfts erfolgt, führt zu keiner anderen Betrachtung. Bei der Auflage stellt das laufende Stiftungsgeschäft ihren über Jahrzehnte hinweg andauernden Vollzug dar.[1019] Beim Vermächtnis ist das laufende Stiftungsgeschäft die andauernde Erfüllung des Vermächtnisses. Es würde durch die Zweckänderung also immer eine letztwillige Verfügung originär abgeändert werden. Der Wille eines Dritten würde an die Stelle des Erblasserwillens treten. Das allerdings verbietet § 2065 Abs. 2 BGB, weshalb Zweckänderungen aufgrund einer Erblasseranordnung nicht möglich sind.

b) *Konsequenz für die Gestaltung*

Da eine nachträgliche Zweckänderung aufgrund Erblasseranordnung nicht möglich ist, muss im Rahmen der Gestaltung für die Fälle der Nichterfüllbarkeit des Stiftungszwecks Vorsorge getroffen werden. Dies kann am besten in Form der Anordnung eines oder mehrerer Ersatzzwecke geschehen. Eine offene, aber dennoch ausreichend bestimmte Formulierung des Stiftungszwecks kann zudem der Unmöglichkeit des Zwecks entgegenwirken. So kann durch Auslegung des

---

1015 Happ, Stifterwille und Zweckänderung, S. 176; Herzog, Unselbständige Stiftung des bürgerlichen Rechts, S. 91; Seyfarth, Schutz der unselbstständigen Stiftung, S. 95.

1016 Happ, Stifterwille und Zweckänderung, S. 176.

1017 Happ, Stifterwille und Zweckänderung, S. 201; Schmidt, ZEV 2003, S. 316 (318); Herzog, Unselbständige Stiftung des bürgerlichen Rechts, S. 91.

1018 S. Kap. 5, lit. A, Ziff. I.1.

1019 S. Kap. 3, lit. E, Ziff. IV.2.

Testaments dem Anliegen des Erblassers durch eine andere Art der Zweckverwirklichung Rechnung getragen werden.[1020]

3. *Zweckänderung durch Vereinbarung mit den Vollziehungsberechtigten und Vermächtnisnehmern*

Oben wurde festgestellt, dass der Erblasser in seiner letztwilligen Verfügung wegen § 2065 Abs. 2 BGB die Zweckänderung keinem Dritten überlassen darf. Eine andere Frage ist es, ob eine Zweckänderung nach seinem Tod aufgrund einer Vereinbarung von dem Stiftungsträger und den Vollziehungsberechtigten bzw. den Vermächtnisnehmern herbeigeführt werden kann.

a) Zulässigkeit des Verzichts

Bei einer Stiftungserrichtung unter Auflage könnte eine einverständliche Zweckänderung durch Vereinbarung mit den Vollziehungsberechtigten vereinbart werden.[1021] Voraussetzung hierfür ist, dass diese auf ihre Vollziehungsberechtigung verzichten dürfen. Die Vereinbarung der Zweckänderung müsste als minder schwerer Eingriff dazu dann ebenfalls zulässig sein.[1022]

Unstrittig sind die „privaten“[1023] Vollziehungsberechtigten nicht dazu verpflichtet, den Anspruch geltend zu machen.[1024] Umstritten ist hingegen, ob diese auf die Geltendmachung des Vollziehungsanspruchs aktiv, bspw. mittels Vertrag, verzichten dürfen. Teilweise wird das mit Hinweis auf die Fremdnützigkeit des Anspruchs verneint,[1025] teilweise uneingeschränkt bejaht[1026].

Beide Ansichten lassen den Erblasserwillen unberücksichtigt. Aus diesem Grund ist der Meinung der Vorzug zu geben, die einen Verzicht zulässt, wenn

---

1020 Zur Auflage: BGH, NJW 1965, S. 688 (688).

1021 So Westebbe, Stiftungstreuhand, S. 176.

1022 So Westebbe, Stiftungstreuhand, S. 176.

1023 Bezeichnung nach Nomos BGB/Kroiß/J. Mayer (5. Aufl.), § 2194 Rn. 18. Private Vollziehungsberechtigte sind der Erbe, der Miterbe und derjenige, welchem der Wegfall des mit der Auflage zunächst Beschwerten unmittelbar zustattenkommt.

1024 Muscheler, Erbrecht II, S. 1335 Rn. 2684; Soergel/Dieckmann (13. Aufl.), § 2194 Rn. 11; Staudinger/Otte (2013), § 2194 Rn. 13.

1025 Lange/Kuchinke, Erbrecht, § 30, III.3c); v. Lübtow, Erbrecht, S. 394.

1026 Erman BGB/Nobis (15. Aufl.), § 2194 Rn. 3; MüKo BGB/Rudy (7. Aufl.), § 2194 Rn. 7; Nomos BGB/Kroiß/J. Mayer (5. Aufl.), § 2194 Rn. 18; Staudinger/Otte (2013), § 2194 Rn. 13.

dies dem mutmaßlichen Erblasserwillen entspricht.[1027] Die Beachtung des Erblasserwillens ist eines der obersten Prinzipien des Erbrechts.[1028] Der Vollziehungsberechtigte muss sich zwar generell nicht um die Auflagenvollziehung kümmern. Wenn er es jedoch tut, muss er den Erblasserwillen berücksichtigen.[1029] Widerspräche dieser einem Verzicht, wäre es untragbar, einen solchen dennoch für zulässig zu erklären. Verhält es sich umgekehrt und ist ein Verzicht i.S.d. Erblassers, muss es dem Berechtigten ebenso möglich sein, diesen auszusprechen. Belange des Beschwerten oder Berechtigten sind dem Erblasserwillen nachgeordnet.

Das gilt auch für den Testamentsvollstrecker. Der Testamentsvollstrecker ist zwar regelmäßig verpflichtet, die Auflage zu vollziehen. Nach der hier vertretenen Auffassung darf er aber einen Verzicht eingehen, wenn dies dem mutmaßlichen Erblasserwillen entspricht.[1030] Maßstab für sein Handeln ist ausschließlich der Erblasserwille, den er durch Auslegung zu ermitteln hat.[1031] Liegt die Zweckänderung im Interesse des Erblassers, ist das keine Missachtung des Erblasserwillens, sondern gerade seine Beachtung.[1032]

Ähnliches gilt für die Behörde. Dient der Stiftungszweck dem öffentlichen Interesse, kann sie die Vollziehung der Auflage verlangen. Ob die Behörde einschreitet, liegt in ihrem Ermessen.[1033] Ist die Zweckänderung im Interesse des Erblassers, darf auch die Behörde auf die Vollziehung verzichten und einer Zweckänderung zustimmen. Das selbst dann, wenn die Stiftung nach der Zweckänderung keine öffentlichen Zwecke mehr verfolgt. Auch hier überwiegt der Erblasserwille das Allgemeinwohl.

Sind die Destinatäre Vermächtnisnehmer, können diese als solche grundsätzlich nach Annahme des Vermächtnisses mittels eines Erlassvertrags mit dem Beschwerten auf das Vermächtnis verzichten.[1034] Dementsprechend können

1027 Bamberger/Roth BGB/Müller-Christmann (3. Aufl.), § 2194 Rn. 5; Muscheler, Erbrecht II, S. 1335 Rn. 2684; Palandt/Weidlich (2019), § 2194 Rn. 1; RGRK BGB/Johannsen (12. Aufl.), § 2194 Rn. 9; Soergel/Dieckmann (13. Aufl.), § 2194 Rn. 11.

1028 Muscheler, Erbrecht II, S. 1335 Rn. 2684.

1029 Muscheler, Erbrecht II, S. 1335 Rn. 2684; Soergel/Dieckmann (13. Aufl.), § 2194 Rn. 11.

1030 So auch Happ, Stifterwille und Zweckänderung, S. 200.

1031 Bamberger/Roth BGB/J. Mayer (3. Aufl.), § 2203 Rn. 9; Nomos BGB/Kroiß (5. Aufl.), § 2203 Rn. 10 und 15.

1032 So auch Happ, Stifterwille und Zweckänderung, S. 201.

1033 S. Kap. 2, lit. C, Ziff. II.2b)(6).

1034 Bamberger/Roth BGB/Müller-Christmann (3. Aufl.), § 2180 Rn. 9; Nomos BGB/Horn/J. Mayer (5. Aufl.), § 2180 Rn. 11; Staudinger/Otte (2013), § 2180 Rn. 23.

sie, als weniger einschneidende Maßnahme, auch einer Inhaltsänderung des Vermächtnisses zustimmen.[1035] Allerdings bedeutet das nicht gleichzeitig, dass Vermächtnisnehmer und Beschwerter völlig frei in ihrer Neugestaltung des Vermächtnisses sind. Schuldrechtliche Grundsätze werden durch den Sondercharakter des Vermächtnisses ergänzt.[1036] Erbrechtliche Grundsätze – insbesondere der Erblasserwille – sind auch hier zu beachten.[1037] Eine Anpassung des Inhalts hängt somit ebenfalls von einem mutmaßlichen Erblasserwillen ab.[1038]

b) Zustimmung der Behörde zur Zweckänderung eines im öffentlichen Interesse liegenden Stiftungszwecks

Soll ein im öffentlichen Interesse liegender Stiftungszweck geändert werden, muss stets die Zustimmung der Behörde eingeholt werden. Zuständig ist die Behörde, die die Vollziehung von im öffentlichen Interesse liegender Auflagen verlangen kann.[1039] Bei einer Auflage im öffentlichen Interesse sah es der Gesetzgeber als gerechtfertigt an, dem Staat das Recht zu geben, die Erfüllung der Auflage zu erzwingen.[1040] Der Staat sollte in der Lage sein, eine Auflage zu seinen Gunsten durchzusetzen. Vor diesem Hintergrund ist eine Änderung eines öffentlichen Zwecks ohne Zustimmung der Behörde nicht möglich und ein entsprechender Änderungsbeschluss unwirksam.[1041] Regelmäßig nach § 138 BGB nichtig ist ein Verzichtsvertrag, wenn der Berechtigte für den Verzicht eine Gegenleistung erhält.[1042]

c) Kein Verstoß gegen § 2065 Abs. 2 BGB

Eine Vereinbarung zwischen Träger und den Begünstigten bzw. den Vollziehungsberechtigten ist auch in Hinblick auf § 2065 Abs. 2 BGB zulässig. Der

1035 Westebbe, Stiftungstreuhand, S. 176.
1036 Lange/Kuchinke, Erbrecht, § 29, II.2d).
1037 LG Mannheim, DNotZ 1968, S. 53; OLG Bamberg, NJW-RR 1994,1359 (1360).
1038 So auch Westebbe, Stiftungstreuhand, S. 176.
1039 Happ, Stifterwille und Zweckänderung, S. 201; Hof, in: Richter (Hrsg.), Stiftungsrechts-Handbuch, § 36 Rn. 172.
1040 Motive, V, S. 215.
1041 So auch Happ, Stifterwille und Zweckänderung, S. 201 und S. 180 ff. ausführlich zur unselbständigen Stiftung unter Lebenden.
1042 Muscheler, Erbrecht II, S. 1335 Rn. 2684; RGRK BGB/Johannsen (12. Aufl.), § 2194 Rn. 9; Staudinger/Otte (2013), § 2194 Rn. 13, Sturm, Vollziehungsberechtigte der erbrechtlichen Auflage, S. 179; einschränkender: MüKo BGB/Rudy (7. Aufl.), § 2194 Rn. 7.

Erblasser überlässt nicht einem Dritten die Entscheidungsbefugnis über seinen Begünstigten, sondern hat in seiner letztwilligen Verfügung lediglich eine unvollständige Regelung getroffen. Ein Verbot unvollständiger Verfügungen gibt es jedoch nicht.[1043]

Die Vereinbarung, die sich an erster Stelle am Erblasserwillen orientieren muss, ist letztlich nichts anderes als eine Auslegung der letztwilligen Verfügung, um die unvollständige Regelung zu kompensieren. In diesen Fällen hat die Auslegung den Vorrang vor § 2065 Abs. 2 BGB.[1044] Es muss versucht werden, aufgrund des Erblasserwillens eine Lösung zu finden.[1045]

4. *Zweckänderung bei fehlendem Erblasserwillen*

Problematisch ist der Fall, wenn der ursprünglich vom Erblasser angedachte Zweck nicht mehr verwirklicht werden kann und ein Erblasserwille zum Umgang mit der Situation nicht ermittelbar ist.

Einer der wenigen bekannten Fälle der unselbständigen Stiftung von Todes wegen, die Elly-Hölterhoff-Böcking-Stiftung, dient für diese Problematik als anschauliches Beispiel.

a) Elly-Hölterhoff-Böcking-Stiftung

Die Universität Bonn erbte im Jahre 1887 von dem Erblasser und Stifter Otto Hölterhoff ein beträchtliches Vermögen mit der Auflage der Gründung einer unselbständigen Stiftung zu Ehren der Ehefrau des Stifters. Hauptzweck der Stiftung war die Absicherung unversorgter evangelischer Professorentöchter, die eine „Haushaltsschule für Mädchen aus dem Volke“ leiten und gleichzeitig als Stiftsdamen in dieser Anstalt versorgt werden sollten.

Im Laufe der Zeit wurde die Verwirklichung des Stiftungszwecks undurchführbar. Die Professorentöchter zogen es vor, einen Beruf zu erlernen, der Währungsverfall nach dem Ersten Weltkrieg ließ das Vermögen der Stiftung schrumpfen und der Gesetzgeber stellte mit dem Erfordernis geprüfter Haushaltslehrerinnen strengere Voraussetzungen an die Führung einer Haushaltsschule.[1046] Zweifelsohne besteht in diesen Fällen der Wunsch, den Stiftungszweck anzupassen und die Stiftung zu retten.

1043 Staudinger/Otte (2013), § 2065 Rn. 3.

1044 MüKo BGB/Leipold (7. Aufl.), § 2065 Rn. 7.

1045 Zur Auslegung s. Kap. 6, lit. A.

1046 Tatbestand nach Schreuer, in: Schreiber (Hrsg.), Die Reichsgerichtspraxis im deutschen Rechtsleben, S. 306 (307f.) und Liermann, in: Franz/Liermann/z. Nedden

b) Lösungsansätze

(1) Lösungsweg der Universität Bonn

Die Universität Bonn hatte versucht, eine Zweckänderung in Analogie zu § 87 BGB und zu § 1 Abs. 1 des preußischen Gesetzes vom 10.06.1924 zu bewirken.[1047] So wurde früher wohl in der Praxis verfahren,[1048] mangels Anwendbarkeit der §§ 80 ff. BGB auf die unselbständige Stiftung ist dieser Weg aber abzulehnen.[1049]

(2) Rückgriff auf § 313 BGB

In der vorliegenden Konstellation ist auch kein Rückgriff auf § 313 BGB möglich, da die Lehre vom Wegfall der Geschäftsgrundlage im Erbrecht nach zutreffender Ansicht generell nicht anwendbar ist.[1050]

Westebbe meint, zumindest im Rahmen der unselbständigen Stiftung von Todes wegen läge eine zu § 313 BGB vergleichbare Lage vor. § 313 BGB sei daher je nach Einzelfall anwendbar.[1051] Dieses Ergebnis wäre wegen der Möglichkeit der damit verbundenen Vertragsanpassung erstrebenswert, dennoch ist es nicht umsetzbar.

Mit der Lehre vom Wegfall der Geschäftsgrundlage soll das Risiko des Auseinanderfallens von Vorstellung und Wirklichkeit nach Wertungsgesichtspunkten auf die Beteiligten verteilt werden.[1052] Es geht um die Frage der

---

u.a. (Hrsg.), Deutsches Stiftungswesen, Deutsches Stiftungswesen 1948–1966, S. 229 (243).

1047 Ob dies funktionierte, ist leider unbekannt und aus dem Bericht von *Schreuer* nicht ersichtlich. Allerdings erwähnte *Schreuer*, dass die Stiftung auf den „Rheinisch-Westfälischen Verein für Bildung und Beschäftigung evangelischer Diakonissen in Kaiserswerth" übertragen werden sollte. Dies wurde tatsächlich umgesetzt, s. hierzu: http://www.reifensteiner-verband.de/Elly%20Hoelterhoff%20-%20Boecking.pdf (Stand: 13.10.2019).

1048 Ebersbach, Handbuch des Deutschen Stiftungsrechts, S. 183.

1049 So auch Happ, Stifterwille und Zweckänderung, S. 204; Westebbe, Stiftungstreuhand, S. 178.

1050 BGH, NJW 1993, S. 850 (851); OLG Köln DtZ 1993, 215; OLG Düsseldorf, ZEV 1996, S. 466 (467); jurisPK/Lehrmann (8. Aufl.), § 2078 Rn. 51; MüKo BGB/Finkenauer (7. Aufl.), § 313 Rn. 137; Staudinger/Otte (2013), § 2078 Rn. 22; a.A. Westebbe, Stiftungstreuhand, S. 174; Happ, Stifterwille und Zweckänderung, S. 204.

1051 Westebbe, Stiftungstreuhand, S. 174.

1052 MüKo BGB/Finkenauer (7. Aufl.), § 313 Rn. 2.

Vertragsgerechtigkeit und Risikoverteilung in einer marktwirtschaftlichen Ordnung.[1053] Schon Sinn und Zweck des § 313 BGB passen daher nicht auf Fälle der unmöglichen Zweckerreichung.

Selbst wenn man den Stiftungsträger als fiktiven Vertragspartner sehen wollte, da er sich mit Annahme der Begünstigung zur Durchführung des Stiftungsgeschäfts entscheidet, täuscht das nicht darüber hinweg, dass es sich um eine einseitige Anordnung des Erblassers handelt. Es geht ausschließlich um die Frage, ob die Vorstellungen des Erblassers, die einer bestimmten letztwilligen Verfügung zugrunde lagen, mit der Wirklichkeit nicht übereinstimmen. Für diese Situation wurde aber § 2078 BGB geschaffen. Ist dieser als Lex specialis einschlägig, ist ein Rückgriff auf § 313 BGB ausgeschlossen.[1054]

Möchte man bei letztwilligen Verfügungen von einer Risikoverteilung sprechen, liegt das Risiko für den dauerhaften Bestand der Stiftung allein beim Erblasser. Bei der Anwendbarkeit von § 313 BGB würde den Vorstellungen des Stiftungsträgers als fiktivem Vertragspartner eine enorme, ungerechtfertigte Machtposition eingeräumt werden.

Aufgrund des von § 313 BGB geforderten hypothetischen Elements ist es zudem fraglich, wie weit eine Vertragsanpassung ohne ermittelbaren Erblasserwillen möglich ist. Die Andeutungstheorie verlangt, dass bei der ergänzenden Vertragsauslegung das Ergebnis der Auslegung im Testament angedeutet ist.[1055] Dieses Erfordernis darf von § 313 BGB nicht umgangen werden. Findet sich aber eine Andeutung im Testament, ist ein Rückgriff auf § 313 BGB unnötig, da eine ergänzende Testamentsauslegung möglich ist.[1056]

(3) Anfechtung

Eine Anfechtung der letztwilligen Verfügung wegen eines Motivirrtums des Erblassers nach § 2078 Abs. 2 BGB wäre bei Unmöglichkeit oder Unsinnigkeit des Stiftungszwecks je nach Einzelfall denkbar. Sie würde aber nicht zu dem erwünschten Ziel einer Zweckänderung führen, sondern zur Nichtigkeit der Verfügung und zur Beendigung der Stiftung.

1053 JurisPK/Pfeiffer (8. Aufl.), § 313 Rn. 62; MüKo BGB/Finkenauer (7. Aufl.), § 313 Rn. 2.
1054 MüKo BGB/Finkenauer (7. Aufl.), § 313 Rn. 137.
1055 Staudinger/Otte (2013), § 2078 Rn. 22.
1056 Staudinger/Otte (2013), § 2078 Rn. 22.

II. Satzungsänderung

Bei der Zulässigkeit von Satzungsänderungen muss man unterscheiden: Solche Satzungsänderungen, die nicht die Grundstruktur der Stiftung betreffen oder Auswirkungen auf den Stiftungszweck besitzen, sind für die Stiftung unproblematisch, bspw. die Änderung der Anzahl von Organmitgliedern[1057]. Änderungen wiederum, die die Grundstruktur der Stiftung betreffen und zu einer Änderung des Stiftungszwecks führen oder die Stiftung in anderer Form in ihrem Bestand berühren, sind ohne einen entsprechenden Erblasserwillen nicht möglich.[1058] Neben Regelungen zur Zweckänderung sollten sich in der Satzung immer auch Regelungen zur Satzungsänderungen finden. Sind diese nicht vorhanden und kann ein Erblasserwille, auch ein hypothetischer, nicht ermittelt werden, ist eine Satzungsänderung nicht möglich und die damit einhergehenden Konsequenzen sind hinzunehmen.[1059]

III. Beendigung der Stiftung

Die Beendigung der Stiftung ist neben der Zweckänderung der einschneidendste Eingriff in die Stiftung. Wegen ihrer endgültigen Wirkung sollten im Stiftungsgeschäft ausdrückliche Regelungen und besondere Verfahren vorgesehen werden. So kann der Erblasser den Bestand der Stiftung von vornherein an bestimmte Umstände knüpfen. Zu denken ist hier an den Verbrauch des Stiftungsvermögens, den Eintritt einer auflösenden Bedingung oder die Zweckerfüllung. Um dem Merkmal der Dauerhaftigkeit gerecht zu werden, muss die Regelung so ausgestaltet sein, dass der Zweck auf Dauer angelegt ist und nicht durch eine einmalige Hingabe oder sehr kurzfristig erreicht werden kann.[1060]

Da eine unselbständige Stiftung von Todes wegen mit dem Tod des Stifters entsteht, hat dieser keine Möglichkeit, die Stiftung zu beenden, indem er das Stiftungsgeschäft widerruft. Die Erben des Stifters haben auf das Stiftungsgeschäft keinerlei Einfluss, da die Entstehung auf einer letztwilligen Verfügung beruht und nicht auf einer vertraglichen Grundlage. Insbesondere haben sie keine Möglichkeit, die letztwillige Verfügung zu widerrufen.[1061]

1057 Seyfarth, Schutz der unselbstständigen Stiftung, S. 94 Fn.333.

1058 Zur Zweckänderung s. Kap. 5, lit. B, Ziff. I.

1059 Zur Satzungsänderung allgemein: Herzog, Unselbständige Stiftung des bürgerlichen Rechts, S. 91.

1060 S. Kap. 2, lit. B, Ziff. III.2b)(1).

1061 Wochner, MittRhNotK 1994, S. 89 (106).

Eine Möglichkeit zur Stiftungsbeendigung besitzen aber die Vollziehungsberechtigten der Auflage bzw. die Vermächtnisnehmer: Beide können durch einen Verzicht auf ihre Ansprüche eine Beendigung der Stiftung herbeiführen.[1062]

Eine einseitige Beendigungsmöglichkeit für den Stiftungsträger gibt es keine, außer er fällt ersatzlos weg.[1063] Soweit ihm in der Stiftungssatzung keine Beendigungsberechtigung eingeräumt wurde, muss er mit Annahme der Zuwendung die Auflage bzw. das Vermächtnis erfüllen.[1064] Natürlich kann er sich der Erfüllung verweigern oder die Unmöglichkeit der Zweckerfüllung herbeiführen. Hält ihn dabei niemand auf, führt er auf diesem Wege das Ende der Stiftung herbei.

In der Satzung sollten zwingend Regelungen für die Verwendung der Stiftungsmittel nach Beendigung der Stiftung vorgesehen werden. Probleme mit dem Grundsatz der Vermögensbindung aus § 55 Abs. 1 Nr. 4 AO können sich nicht nur nach Übergang des Zweckvermögens auf einen Nacherben ergeben, sondern generell bei Beendigung der Stiftung. Wird der Grundsatz der Vermögensbindung nicht eingehalten, verliert die Stiftung nachträglich ihren Gemeinnützigkeitsstatus und die steuerliche Vergünstigung entfällt rückwirkend für die letzten 10 Kalenderjahre vor der tatsächlichen Verletzung.[1065]

1062 S. Kap. 5, lit. B, Ziff. I.3a); mit Einschränkungen auch Godron, in: Richter (Hrsg.), Stiftungsrecht, § 17 Rn. 150.

1063 S. Kap. 4, lit. B.

1064 Westebbe, Stiftungstreuhand, S. 157.

1065 S. Kap. 2, lit. B, Ziff. III.2c)(1).

6. Kapitel Auslegung letztwilliger Verfügungen mit Bezug zur unselbständigen Stiftung von Todes wegen

A. Auslegungsregeln

I. Auslegung des Stiftungsgeschäfts von Todes wegen

Das Stiftungsgeschäft einer unselbständigen Stiftung von Todes wegen wird mittels einer letztwilligen Verfügung, einer einseitigen empfangsbedürftigen Willenserklärung, errichtet. Dementsprechend sind die erbrechtlichen Auslegungsregeln zu beachten.[1066] Wie alle letztwilligen Verfügungen ist sie allein nach dem Verständnishorizont des Stifters auszulegen.[1067] Entscheidend ist die Vorstellung des Stifters über den Sinn seiner Erklärung.[1068] Zu berücksichtigen ist auch sein Sprachgebrauch zum Zeitpunkt der Testamentserrichtung.[1069] Auf den Empfängerhorizont und damit auf das Verständnis des Trägers kommt es nicht an.[1070]

Gelingt es nicht, den tatsächlichen Erblasserwillen zu ermitteln, muss seiner Erklärung der Sinn beigelegt werden, der am ehesten seinem Willen entspricht; es muss der sog. mutmaßliche Wille erforscht werden.[1071] Enthält das Testament unvorhergesehene, ergänzungsbedürftige Lücken, fehlt also eine Regelung, die der Erblasser bei Kenntnis der Sachlage getroffen hätte, dies irrtumsbedingt aber nicht getan hat, kommt die ergänzende Testamentsauslegung zum Zuge.[1072] Aufgrund der Andeutungstheorie ist es aber erforderlich, dass das Ermittelte andeutungsweise in der letztwilligen Verfügung enthalten ist.[1073] Im

---

1066 Hof, in: Richter (Hrsg.), Stiftungsrechts-Handbuch, § 36 Rn. 118.

1067 Westebbe, Stiftungstreuhand, S. 169.

1068 Rudolf/Seiler-Schopp, in: Rudolf/Bittler/Seiler-Schopp (Hrsg.), Handbuch der Testamentsauslegung, § 1 Rn. 8.

1069 Rudolf/Seiler-Schopp, in: Rudolf/Bittler/Seiler-Schopp (Hrsg.), Handbuch der Testamentsauslegung, § 1 Rn. 8.

1070 Happ, Stifterwille und Zweckänderung, S. 168; allgemein zur Auslegung letztwilliger Verfügungen s. Lange/Kuchinke, Erbrecht, § 34 III.2e).

1071 Rudolf/Seiler-Schopp, in: Rudolf/Bittler/Seiler-Schopp (Hrsg.), Handbuch der Testamentsauslegung, § 1 Rn. 37.

1072 Rudolf/Seiler-Schopp, in: Rudolf/Bittler/Seiler-Schopp (Hrsg.), Handbuch der Testamentsauslegung, § 1 Rn. 40.

1073 RGZ 160, 109 (111); BGHZ 80, 242 (244 ff.).

Zusammenhang mit der Auslegung von Auflagen ist das oben erörterte Urteil des BGH vom 30.11.1964, Az.III ZR 82/63, relevant.[1074] In diesem Fall verdeutlichte der BGH, dass dem Erblasserwillen weitmöglichst Geltung verschafft werden sollte. Kann eine Auflage infolge veränderter Umstände nicht mehr wie vom Erblasser bestimmt vollzogen werden, sei sie dennoch möglich, wenn dem mit ihr zum Ausdruck gebrachten Anliegen des Erblassers durch eine andere Art der Vollziehung Rechnung getragen werden könne.[1075]

II. Auslegung der Stiftungssatzung

Im Fall des Stiftungsgeschäfts von Todes wegen einer selbständigen Stiftung wird für die Auslegung zwischen einem vermögensrechtlichen und einem organisationsrechtlichen Teil unterschieden. Der organisationsrechtliche Teil, die Satzung, wird im Anerkennungsverfahren nach den erbrechtlichen Auslegungsregelungen ausgelegt.[1076] Nach Anerkennung ist die Satzung nach den §§ 133, 157 BGB und damit nach dem objektiven Stifterwillen auszulegen.[1077] So werden die Stiftungssatzungen unabhängig von der Art der Stiftungsgründung – unter Lebenden oder von Todes wegen – gleich ausgelegt.

Für die Satzung einer unselbständigen Stiftung von Todes wegen können diese Regeln nicht gelten. Wird die Satzung vom Erblasser in der letztwilligen Verfügung verfasst, ist sie Teil der erbrechtlichen Auflage. Anders als die selbständige Stiftung unterliegt sie keinem Anerkennungsverfahren, sondern ist bereits mit Eintritt des Erbfalls wirksam errichtet. Die Zweckerfüllung erfolgt durch dauerhafte Vollziehung der Auflage. Ist die Satzung Teil der Auflage, ist sie damit ausschließlich nach den erbrechtlichen Auslegungsregeln auszulegen.[1078] Die unterschiedliche Auslegung einer unselbständigen Stiftung von Todes wegen und einer solchen unter Lebenden ist hinzunehmen.

Teilweise wird vertreten, aufgrund des Erfordernisses einer Einigung zwischen Stifter und Träger vor Errichtung der Stiftung käme es bei der Auslegung

---

1074 BGH, NJW 1965, S. 688 (688), s. Kap. 4, lit. E, Ziff. I.1b)(1).

1075 BGH, NJW 1965, S. 688 (688).

1076 Staudinger/Hüttemann/Rawert (2017), § 83 Rn. 6; MüKo BGB/Weitemeyer (8. Aufl.), § 83 Rn. 19.

1077 BVerwG, StiftRspr. II, S. 152 (154); Staudinger/Hüttemann/Rawert (2017), § 83 Rn. 6; MüKo BGB/Weitemeyer (8. Aufl.), § 83 Rn. 19; Palandt/Ellenberger (2019), § 85 Rn. 2; Steffek, Anforderungen an das Stiftungsgeschäft von Todes wegen, S. 54f.; Hof, in: Richter (Hrsg.), Stiftungsrechts-Handbuch, § 6 Rn. 126.

1078 Sehr allgemein: Westebbe, Stiftungstreuhand, S. 169; Happ, Stifterwille und Zweckänderung, S. 197.

der Satzung auf das Verständnis des Trägers an. Dafür spräche auch, dass der Träger die Erbschaft jederzeit ausschlagen könne.[1079]

Das sog. Einigungserfordernis ist jedoch kein zwingendes Erfordernis für die Wirksamkeit der Stiftung, sondern lediglich ein vernünftiger Schachzug im Rahmen der Gestaltung. Selbst wenn der Träger die Übernahme der Trägerschaft bejaht, ist er damit nicht zu einer Übernahme verpflichtet. Insbesondere wird dadurch aus einer letztwilligen Verfügung kein zweiseitiges Rechtsgeschäft. Der Träger kann trotzdem noch ausschlagen, der Erblasser anders testieren. Die generelle Ausschlagungsmöglichkeit des Trägers spricht ebenfalls nicht für eine andere Auslegung. Jeder testamentarisch Begünstigte kann sich gegen die Begünstigung entscheiden. Würde man daraus ableiten, es käme bei der Auslegung der Verfügung nicht nur auf den Erblasserwillen an, wäre dieser faktisch nie wieder relevant, sondern es käme stets auf das Verständnis des Begünstigten an.

Wird die Satzung, was möglich ist, erst vom Stiftungsträger oder dem Testamentsvollstrecker errichtet, gilt dies nicht. In dem Fall wird sie nach den §§ 133, 157 BGB und nach dem objektiven Empfängerhorizont ausgelegt.

B. Beispiele aus der Rechtsprechung

Die nachfolgenden Urteile beschäftigen sich mit Abgrenzungsfragen, die für die vorliegende Arbeit relevant sind. Diskussionsgegenstände sind regelmäßig die Rechtsform der Stiftung, die Einordnung der Zuwendung als Vermächtnis oder Auflage sowie die Frage, ob überhaupt eine Stiftung errichtet wurde.

I. Errichtung einer unselbständigen Stiftung von Todes wegen

1. RG, Urteil v. 21.02.1911, Rep. VII. 178/10[1080] *zur mittels Zweckauflage errichteten unselbständigen Stiftung von Todes wegen*

a) Sachverhalt

Die Erblasserin begünstigte den Bischöflichen Stuhle zu Trier (Kläger) im Wege eines Vermächtnisses mit 5000 RM „zu Zwecken des Bonifatiusvereins“. Das Vermächtnis wurde an den Kläger ausgezahlt. Daraufhin hatte die Steuerbehörde

1079 Herzog, Unselbständige Stiftung des bürgerlichen Rechts, S. 35; Hof, in: Richter (Hrsg.), Stiftungsrechts-Handbuch, § 36 Rn. 30; Schlüter/Stolte, Stiftungsrecht (3. Aufl.), Kap. 4, lit. B Rn. 62.

1080 RGZ 75, S. 383 ff.

vom Kläger nach Maßgabe des Erbschaftsteuergesetzes vom 03.06.1906 eine Steuer von 500 RM eingezogen. Der Kläger aber beanspruchte Steuerfreiheit und forderte die 500 RM samt Zinsen zurück.

Problematisch war im vorliegenden Fall die Besteuerung der Zuwendung. Die Qualifizierung der Zuwendung war jedoch Voraussetzung für ihre steuerliche Beurteilung und wurde daher vom Reichsgericht kurz angesprochen.[1081]

b) Entscheidung

Das Reichsgericht bestätigte die Ansicht der Vorinstanz, bei der Zuwendung handle es sich um ein Vermächtnis beschwert mit einer Auflage. Eine solche Zweckauflage stelle gleichzeitig eine unselbständige Stiftung von Todes wegen dar. Die Anordnung „zu Zwecken des Bonifatiusvereins" sei kein bloßer Wunsch der Erblasserin gewesen. Sie habe dem Kläger die nach § 2194 BGB erzwingbare Verpflichtung auferlegt, von der Zuwendung in der angeordneten Weise Gebrauch zu machen. Der Kläger habe also keine freie Verfügungsbefugnis über das Vermächtnis.[1082]

c) Kritik

Der Qualifizierung der Zuwendung als Zweckauflage ist zuzustimmen. Die Erblasserin hat für die Zuwendung einen Verwendungszweck angeordnet. Die Art und Weise der Formulierung ist für einen unverbindlichen Wunsch zu streng.

Gegen die Einordnung der Anordnung als Untervermächtnis spricht die Formulierung der Erblasserin. Der Begünstigte, der Bonifatiusverein, wäre als Vermächtnisnehmer zwar ausreichend bestimmt. Hätte sie für den begünstigten Verein jedoch einen klagbaren Anspruch begründen wollen, hätte sie den Bonifatiusverein direkt als Begünstigten einsetzen können. Stattdessen ist ausdrücklicher Begünstigter der Zuwendung der Bischöfliche Stuhle zur Trier, der für die zweckgemäße Verwendung Sorge tragen sollte.

Fraglich ist jedoch die Einordnung der Zweckauflage als Stiftung. Eine Stiftung muss dem Merkmal der Dauerhaftigkeit genügen. Der Zweck der Hingabe muss so ausgestaltet sein, dass er nicht durch eine einmalige Hingabe oder sehr kurzfristig erreicht werden kann.[1083] Das „Moment der Dauer"[1084]

1081 Sachverhalt nach RGZ 75, S. 383 (383).

1082 Zum ganzen Absatz: RGZ 75, S. 383 (384).

1083 S. Kap. 2, lit. B, Ziff. III. 2b)(1).

1084 Liermann, in: Franz/Liermann/z. Nedden u.a. (Hrsg.), Deutsches Stiftungswesen 1948–1966, S. 229 (233).

ist das, was die unselbständige Stiftung von einmaligen Zuwendungen abgrenzt.[1085]

Zumindest aufgrund des bekannten Sachverhalts stellt sich die Auflage als einmalige Hingabe dar; Anhaltspunkte, die für eine dauerhafte Vermögensverwaltung sprechen, fehlen. Nach dem Wortlaut der Auflage ist sie mit Übergabe des Geldbetrags an den Bonifatiusverein erfüllt. Es fehlt an Vermögen, das weiterhin verwaltet werden kann, um daraus Erträge zu ziehen.

2. *RG, Urteil v. 07.06.1917, Az.IV 68/17*[1086] *zur Errichtung einer unselbständigen Stiftung von Todes wegen*

a) Sachverhalt

Der 1905 verstorbene Erblasser vermachte in seinem Testament der Stadt Köln einen Betrag von 200.000 RM und bestimmte, die Zinsen davon sollten den zehn dienstältesten aktiven Lehrern und den zehn dienstältesten aktiven Lehrerinnen von Volksschulen der „Alt- u. Neustadt Cölns" zu gleichen Teilen zufließen.

Kläger war ein Volksschullehrer, der Feststellungsklage erhob. Er war der Ansicht, berechtigt seien nur die Lehrer von Schulen in dem Bereich, der zum Zeitpunkt der Abfassung des Testaments die Alt- und Neustadt gebildet habe. Die Stadt Köln vertrat den Standpunkt, dass die politischen Gemeinden Kölns in ihrem jeweiligen Bestand gemeint seien. Eigentlicher Streitpunkt des Verfahrens war die Frage, was Alt- u. Neustadt Köln bedeuten möge.[1087] Daneben war entscheidungserheblich, ob dem Kläger überhaupt ein Anspruch auf Leistung zustand.

b) Entscheidung

Während die beiden Vorinstanzen einen Anspruch des Klägers bestätigten, hob das Reichsgericht das Urteil auf und verwies die Sache zurück. Es reklamierte, dass das OLG nicht geprüft habe, ob den im Testament bedachten Lehrpersonen überhaupt ein klagbarer Anspruch zustehe. Das Reichsgericht führte aus, der Erblasser habe, soweit ersichtlich, keine selbständige Stiftung gegründet, sondern der Stadt Köln ein Kapital vermacht mit der Bestimmung, die Zinsen den bezeichneten Lehrpersonen zukommen zu lassen. Dies sei eine unselbständige Stiftung. Die Anordnung könne also entweder eine Auflage oder ein

---

1085 Liermann, in: Franz/Liermann/z. Nedden u.a. (Hrsg.), Deutsches Stiftungswesen 1948–1966, S. 229 (233).

1086 RG, LZ 1918, S. 268f.

1087 Sachverhalt nach LZ 1918, S. 268 ff.

Untervermächtnis sein. Im Falle einer Auflage hätten die Lehrer aber keinen Anspruch auf die Zinsen. Gegen die Annahme eines Untervermächtnisses könne § 2162 Abs. 2 BGB sprechen.[1088] Weitere Ausführungen zur Art der Zweckbindung machte das Reichsgericht aber nicht.

c) Kritik

Dem Reichsgericht ist zuzustimmen. Eine selbständige Stiftung wurde nicht gegründet.

Die Errichtung einer selbständigen Stiftung ist stets auf Schaffung einer juristischen Person gerichtet.[1089] Obwohl die Verwendung des Begriffs Stiftung im Testament nicht zwingend ist und der Erblasserwille durch Auslegung ermittelt werden kann, kann ein derartiger Wille hier nicht festgestellt werden. Statt eine eigene Rechtspersönlichkeit zu schaffen, wurde eine bereits bestehende begünstigt und gleichzeitig die Mittelverwendung vorgeschrieben.

Anders als im Fall des RG in RGZ 75, S. 383 ff.[1090] liegen keine Anhaltspunkte für eine einmalige Hingabe vor. Die begünstigten Lehrer sollen nur in den Zinsgenuss des angelegten Vermögens kommen, das Grundstockvermögen soll, wie bei Stiftungen üblich, erhalten werden. In der Anordnung der Vermögensverwaltung zeigt sich der Wunsch nach dauerhafter Zweckerfüllung.

Das Urteil belegt zudem die oft gepriesene unkomplizierte Errichtungsmöglichkeit einer unselbständigen im Vergleich zur rechtsfähigen Stiftung.

II. Abgrenzung von selbständiger und unselbständiger Stiftung

1. RG, Urteil v. 24.06.1916, Rep. V. 137/16[1091] *zum Begriff „Stiftung“*

a) Sachverhalt

Die Erblasserin, unter anderem Besitzerin des Hauses D, erklärte vor einem Notar zu Protokoll, dass sie unter dem Namen W.H.Sch. Stiftung ein Kapital von 50.000 RM aussetze, um den Fortbestand des von ihr zum Besten der Armen, Kranken und Kinder der Pfarrei errichteten Klosters und der Kleinkinderanstalt zu sichern. Verwaltet wurden die Einrichtungen von „den armen Dienstmädchen Christi“. Die Verfügung enthielt weiter Bestimmungen zur Zinsverwendung. Zur Verwendung des Kapitals bestimmte sie: „Das Kapital samt Zinsen

---

1088 Entscheidung nach LZ 1918, S. 268 (269).

1089 Staudinger/Hüttemann/Rawert (2017), § 83 Rn. 3.

1090 S. Kap. 6, lit. B, Ziff. I.1.

1091 RGZ 88, S. 335 ff.

und deren Fälligkeit sollte zur Sicherung der Zweckbestimmung als Hypothek für die katholische Pfarrgemeinde auf Haus D eingetragen werden."

In ihrem zweiten Testament setzte sie den Kläger zu ihrem Alleinerben ein und „sprach die bestimmte Hoffnung aus", dass er den ihm auferlegten Verpflichtungen und Legaten treu nachkommen werde. Insbesondere legte sie ihm ihr Kloster ans Herz, zu dessen Unterhalt sie eine Stiftung gegründet habe mit den in der Stiftungsurkunde bezeichneten Zweckbestimmungen.[1092] Der Besitzer des Hauses D solle die Zinsen des Kapitals im Sinne der Stiftung verwenden, damit die hiesige Pfarrei stets deren Vorteil genieße.

Der Alleinerbe (Kläger) war der Ansicht, die Erblasserin habe eine selbständige Stiftung errichten wollen, für die aber die Voraussetzungen fehlen würden. Es fehle an der Bestellung eines Vorstandes und der staatlichen Genehmigung. Mangels Vermächtnisnehmer lasse sich die Bestimmung der Erblasserin auch nicht als letztwillige Verfügung aufrechterhalten.[1093]

b) Entscheidung

Das Gericht sah die Urkunde, die die Stiftungserrichtung enthielt, als letztwillige Verfügung an.[1094] Die Zuwendung an die Pfarrei (Beklagte) ordnete es als ein mit einer Auflage beschwertes Vermächtnis ein.[1095]

In den Bestimmungen der Erblasserin sah es die Errichtung einer unselbständigen Stiftung von Todes wegen. Dafür spreche vor allem die Einsetzung der Pfarrgemeinde als Hypothekengläubiger. Wäre die Erblasserin von einer rechtsfähigen Stiftung ausgegangen, hätte sie die Stiftung als Gläubigerin einsetzen können.[1096] Die Verwendung des Begriffs Stiftung deute nicht auf die Errichtung einer selbständigen Stiftung hin. Diese Annahme entspräche weder dem gewöhnlichen Sprachgebrauch noch dem gesetzlichen. Die §§ 80 ff. BGB ließen nicht nur öffentliche Stiftungen außer Betracht, sondern auch alle anderen privatrechtlichen Zweckzuwendungen, die keine selbständige Natur und keine Rechtsfähigkeit besäßen. Dennoch handelte es sich dabei zumindest insoweit um Stiftungen, als diese Zuwendungen anderen juristischen Personen, namentlich öffentlichen Kooperationen, zufallen.[1097]

1092 Dies ist das erste Testament.
1093 Sachverhalt nach RGZ 88, S. 336f.
1094 RGZ 88, S. 335 (337).
1095 RGZ 88, S. 335 (338).
1096 RGZ 88, S. 335 (337f.).
1097 RGZ 88, S. 335 (338f.).

c) *Kritik*

Bemerkenswert sind die zutreffenden Ausführungen des Gerichts zu dem Gebrauch des Wortes Stiftung. „Die" Stiftung gibt es nicht.[1098] Stattdessen gibt es vielfältige Stiftungsarten und -typen, die alle von dem Begriff Stiftung abgedeckt werden – auch unselbständige Stiftungen.[1099]

Für dieses Begriffsverständnis sprechen die historische Entwicklung der unselbständigen Stiftung als „Urform" der Stiftung, der Sprachgebrauch und die Tatsache, dass sie, wie auch rechtsfähige Stiftungen, einen Zweck wie auch ein Vermögen besitzt und auf Dauer angelegt ist.[1100] Keinesfalls beschränkt sich der Stiftungsbegriff nur auf rechtsfähige Stiftungen i.S.v. § 80 BGB. Seine Verwendung in einer letztwilligen Verfügung genügt nicht zur Qualifizierung der Stiftung als eine rechtsfähige.[1101] Anders als das Reichsgericht meint, unterfallen dem Stiftungsbegriff aber sämtliche Zweckzuwendungen, unabhängig davon, ob der Träger öffentlich-rechtlicher Natur ist.

2. *Urteil des Württ.-Bad. Verwaltungsgerichtshofs (Karlsruher Senat) vom 23.06.1955*[1102] *zur Anwendbarkeit von § 2084 BGB bei der Frage nach der Rechtsform und zur Bedeutung der Einsetzung eines Rechtsträgers als Erben*

a) *Sachverhalt*

Der Erblasser hatte das nachstehend im Auszug wiedergegebene Testament errichtet:

> „Ich setze zum Erben ein die Nationalsozialistische Kriegsopferversorgung e.V. Kreis Pf., mit der Bestimmung, dass die Erbschaft unter W. D.-Stiftung geführt wird. Aus den Zinsen des Vermächtnisses sollte Kriegsopfern des Kreises Pf. kostenloser Aufenthalt in Heimen der Frontkameradschaft e.V. von 14–28 Tage gewährt werden sowie ein Taschengeld von 10–20 Mark. Erfordert es der Zustand eines Kriegsbeschädigten, dass er ein besonderes Bad oder Erholungsort aufsuchen muss, so soll derselbe eine Vergütung bis zur Höchstgrenze von 250 Mark erhalten. Im Übrigen soll aber der Aufwand für eine Person nie den Betrag von 7 Mark täglich überschritten werden (sic!), der als

1098 S. Kap. 1, lit. A, Ziff. II.1.

1099 Ebersbach, Handbuch des Deutschen Stiftungsrechts, S. 170; Hof, in: Richter (Hrsg.), Stiftungsrechts-Handbuch, § 36 Rn. 4; Westebbe, Stiftungstreuhand, S. 35.

1100 So auch Westebbe, Stiftungstreuhand, S. 35.

1101 Soergel/Neuhoff (13. Aufl.), § 80 Rn. 2.

1102 Württ.-Bad. VGH, Urt. v. 23.06.1955, Az. 3 K 184/51, BeckRS 1956, 00216 (abrufbar in beck-online).

> Zuschuss gewährt wird. Zum Verwalter meiner Stiftung bestimme ich Herrn H., nach seinem Tode den jeweiligen Kreisleiter der Kriegsopfer der NSDAP Pf."

Zum Verwalter der Stiftung wurde Herr H. bestimmt und nach seinem Tod der jeweilige Kreisleiter der Kriegsopfer der NSDAP Pf. Es folgten Bestimmungen zur Auswahl der Begünstigten, der Vergütung des Verwalters, zum Verkauf eines Nachlassgrundstücks und eine Anzahl von Vermächtnissen.

Nach Ansicht des Anfechtungsgegners sollte eine selbständige Stiftung errichtet werden. Eine entsprechende Genehmigung wurde erteilt. Der Anfechtungskläger erhob Klage mit dem Ziel, die Genehmigung zur Stiftungserrichtung aufzuheben.[1103]

b) Entscheidung

Das Gericht ging von einer unselbständigen Stiftung aus, da so dem Testament zum vollen Erfolg verholfen werden könne. Es stütze sich auf § 2084 BGB, nach dem bei verschiedenen Auslegungsmöglichkeiten im Zweifel diejenige Auslegung vorzuziehen sei, bei welcher das Testament Erfolg haben könne.

Ob eine selbständige oder unselbständige Stiftung geschaffen werden solle, sei dem Erblasser nach Auffassung des Gerichts zunächst gleichgültig gewesen. Diesem sei es hauptsächlich darauf angekommen, dass der NSKOV e.V. zum Erben eingesetzt werde und eine bestimmte Person seines Vertrauens die Verwaltung übernehme. Bei Annahme einer selbständigen Stiftung sei das aber nicht möglich. Der Wille des Erblassers könne daher nur mit einer unselbständigen Stiftung verwirklicht werden. Mit der Eigenschaft der Zuwendung als Sondervermögen könne auch dem Willen des Erblassers Rechnung getragen und das Sondervermögen unter einer eigenen Bezeichnung getrennt vom Vermögen des Erben geführt werden.

Da sich die unselbständige Stiftung nur nach den Bestimmungen des Schuld- und Erbrechts richte, könne das Sondervermögen auch nach den Vorgaben des Erblassers verwaltet werden. Das Stiftungsgesetz beziehe sich mit Ausnahme von § 1 Abs. 2 StiftG nur auf selbständige Stiftungen.

Der Verfügung hinsichtlich der Stiftungsverwaltung maß das Gericht große Bedeutung zu. Seiner Ansicht nach zeigt die Bestimmung eines Verwalters, dass der Erblasser eine ihm vertraute Person als Verwalter einsetzen wollte und kein

---

1103 Sachverhalt nach Württ.-Bad. VGH, Urt. v. 23.06.1955, Az. 3 K 184/51, BeckRS 1956, 216 (abrufbar in beck-online).

ihm fremdes Gremium, wie das bei der selbständigen Stiftung der Fall gewesen wäre.[1104]

c) *Kritik*

Das Urteil betont die Bedeutung des Erblasserwillens und der Testamentsauslegung. § 2084 BGB wurde zutreffend angewandt. Dieser ist nicht dazu da, Mängel der Verfügung von Todes wegen zu heilen.[1105] Er besagt nur, dass bei verschiedenen Auslegungsmöglichkeiten die gewählt werden sollte, die der letztwilligen Verfügung zur Wirksamkeit verhilft.[1106]

Zuzustimmen ist dem Gericht auch, wenn es die Einsetzung eines Rechtsträgers als Indiz für eine unselbständige Stiftung sieht. Wird ein Rechtsträger als Erbe eingesetzt, spricht das per se zwar nicht für den Erblasserwillen, eine unselbständige Stiftung zu errichten. Allerdings verdeutlicht es den Wunsch, einer bestimmten natürlichen oder juristischen Person sein Vermögen anzuvertrauen und nicht eine eigenständige Rechtspersönlichkeit schaffen zu wollen.

Unrichtig ist das Urteil jedoch, wenn es annimmt, dass das Nachlassvermögen nicht das Schicksal des übrigen Vermögens des Trägers teilen würde.[1107]

3. *KG, Urteil v. 06.07.1970, Az. 16 U 1777/69*[1108] *zum Willen des Erblassers, eine eigenständige Rechtspersönlichkeit zu schaffen, zur Anordnung eines Verwaltungsorgans und zur Formulierung „Errichtung einer Stiftung"*

a) *Sachverhalt*

Die Erblasserin setzte mittels eines Testaments den X-Verein e.V. als Erbe ein und bestimmte dort u.a.:

> „Ziff. 1: Das Vermögen ist unter dem Namen ‚A. und M.B.-Stiftung' sofort festzulegen (zu deponieren) und es ist zu seiner Verwaltung sofort ein aus mindestens drei Personen

1104 Entscheidungsgründe nach Württ.-Bad. VGH, Urt. v. 23.06.1955, Az. 3 K 184/51, BeckRS 1956, 216, Ziff. II.2. (abrufbar in beck-online). Zur Anwendung des § 2084 BGB bei der Frage nach der Rechtsform s. auch OLG Hamm, ZErb 2012, S. 195 ff., das von einer selbständigen Stiftung ausgeht.

1105 Kuchinke, in: FS Neumayer, S. 389 (395).

1106 Kuchinke, in: FS Neumayer, S. 389 (395).

1107 S. Kap. 4, lit. C, Ziff. II.

1108 KG, StiftRspr. III, S. 35 ff. Gegen das Urteil wurde Revision eingelegt. Diese beschäftigte sich jedoch nicht mit der Abgrenzung von selbständiger und unselbständiger Stiftung, s. BGH, StiftRspr. III, S. 27 ff.

bestehendes Kuratorium, darunter die Geschäftsführerin und Vorsitzende des Vereins … zu bestellen.“

Das Kapital der Stiftung solle nur in besonders zwingenden Fällen angegriffen werden. Grundsätzlich seien nur die Zinsen zu verwenden

„und zwar für der Allgemeinheit zugute kommende (sic!), dem Alkoholismus vorbeugende Maßnahmen […]. Zu den der Trunksucht vorbeugenden Maßnahmen gehört in erster Linie die Gründung alkoholfreier Wirtschaften und Ausschankstellen.“[1109]

In einem ergänzenden Testament, zwei Jahre später, machte die Erblasserin den Testamentsvollstreckern zur Auflage, für die „Errichtung“ der Stiftung zu sorgen.[1110]

Der X-Verein e.V. errichtete daraufhin die Stiftung und verfasste eine Stiftungssatzung. Die Stiftung wurde von dem Senator für Justiz genehmigt. Im Laufe der Zeit jedoch nahm die Stiftung Tätigkeiten wahr, die vom Stiftungszweck abwichen.

In dem vorliegenden Verfahren machte die Stiftung Amtshaftungsansprüche gegen den Beklagten geltend. Der Senator für Justiz habe seine Aufsichtspflicht verletzt, da er aus den Geschäftsberichten der Stiftung hätte ersehen müssen, dass die Tätigkeit der Stiftung nicht mehr vom Stiftungszweck gedeckt sei.[1111]

b) *Entscheidung*

Das Kammergericht sah in den letztwilligen Verfügungen der Erblasserin den Willen, eine selbständige Stiftung zu gründen.[1112] Bereits aus der Anordnung eines selbständigen Verwaltungsorgans folge ihr Wille zur Errichtung einer selbständigen Stiftung. Eine unselbständige Stiftung dagegen werde nur durch den Stiftungsträger und dessen Organe verwaltet.[1113]

In der Bestimmung, die Testamentsvollstrecker sollte für die Errichtung der Stiftung sorgen und das Vermögen solle vom Kuratorium verwaltet werden, sah es weitere Argumente für die Schaffung einer selbständigen Stiftung. Die

1109 Sachverhalt nach BGH, StiftRspr. III, S. 27 (27f.), er wurde dem dazugehörigen BGH-Urteil entnommen.

1110 Sachverhalt nach KG, StiftRspr. III, S. 35 (36), dieser Teil wurde den Entscheidungsgründen des KG-Urteils entnommen.

1111 Sachverhalt nach BGH, StiftRspr. III, S. 27 (27f.) – er wurde dem dazugehörigen BGH-Urteil entnommen.

1112 Entscheidungsgründe nach KG, StiftRspr. III, S. 35 (35).

1113 Entscheidungsgründe nach KG, StiftRspr. III, S. 35 (35f.).

Anordnung zeige, dass nach ihrer Vorstellung die Stiftung erst noch durch einen besonderen Akt entstehen sollte.[1114]

Mit der Formulierung, nach der Errichtung der Stiftung solle ihr dort liegendes Vermögen der Verwaltung des Kuratoriums unterliegen, sei deutlich geworden, dass der X-Verein e.V. als Erbe das Vermögen der neugegründeten Stiftung zur alleinigen Verantwortung durch das Kuratorium übergeben müsse.[1115]

c) Kritik

Die Entscheidung des Kammergerichts mag im dort entschiedenen Fall unter Berücksichtigung aller Anordnungen im Testament zutreffend gewesen sein. Aus der Anordnung eines Kuratoriums kann aber nicht pauschal auf den Willen, eine selbständige Stiftung zu errichten, geschlossen werden.[1116] Eine unselbständige Stiftung kann ebenfalls ein Kuratorium besitzen, das unabhängig vom Stiftungsträger agiert. Dieses besitzt zwar nicht die gleiche Selbständigkeit wie ein Organ im Rechtssinne, dennoch können die Gremienmitglieder separat vom Stiftungsträger agieren und damit selbständig Aufgaben übernehmen.[1117] Richtet man sich nach der Verfügung der OFD Frankfurt, muss eine unselbständige Stiftung sogar ein selbständiges, vom Träger unabhängiges Gremium besitzen, da sie sonst keine steuerliche Selbständigkeit erlangen kann.[1118]

Kritisch ist ferner das Argument, aus der Anordnung „Errichtung einer Stiftung" lasse sich ein auf die selbständige Stiftung gerichteter Wille ableiten.[1119] Richtig ist zwar, dass die unselbständige Stiftung an sich kein eigenes Rechtssubjekt ist und lediglich durch Vollziehung einer Auflage wirkt. Trotzdem spricht man sowohl im allgemeinen Sprachgebrauch sowie im Fachjargon auch in Bezug auf unselbständige Stiftungen von deren Errichtung. Insbesondere ist es möglich, in einer letztwilligen Verfügung eine sog. „unechte" unselbständige Stiftung

1114 Entscheidungsgründe nach KG, StiftRspr. III, S. 35 (36).

1115 Entscheidungsgründe nach KG, StiftRspr. III, S. 35 (36).

1116 So auch Hof, in: Richter (Hrsg.), Stiftungsrechts-Handbuch, § 36 Rn. 119; a.A. Leisner, StiftRspr. III, S. 39.

1117 Zur Stellung der Gremienmitglieder s. Kap. 3, lit. D.

1118 Verf. OFD Frankfurt, DB 2012, S. 204.

1119 So auch: Hof, in: Richter (Hrsg.), Stiftungsrechts-Handbuch, § 36 Rn. 119; a.A. Leisner, StiftRspr. III, S. 39. Zur Auslegung der Formulierung „wird eine wohltätige Stiftung" s. OLG München, ZEV 2017, S. 634 (639). Dieses kam durch Auslegung zu dem, im konkreten Fall zutreffenden, Ergebnis, die Erblasserin habe mit dieser Formulierung eine rechtsfähige Stiftung gründen wollen.

von Todes wegen zu errichten.[1120] Die Anordnung des Erblassers lautet in dem Fall ebenso auf Errichtung einer Stiftung.

4. *VGH Baden-Württemberg, Urteil v. 02.11.1976, Az.49/75*[1121] *zur fehlenden Einsetzung eines Vermögensträgers*

a) Sachverhalt

Der Erblasser hinterließ eine letztwillige Verfügung, in der er unter anderem folgende Bestimmung traf:

> „Mein gesamtes übriges Eigentum (besonders mein Haus in Baden-Baden) soll eine Stiftung für Blinde werden, die meinen Namen tragen muss. [...] Die Stiftung hat späterhin für Pflege und Erhaltung des Grabes von mir, meinen Eltern und Großeltern aufzukommen."

Im Nachlass wurden noch weitere Testamente gefunden, die ausnahmslos die Errichtung einer Stiftung für Blinde vorsahen, insbesondere eines Blindenheimes im Haus des Erblassers in Baden-Baden.

Das Regierungspräsidium genehmigte die Stiftung und bestimmte deren Sitz und Satzung. Die Kläger, weit entfernte Verwandte des Erblassers, vertraten die Ansicht, der Erblasser habe eine unselbständige Stiftung von Todes wegen anordnen wollen. Sie erhoben Klage auf Nichtigkeit der Stiftungsgenehmigung.[1122]

b) Entscheidung

Der VGH ging vom Willen des Erblassers aus, eine rechtsfähige Stiftung schaffen zu wollen. Das testamentarisch niedergelegte Stiftungsgeschäft enthalte hinreichende Aussagen für die Begründung einer selbständigen Stiftung.[1123] Der Stiftungszweck sei im Testament enthalten. Sitz der Stiftung sollte Baden-Baden sein. Dem Erblasser waren keine gesetzlichen Erben bekannt, die er als Erbe hätte benennen können. Die einzige gesetzliche Erbin, die er hätte kennen können, war eine im hohen Lebensalter stehende Frau, von der der Erblasser nicht erwartet hätte, eine Stiftung ins Leben zu rufen.[1124]

Aus Sicht des Erblassers hätte es näher gelegen, eine selbständige Stiftung einzurichten und deren Ausgestaltung den zuständigen Stellen zu überlassen.[1125]

1120 S. Kap. 1, Einführung.
1121 VGH, StiftRspr. III, S. 13 ff.
1122 Sachverhalt nach StiftRspr. III, S. 13 (14f.).
1123 StiftRspr. III, S. 13 (16).
1124 StiftRspr. III, S. 13 (16f.).
1125 StiftRspr. III, S. 13 (16).

Die durch Auslegung ermittelte Erklärung dieses Inhalts genüge für die Schaffung einer Stiftung.[1126]

c) Kritik

Der Entscheidung des VGH ist zuzustimmen.
Die Entscheidung hält auch den, teilweise in der Literatur vertretenen, strengen Auslegungsmaßstäben für die Annahme einer selbständigen Stiftung stand. Nach diesen muss sich der Wille des Erblassers, eine selbständige Stiftung und damit ein selbständiges Rechtssubjekt ins Leben zu rufen, eindeutig aus der Urkunde ergeben.[1127] Zudem sind nach dieser Ansicht der Auslegung solcher Verfügungen Grenzen gesetzt. Unzulässig soll nach *Kuchinke* die Auslegung sein, wenn sie in den Bereich des mutmaßlichen Erblasserwillens gelangt. Die Annahme einer selbständigen Stiftung dürfe sich nicht auf diesen stützen.[1128]

Begründet werden diese strengen Voraussetzungen damit, dass durch die Errichtung einer selbständigen Stiftung ein eigenständiges Rechtssubjekt mit eigener Existenz geschaffen wird.[1129] Scheidet eine selbständige Stiftung wegen eines unklaren Gründungswillens des Erblassers aus, kann sich wegen der Ähnlichkeit von selbständiger und unselbständiger Stiftung die Auslegung ergeben, dass der Erblasser eine unselbständige Stiftung errichten wollte.[1130]

Im vorliegenden Fall ist der Wille des Erblassers, ein eigenständiges Rechtssubjekt ins Leben zu rufen, an der Formulierung „Mein gesamtes übriges Eigentum [...] soll eine Stiftung für Blinde werden" klar zu Tage getreten. Der Erblasser wollte sein Eigentum in eine Stiftung umwandeln.

Die fehlende Einsetzung eines Rechtsträgers stützt die Annahme einer selbständigen Stiftung. Hätte der Erblasser eine unselbständige Stiftung errichten wollen, hätte neben dem Stiftungszweck zumindest noch ein Vermögensträger eingesetzt werden müssen, auf den das Vermögen zunächst übergeht.[1131] Es fehlte aber nicht nur an dessen Benennung; dieser wäre nicht einmal vorhanden gewesen.

1126 StiftRspr. III, S. 13 (16).

1127 Ebersbach, Handbuch des Deutschen Stiftungsrechts, S. 44; Kuchinke, in: FS Neumayer, S. 389 (394f.); Strickrodt Stiftungsrecht, S. 38; Soergel/Neuhoff (13. Aufl.), § 80 Rn. 2.

1128 Kuchinke, in: FS Neumayer, S. 389 (394).

1129 Strickrodt Stiftungsrecht, S. 37f.

1130 Kuchinke, in: FS Neumayer, S. 389 (396).

1131 So wohl auch das beklagte Regierungspräsidium, StiftRspr. III, S. 15.

III. Abgrenzung Vermächtnis/Auflage im Rahmen einer unselbständigen Stiftung

1. RG, Urteil v. 26.03.1917, Az.IV 417/16[1132] *zur Einordnung einer Zweckbestimmung als Auflage und § 2194 BGB*

a) Sachverhalt

Der Erblasser setzte die Stadt X zu seinem Erben ein und wandte ihr zwei Drittel seines Nachlasses mit der Maßgabe zu, dass das Kapital als Sch.-Stiftung zu verwalten sei. Zweck der Stiftung sollte die Verwendung des größten Teils der Zinsen zu wohltätigen Zwecken sein. Beispielhaft erwähnt wurde die Unterstützung älterer, nicht mehr arbeitsfähiger, unverschuldet zurückgegangener Ortsangehöriger. Ferner sollte in „allen Unterstützungsfällen" die Verwandten des Erblassers nach dem Grade der Verwandtschaft „in erster Linie und in splendider Weise" berücksichtigt werden. Verwaltet und beaufsichtigt werden sollte die Stiftung unter Aufsicht des Magistrats von einem Kuratorium.

Die Verwaltung der Stiftung wurde von einer durch das Kuratorium und dem Magistrat aufgestellten, von dem Regierungspräsidium genehmigten Satzung geregelt. Eine Nichte des Erblassers hielt sich für unterstützungsbedürftig und beanspruchte eine jährliche Unterstützung in Höhe von 2000 M. In Streit stand die Qualifizierung der Zuwendung zugunsten der Verwandten.[1133]

b) Entscheidung

Das Reichsgericht wie auch das Kammergericht ordneten die Zuwendung zugunsten der Verwandten als Auflage ein und die Stiftung als eine unselbständige. Zwar könne die Zweckbestimmung der unselbständigen Stiftung von Todes wegen auch in Form eines Vermächtnisses erfolgen. Im vorliegenden Fall sei es aber nicht der Wille des Erblassers gewesen, seinen Verwandten einen klagbaren Anspruch zu gewähren. Die Entscheidung, wer letztlich eine Zuwendung aus seinem Vermögen erhalte, habe der Erblasser dem freien Ermessen seines

---

1132 LZ 1917, S. 1076. Mit der Abgrenzung selbständiger/unselbständiger Stiftung und Vermächtnis/Auflage beschäftigte sich auch das Reichsgericht mit Urteil v. 07.06.1917, Az.IV 68/17, LZ 1918, S. 268f. Ob der Erblasser die Stadt mit einem Vermächtnis oder einer Auflage beschwert habe, ließ das RG offen. Im Falle eines Untervermächtnisses merkte es jedoch an, dass § 2162 Abs. 2 BGB Probleme bereiten könnte.

1133 Sachverhalt nach LZ 1917, S. 1076.

Kuratoriums überlassen und einer Nachprüfung im Aufsichtswege vorbehalten wollen.

Weiter führt das Reichsgericht aus, dass das Ziel der Klägerin auch nicht über § 2194 BGB zu erreichen sei. Das Kammergericht meinte, dass die Klägerin nach § 2194 BGB zwar zu den Personen gehören würde, denen der Wegfall der Beklagten unmittelbar zugutekomme. Allerdings könne sie im Rahmen von § 2194 BGB nur verlangen, dass die Beklagte dem Kuratorium das Stiftungsvermögen zur Verwaltung und stiftungsgemäßen Verwendung überlassen müsse. Eine Auszahlung an sich selbst sei vom Vollziehungsanspruch nicht umfasst.

Das Reichsgericht verneinte einen Anspruch der Klägerin aus § 2194 BGB ebenfalls. Es stützte seine Begründung aber auf den Erblasserwillen. Nach diesem hätten die Verwandten keinen klagbaren Anspruch auf die Stiftungsleistung erhalten sollen. Demnach sei es auch nicht möglich, ihnen einen Anspruch aus § 2194 BGB zuzugestehen. Anderenfalls würde der Erblasserwillen umgangen werden.[1134]

c) *Kritik*

Die Entscheidung des Reichsgerichts ist neben der Einordnung der Zweckbestimmung als Auflage auch wegen seiner Ausführungen zu § 2194 BGB interessant. Es geht um die nach wie vor hoch umstrittene Frage, ob ein Auflagenbegünstigter auch Vollziehungsberechtigter nach § 2194 BGB sein kann.

Das Reichsgericht stellt für die Beantwortung der Frage zu Recht auf den Erblasserwillen ab. Würde man dem Auflagenbegünstigten einen Vollziehungsanspruch zubilligen, würde man dem Erblasserwillen zuwiderhandeln.[1135]

Die Einordnung der Zuwendung an die Verwandten des Erblassers als Auflage ist im Ergebnis zutreffend. Abzugrenzen war die Zweckbestimmung im vorliegenden Fall von einem Zweckvermächtnis i.S.v. § 2156 BGB i.V.m. § 2151 BGB. Dieses scheitert jedoch bereits an einer ausreichenden Zweckbestimmung. Bei einem Zweckvermächtnis muss der Vermächtniszweck so genau bestimmt sein, dass der Bestimmungsberechtigte ausreichend Anhaltspunkte für die Ausübung seines billigen Ermessens hat.[1136] Zu strenge Anforderungen an die Bestimmtheit dürfen zwar nicht gestellt werden.[1137] Allgemein Floskeln wie „um ihm eine

---

1134 S. zu den Entscheidungsgründen LZ 1917, S. 1076.

1135 Zu Einzelheiten s. Kap. 2, lit. C, Ziff. II.2b)(4).

1136 BayObLG, FamRZ 1999, S. 1386 (1387); Lange/Kuchinke, Erbrecht, § 29, IV.2a, Fn. 186.

1137 Staudinger/Otte (2013), § 2156 Rn. 2.

Freude zu machen“ oder ein Hinweis auf allgemeine Konventionen genügen wiederum nicht.[1138] Um eine solche allgemeine Floskel handelt es sich aber bei der Bestimmung „in allen Unterstützungsfällen“.

2. *RG, Urteil v. 13.05.1919, Az.89/19*[1139] *zu den Anforderungen an ein Vermächtnis nach § 2151 BGB*

a) Sachverhalt

In ihrem Testament vom 26.04.1915 hatte die Erblasserin in § 11 bestimmt:

> „Gleich nach meinem Leben sollen an verschiedene Vereine und wohltätige oder gemeinnützige Anstalten sowie bedürftige Personen, deren genauere Bezeichnung ich mir noch vorbehalte, insgesamt 30.000 M seitens der Testamentsvollstrecker verteilt werden. Insoweit ich keine genaueren Vorschriften hierüber erlassen sollte, sollten die im § 3 im Schlußsatz genannten Damen unter Zurateziehung der Testamentsvollstrecker die Empfänger sowie die Höhe der einzelnen Gaben bestimmen und besonders auch diejenigen Vereine und Anstalten berücksichtigen, welchen ich bei dem Ableben meines Ehegatten Zuwendungen gemacht habe.“

Darüber hinaus sollten aus den 30.000 RM auch ein von der Erblasserin namentlich bedachter Dienstbote 5.000 Mark und alle anderen Dienstboten „angemessene“ Gaben erhalten.

Nach dem Tod der Erblasserin wurde der Großteil der 30.000 RM an die in den Prozessakten bezeichneten Personen ausbezahlt. Die Erbschaftsteuerbehörde erließ Steuerbescheide, auf die die Kläger unter Vorbehalt bezahlt und mit der Klage teilweise zurückgefordert hatten.[1140]

b) Entscheidung

Schwerpunkt des Verfahrens waren steuerrechtliche Fragestellungen in Zusammenhang mit den angeordneten Zuwendungen. Problematisch war die Qualifizierung der Zweckbestimmung in § 11 zugunsten „verschiedener Vereine und wohltätiger oder gemeinnütziger Anstalten“ als Auflage oder Vermächtnis.

Die Vorinstanz betrachtete jede Auszahlung eines Betrages aufgrund der testamentarischen Anordnung als einzelnes Vermächtnis. Dem ist das Reichsgericht nicht gefolgt.[1141] Es nimmt eine Abgrenzung von Vermächtnis und Auflage vor. In Frage komme im vorliegenden Fall ein Vermächtnis unter Zuhilfenahme

1138 BayObLG, FamRZ 1999, S. 1386 (1388).
1139 RGZ 96, S. 15 ff.
1140 Sachverhalt nach RGZ 96, S. 15f.
1141 RGZ 96, S. 15 (18).

von § 2151 Abs. 1 BGB, wonach der Erblasser einem Dritten die Bestimmung des Vermächtnisnehmers überlasse. Anders als § 2193 BGB habe § 2151 BGB aber ein engeres Anwendungsgebiet. Voraussetzung für § 2151 BGB sei das Vorhandensein eines beschränkten, leicht überschaubaren Personenkreises, aus welchem der Vermächtnisnehmer auszusuchen sei. Diesen Anforderungen genüge die Anordnung der Erblasserin nicht.[1142]

Soweit es um die Begünstigung der Vereine und Anstalten gehe, handele es sich um eine unselbständige Stiftung von Todes wegen, deren Zweckbestimmung mittels Auflage erfolgt sei.[1143]

c) Kritik

Dem Reichsgericht ist bei der Annahme einer Auflage zuzustimmen. Unabhängig vom unbestimmten Personenkreis würde das Vermächtnis auch am fehlenden Erblasserwillen scheitern, den Begünstigten einen Anspruch auf die Zuwendung zu geben.

Dennoch wurde, entgegen der Ansicht des Reichsgerichts, von der Erblasserin keine unselbständige Stiftung von Todes wegen gegründet. Es fehlt am Merkmal der Dauerhaftigkeit.[1144] Die Erblasserin bestimmte lediglich eine Verteilung von 30.000 Mark unter gemeinnützigen Vereinen. Das ist eine Auflage, die zum Inhalt mehrere einzelne Leistungen an noch unbestimmte Begünstigte hat. Der Zweck der Auflage ist nach mehreren einzelnen Leistungen erfüllt. Ein weiterhin zu verwaltendes Vermögen ist nicht mehr vorhanden.

1142 S. zum ganzen Absatz RGZ 96, S. 15 (17).
1143 RGZ 96, S. 15 (19).
1144 S. Kap. 2, lit. B, Ziff. III.2b).

7. Kapitel Die unselbständige Stiftung von Todes wegen im Steuerrecht

A. Besteuerung unselbständiger Stiftungen

I. Steuerbelastung

Eine unselbständige Stiftung kann trotz ihrer fehlenden Rechtsfähigkeit Steuersubjekt sein.[1145] Gem. § 43 AO bestimmt jedes Steuergesetz den Steuerschuldner aber selbständig. Die Steuerpflicht der Stiftung muss daher für jede Steuerart gesondert geprüft werden.

Ihre Besteuerung ist in den unterschiedlichen „Lebensphasen" verschieden: Steuern fallen bei Errichtung, Auflösung und während des Bestehens der Stiftung an.[1146]

Aufgrund der Entstehungsweise der unselbständigen Stiftung von Todes wegen spielt bei ihr die Erbschaftsteuer eine bedeutende Rolle. Im Rahmen der laufenden Besteuerung sind Körperschaft- und Gewerbesteuer, Umsatz-, Grunderwerb- und sonstige Verkehrsteuern zu beachten.[1147] Bei Auflösung der Stiftung und Übertragung des Stiftungsvermögens wird wieder das Erb- oder Schenkungsteuerrecht relevant.

Die Steuerbelastung einer unselbständigen Stiftung ist nicht zu unterschätzen. Allein der Körperschaftsteuersatz beträgt gem. § 23 KStG 15%. Zusätzlich fällt gem. § 4 Solidaritätszuschlagsgesetz (SolzG) der Solidaritätszuschlag in Höhe von 5,5% des Steuerbetrags aus Einkommen-, Kapitalertrag- und Körperschaftsteuer an. Der Steuersatz für einen steuerpflichtigen Erwerb von Todes wegen beträgt nach § 19 ErbStG mindestens 30% und kann bis auf 50% ansteigen.

Die Steuerbelastungen machen deutlich, wie bedeutend Steuerbefreiungen für den Bestand der Stiftung sind. In den Genuss von umfassenden Steuerbefreiungen kommen gemeinnützige, mildtätige und kirchliche Stiftungen i.S.d. Abgabenordnung.

1145 Bspw. § 1 Abs. 1 Nr. 5 KStG.

1146 Wigand/Haase-Theobald/Heuel u.a., Stiftungen in der Praxis, Kap. 5 Rn. 3.

1147 Wigand/Haase-Theobald/Heuel u.a., Stiftungen in der Praxis, Kap. 5 Rn. 6.

II. Beginn und Ende der Steuerpflicht

Der Beginn der Steuerpflicht einer unselbständigen Stiftung hängt grundsätzlich vom Einzelfall ab.[1148] Speziell für einen Fall der unselbständigen Stiftung von Todes wegen hat der BFH aber entschieden, dass die Steuerpflicht mit dem Erbfall beginnt.[1149] In dem konkreten Fall wurde ein eingetragener Verein als Ersatznacherbe eingesetzt und mit der Auflage beschwert, das ererbte Vermögen in eine treuhänderische Stiftung einzubringen. Ein Stiftungsstatut war dem Testament als Anlage beigefügt.

Der BFH begründete seine Entscheidung damit, dass es aus steuerrechtlicher Sicht weder auf die Annahme der Erbschaft noch auf eine konkrete Mittelzuführung oder eine Unterzeichnung des Statuts ankomme. Schon mit Eintritt des Erbfalls bestehe die Verpflichtung des Begünstigten, den Nachlass nur für die von den Stiftern vorgegebenen Zwecke zu verwenden.[1150]

Die Ausführungen des BFH können generell auf unselbständige Stiftungen von Todes wegen übertragen werden und sind nicht nur im entschiedenen Fall von Bedeutung. Eine unselbständige Stiftung von Todes wegen entsteht immer mit dem Erbfall. Der Zweck wurde zwangsläufig mittels Auflage oder Vermächtnis bindend festgelegt. Weitere Vollzugsakte wie die Ausformulierung der Stiftungssatzung sind für die Entstehung der subjektiven Steuerpflicht der unselbständigen Stiftung von Todes wegen letztlich irrelevant.[1151]

B. Steuerarten

I. Körperschaftsteuer

Die Anerkennung der unselbständigen Stiftung als eigenständiges Körperschaftsteuersubjekt ist nicht nur für die Körperschaftsteuerbefreiung relevant, sondern zudem Voraussetzung für die Erbschaftsteuerbefreiung nach § 13 Abs. 1 Nr. 16b ErbStG, den Spendenabzug nach § 10b Abs. 1 S. 2 Nr. 2 Einkommensteuergesetz (EStG), die Abzugsfähigkeit von Spenden in den Vermögensstock der Stiftung nach § 10b Abs. 1a S. 1 EStG oder die Abstandnahme von der Kapitalertragsteuer nach § 44a EStG.

1148 BFH, Urteil v. 16.11.2011, Az.I R 31/10, Rn. 33 – zit. nach juris (abrufbar in juris).

1149 BFH, Urteil v. 16.11.2011, Az.I R 31/10, Rn. 34 – zit. nach juris (abrufbar in juris).

1150 BFH, Urteil v. 16.11.2011, Az.I R 31/10, Rn. 34 – zit. nach juris (abrufbar in juris).

1151 Hüttemann, in: DSZ- Deutsches Stiftungszentrum GmbH (Hrsg.), Die Treuhandstiftung, S. 48 (56).

Hinzu kommt, dass für die Frage der Steuerbegünstigung aufgrund der Verfolgung gemeinnütziger, mildtätiger oder kirchlicher Zwecke der Status des Trägers maßgeblich ist, sollte die unselbständige Stiftung kein eigenständiges Körperschaftsteuerobjekt sein.

1. Körperschaftsteuerpflichtigkeit

a) Steuerliche Eigenständigkeit von Zweckvermögen gem. § 3 KStG

Privatrechtliche nichtrechtsfähige Stiftungen und andere Zweckvermögen privaten Rechts sind nach § 1 Abs. 1 Nr. 5 KStG unbeschränkt körperschaftsteuerpflichtig. Eine eigene Besteuerung der unselbständigen Stiftung kommt dennoch nur unter den Voraussetzungen des § 3 Abs. 1 KStG in Betracht, da sie mangels eigener Rechtsfähigkeit einem Stiftungsträger zugewiesen ist, der seinerseits einkommen- oder körperschaftsteuerpflichtig ist.

Um eine Zurechnung des Zweckvermögens beim Stiftungsträger zu vermeiden und ein eigenes Körperschaftsteuerobjekt darzustellen, dürfen ihre Erträge daher nicht dem Träger zuzurechnen sein. § 3 Abs. 1 KStG[1152] stellt die Voraussetzungen hierfür auf. Danach ist die unselbständige Stiftung körperschaftsteuerpflichtig, wenn das Einkommen der unselbständigen Stiftung weder nach diesem Gesetz noch nach dem Einkommensteuergesetz unmittelbar bei einem anderen Steuerpflichtigen zu versteuern ist.

Neben der materiell-steuerrechtlichen Beurteilung hat die steuerrechtliche Eigenständigkeit auch verfahrensrechtliche Bedeutung. So ist im finanzgerichtlichen Verfahren die nichtrechtsfähige Stiftung selbst Partei.[1153]

b) Abgrenzungskriterien

(1) Voraussetzungen der steuerlichen Selbständigkeit

§ 3 KStG verlangt, dass die Erträge der Stiftung nicht dem Träger zugerechnet werden. Da er keine weiteren Abgrenzungskriterien vorsieht, wurden solche von Rechtsprechung, Verwaltung und Literatur aufgestellt. Die Ansichten, die hier vertreten werden, sind ähnlich, unterscheiden sich aber in einem Punkt – der Behandlung der Zweckidentität – mit weitreichenden Konsequenzen.

Einigkeit herrscht darüber, dass für die Annahme eines steuerrechtlich selbständigen Zweckvermögens das Vermögen aus dem wirtschaftlichen

---

1152 Zum Zweck von § 3 Abs. 1 KStG s. BFH, BB 2003, S. 993 (994).

1153 BFHE 201, S. 287 (288).

Eigentumsbereich des Stifters ausscheiden muss.[1154] Es muss sichergestellt sein, dass der Stifter das Vermögen nicht wieder herausverlangen kann.[1155] Starke Indizien hierfür sind eine ihn bindende Satzung und die Einrichtung eines Kontrollorgans.[1156] Weiterhin müssen Träger und Stifter dauerhaft an einen Zweck gebunden sein.[1157]

Dritte Voraussetzung ist, dass die Erträge der Stiftung steuerlich nicht dem Träger als Einkommen zugerechnet werden.[1158] Grundvoraussetzung des Ausschlusses der steuerlichen Zurechnung ist die gesonderte Verwaltung des Stiftungsvermögens von dem des Trägers.[1159]

Letztlich muss der Stiftungsträger als formaler Eigentümer des Stiftungsvermögens dieses nicht zu eigenen Zwecken verwenden dürfen, sondern ausschließlich für den in der Auflage bestimmten Zweck. So erhält der Zweck eine gewisse Selbständigkeit, die es rechtfertigt, ihn als eigenständiges Steuersubjekt zu betrachten.[1160] Der Stiftungsträger muss dafür an einen für ihn fremden Zweck gebunden sein.[1161] Die Fremdheit des Zwecks ist unproblematisch, wenn die Zwecke von Träger und Stiftung tatsächlich ganz unterschiedlich sind.[1162]

(2) Steuerliche Selbständigkeit bei Zweckidentität

Verfolgen Stiftung und Träger identische Zwecke, ist die Fremdheit problematisch. Das Problem beginnt bei der Frage, wann Zwecke überhaupt identisch sind, und setzt sich in der Frage fort, ob die unselbständige Stiftung trotz Zweckidentität steuerlich selbständig sein kann. Die hierzu vertretenen Ansichten sind mannigfaltig.

1154 RFH, RStBl. 1938, S. 284 (285); RFH, RStBl. 1936, S. 442 (443); RFH, RStBl. 1933, S. 872 (872); RFHE 7, S. 177 (180); Augsten/Wolf, ZErb 2006, S. 155 (160); Hüttemann/Herzog, DB 2004, S. 1001 (1003); Pecina, Unselbständige Stiftung, S. 193; Streck, StuW 1975, S. 135 (140).

1155 RFH, RStBl. 1936, S. 442 (443); RFH, RStBl. 1933, S. 872 (873).

1156 RFH, RStBl. 1938, S. 284 (285); RFH, RStBl. 1936, S. 442 (443).

1157 RStBl. 1936, S. 442 (444); RFH, RStBl. 1933, S. 872 (873); Hüttemann/Herzog, DB 2004, S. 1001 (1005); Pecina, Unselbständige Stiftung, S. 193; Streck, StuW 1975, S. 135 (140).

1158 Hüttemann/Herzog, DB 2004, S. 1001 (1003).

1159 Hüttemann/Herzog, DB 2004, S. 1001 (1003).

1160 RFH, RStBl. 1933, S. 872 (872).

1161 RFH, RStBl. 1943, S. 658 (659); Hüttemann/Herzog, DB 2004, S. 1001 (1004).

1162 Hüttemann/Herzog, DB 2004, S. 1001 (1004).

i. Meinungsbild

Die OFD München legte in ihrer Verfügung vom 07.03.2003[1163] fest, dass unselbständige Stiftung und Träger unterschiedliche Zwecke verfolgen, wenn der Träger die mit der Stiftung verfolgten Zwecke auch mit eigenen Mitteln erfüllen könnte.

Die OFD Frankfurt a.M. verlangt in ihrer Verfügung vom 30.08.2011[1164] für die wirtschaftliche Selbständigkeit der Stiftung, dass nichtrechtsfähige Stiftung und Treuhänder unterschiedliche Zwecke verfolgen.

Sofern Stiftung und Treuhänder identische Zwecke verfolgen, müsse die nichtrechtsfähige Stiftung über ein Gremium verfügen, das unabhängig vom Treuhänder über die Verwendung der Mittel entscheiden könne. Der Treuhänder solle als zivilrechtlicher Rechtsträger vom Einfluss auf die Mittelverwendung ausgeschlossen werden. Offen ließ die OFD Frankfurt a.M., wie sie den Begriff Zweckidentität definiert.

In der älteren wie der jüngeren Literatur wurde ebenfalls versucht, Abgrenzungskriterien zu finden.

So meint Streck, selbst bei vollständiger Zweckidentität sei eine selbständige Steuerpflicht der unselbständigen Stiftung gegeben, da sich der Rechtsgrund bei der Zweckverfolgung unterscheide.[1165] *Hüttemann/Herzog* wie auch *Schmidt/Fritz* stimmen mit der OFD Frankfurt grundsätzlich insoweit überein, als auch sie bei Vorhandensein eines Stiftungsgremiums von der steuerlichen Eigenständigkeit der unselbständigen Stiftung ausgehen.[1166] Gibt es keine Gremien, nehmen *Hüttemann/Herzog* einen Vergleich der Zwecke vor. Sie verneinen eine Zweckidentität, wenn der vom Stifter bestimmte Zweck ganz oder überwiegend außerhalb der allgemeinen Zwecksetzung des Trägers liegt.

In Fällen, in denen der vom Stifter bestimmte Zweck innerhalb der allgemeinen satzungsmäßigen Zwecksetzung des Trägers liegt, aber nur einen Ausschnitt von diesem umfasst, dürfen ihrer Ansicht nach nur die aktiv vom Träger verfolgten Zwecke in den Vergleich miteinbezogen werden. Die satzungsmäßigen Zwecke würden nur die äußere Betätigungsgrenze einer Stiftung festlegen, die erst noch von den Stiftungsorganen konkretisiert werden müssten. Eine Ausnahme

---

1163 OFD München, ZEV 2003, S. 239 ff.

1164 Verf. OFD Frankfurt, DB 2012, S. 204; sympathisierend: Schlüter/Stolte, Stiftungsrecht (3. Aufl.), Kap. 4, lit. B, Rn. 19f.; Pecina, Unselbständige Stiftung, S. 196; ebenfalls ein Kontrollorgan fordernd: Schmidt/Fritz, Stiftung&Sponsoring, 5/2003, S. 16 (17).

1165 Streck, StuW 1975, S. 135 (141).

1166 Grundsätzlich auch Hüttemann/Herzog, DB 2004, S. 1001 (1005) und Schmidt/Fritz, Stiftung&Sponsoring 5/2003, S. 16 (17).

gelte nur für Pflichtaufgaben des Trägers, deren Erfüllung sich der Träger aus rechtlichen oder tatsächlichen Gründen nicht entziehen könne.[1167] Zudem gibt es Stimmen in der Literatur, die, letztlich wie *Hüttemann/Herzog* im Ergebnis auch, auf eine Einzelfallbetrachtung abstellen.[1168]

ii. Stellungnahme

Weder die Ansicht Strecks noch die Verfügungen der OFD München und OFD Frankfurt sind überzeugend.

Die Meinung *Strecks* mag eine einfache und praktische Abgrenzungsmöglichkeit darstellen, allerdings ist sie zu formal. Sie lässt den Satzungsinhalt wie auch die tatsächliche Zweckverfolgung außer Acht.[1169]

Die Verfügung der OFD München, die die steuerliche Selbständigkeit der unselbständigen Stiftung von dem Vorhandensein von Eigenmitteln des Trägers abhängig macht, ist ebenfalls nicht zielführend. Mit dieser Abgrenzung wird der Schwerpunkt auf die wirtschaftliche Leistungsfähigkeit des Trägers verschoben, obwohl diese mit der unselbständigen Stiftung nichts zu tun hat.[1170]

Das Bestreben der OFD Frankfurt, für die Fälle der Zweckidentität klare Abgrenzungsmerkmale zu schaffen, ist an sich begrüßenswert. Das Abgrenzungsmerkmal „unabhängiges Kontrollorgan" orientiert sich an den Grundsätzen der Rechtsprechung des Reichsgerichtshofs und für den Fall, dass eine unselbständige Stiftung ein unabhängiges Gremium enthält, ist ihre Eigenständigkeit jedenfalls zu bejahen. Zu Recht wird an der Verfügung jedoch kritisiert, sie werde nur „schematische Entscheidungen"[1171] produzieren.

Die OFD Frankfurt hätte sich zunächst die Mühe machen müssen, den sehr unterschiedlich verstandenen Begriff der Zweckidentität zu definieren.[1172] Nach dem jetzigen Wortlaut der Verfügung kann es genügen, wenn sich die Zwecke von Träger und unselbständiger Stiftung theoretisch überschneiden. Was ist aber, wenn der von der Stiftung verfolgte Zweck beim Träger nur in der Satzung verankert ist, nicht aber tatsächlich verfolgt wird? Der Wortlaut der Verfügung

---

1167 Zum ganzen Absatz: Hüttemann/Herzog, DB 2004, S. 1001 (1004); Werner, ZErb 2013, S. 1 (6).

1168 A. Werner, ZStV 2012, S. 129 (131f.); Hof, in: Richter (Hrsg.), Stiftungsrechts-Handbuch, § 36 Rn. 75.

1169 So auch Hüttemann/Herzog, DB 2004, S. 1001 (1004).

1170 So auch Hüttemann/Herzog, DB 2004, S. 1001 (1004f.); Pecina, Unselbständige Stiftung, S. 196.

1171 A. Werner, ZStV 2012, S. 129 (131).

1172 So auch Hof, in: Richter (Hrsg.), Stiftungsrechts-Handbuch, § 36 Rn. 75.

ist für diesen Fall nicht eindeutig und enthält außerordentliches Konfliktpotential.[1173] Rechtssicherheit und Rechtsklarheit ist damit, anders als *Pecina* meint,[1174] nicht gedient.

Soweit die Verfügung tatsächlich nur auf irgendeine theoretische Zweckidentität abstellt, ist dies zu oberflächlich und wird den stiftungsspezifischen Besonderheiten nicht gerecht. Es fehlt die Berücksichtigung der tatsächlichen Zweckverfolgung[1175] ebenso wie die Berücksichtigung einer tatsächlichen Mittel- und Ertragstrennung[1176]. *Hüttemann/Herzog* führen zutreffend aus, dass für die Prüfung der Zweckidentität nicht nur auf die in der Satzung formulierten Zwecke abgestellt werden dürfe, da diese regelmäßig sehr weit und umfassend formuliert seien.[1177]

Aus gestalterischer Sicht läuft die Verfügung der gängigen Empfehlung zuwider, der Stifter solle sich einen Träger suchen, der die gleiche oder zumindest eine ähnliche Zwecksetzung verfolgt.[1178] Mit Ausnahme gewerblicher Träger erklären sich Träger erfahrungsgemäß selten bereit, unselbständige Stiftungen mit fremden Zwecken zu betreuen.[1179] Dadurch reduziert sich für den Stifter die Anzahl potentieller Träger und die Entscheidung zugunsten von Stiftungsfonds und Zustiftungen wird ansteigen.[1180] Hinzu kommt der mit einem Gremium verbundene Verwaltungsapparat. Gibt es ein Entscheidungsgremium, bringt das stets eine komplizierte Entscheidungsfindung mit sich und die Notwendigkeit eines Kontrollorgans.[1181] Die Forderung eines Stiftungsgremiums zerstört so einen gewichtigen Vorteil der unselbständigen Stiftung: ihre einfache Errichtung.

Im Ergebnis sollte die Prüfung der Zweckidentität nach den von *Hüttemann/Herzog* vorgeschlagenen Kriterien erfolgen. Die steuerliche Unabhängigkeit der unselbständigen Stiftung kann bejaht werden, wenn sie ein unabhängiges Stiftungsgremium besitzt, das über die Mittelverwendung entscheidet. Gibt es trotz Zweckidentität aber kein Gremium, dann muss die tatsächliche Zweckverfolgung

---

1173 So auch Hof, in: Richter (Hrsg.), Stiftungsrechts-Handbuch, § 36 Rn. 75.

1174 Pecina, Unselbständige Stiftung, S. 195.

1175 A. Werner, ZStV 2012, S. 129 (131).

1176 So auch Schulz/Werz, ErbStB 2006, S. 224 (225).

1177 Hüttemann/Herzog, DB 2004, S. 1001 (1004).

1178 Bspw. Hof, in: Richter (Hrsg.), Stiftungsrechts-Handbuch, § 36 Rn. 70.

1179 So auch A. Werner, ZStV 2012, S. 129 (132); Hof, in: Richter (Hrsg.), Stiftungsrechts-Handbuch, § 36 Rn. 76.

1180 So auch A. Werner, ZStV 2012, S. 129 (132).

1181 So auch Hof, in: Richter (Hrsg.), Stiftungsrechts-Handbuch, § 36 Rn. 76.

der beiden Institute, wie von *Hüttemann/Herzog* vorgeschlagen, verglichen und anhand dessen entschieden werden. Nur so kann den vielfältigen Zwecksetzungsmöglichkeiten und „Träger-Stiftung-Kombinationen" Rechnung getragen werden.

2. Befreiung von der Körperschaftsteuer nach § 5 Abs. 1 Nr. 9 KStG

Ist die unselbständige Stiftung ein Körperschaftsteuersubjekt, kann der Träger für sie die Befreiung von der Körperschaftsteuer gem. § 5 Abs. 1 Nr. 9 KStG beantragen, soweit sie gemeinnützigen, mildtätigen oder kirchlichen Zwecken i.S.d. Abgabenordnung dient.

II. Erbschaftsteuer

1. Die unselbständige Stiftung im Erbschaftsteuerrecht

Anders als im Körperschaftsteuergesetz werden unselbständige Stiftungen im Erbschaftsteuergesetz nicht genannt. Ihre Einordnung im Erbschaftsteuerrecht hängt von der Bestimmtheit des durch sie begünstigten Personenkreises sowie der Unpersönlichkeit des Stiftungszwecks ab.

a) Unbestimmter Personenkreis bzw. unpersönlicher Zweck

Wird durch eine unselbständige Stiftung von Todes wegen ein unbestimmter Personenkreis gefördert, bspw. bei einem gemeinnützigen Zweck, ist mangels eines bestimmten Destinatärkreises keine unmittelbare Besteuerung des durch die Zuwendung Begünstigten möglich.[1182] Um die Zuwendung dennoch besteuern zu können, behilft sich das Erbschaftsteuergesetz durch die Zweckzuwendung gem. § 8 ErbStG.

(1) Voraussetzungen einer Zweckzuwendung

Entsprechend seinem Zweck ist Voraussetzung des § 8 ErbStG, dass das Zugewandte für einen unpersönlichen Zweck verwendet oder einem unbestimmten Personenkreis zugutekommen soll.[1183] § 8 ErbStG ist lediglich eine Auffangvorschrift und möchte nur Zweckvermögen als solches erfassen.[1184]

1182 Bächstädt, Unselbständige Stiftung des Privatrechts, S. 70.

1183 BFHE 151, 82 (84); PK ErbStG u. BewG/Griesel (3. Aufl.), § 8 Rn. 2.

1184 Troll/Gebel/Jülicher u.a. ErbStG/Gottschalk (57. EL April 2019), § 8 Rn. 103.

Ein unbestimmter Personenkreis darf nur vage bestimmt sein.[1185] Weder dürfen die Begünstigten namentlich identifizierbar sein noch vom Beschwerten aufgrund eines eigenen Bestimmungsrechts konkretisiert werden.[1186]

(2) Folgen einer Zweckzuwendung

Liegt eine Zweckzuwendung vor, ist das ein steuerpflichtiger Vorgang gem. § 1 Abs. 1 Nr. 3 ErbStG. Sie fällt nach § 15 Abs. 1 ErbStG in die Steuerklasse III und es gilt nach § 16 Abs. 1 Nr. 7 ErbStG ein Freibetrag von 20.000 Euro.

Mangels eigener Rechtspersönlichkeit der unselbständigen Stiftung ist der Träger auch Steuerschuldner nach §§ 9 Abs. 1 Nr. 3, 20 Abs. 1 S. 1 ErbStG. Die Steuerverpflichtung des Trägers gem. § 9 Abs. 1 Nr. 3 ErbStG entsteht mit Eintritt seiner Verpflichtung, die Auflage auszuführen.

Aufgrund § 10 Abs. 5 Nr. 2 ErbStG darf der Stiftungsträger aber den zur Auflagen- und Vermächtnisvollziehung erforderlichen Betrag abziehen, so dass kein steuerpflichtiger Erwerb vorliegt. Voraussetzung dafür ist, dass die Zuwendung dem Träger nicht selbst zugutekommt, anderenfalls muss er sich nach § 10 Abs. 9 ErbStG die Bereicherung als eigene anrechnen lassen.

Überschneiden sich die Zwecke von Träger und Stiftung, ergeben sich ähnliche Probleme wie im Rahmen von § 3 KStG. Es stellt sich die Frage nach der Bereicherung des Trägers aufgrund der Zuwendung.[1187] Herangezogen werden sollten für die Antwort die für die steuerliche Unabhängigkeit entwickelten Kriterien.[1188]

Für die Bereicherung des Trägers kommt es danach darauf an, ob über die Mittelverwendung der Stiftung ein unabhängiges Gremium entscheidet. Ist das nicht der Fall, muss die tatsächliche Zweckverfolgung von Träger und Stiftung verglichen werden. Nur wenn danach eine Zweckidentität bejaht wird, kann von einer tatsächlichen Bereicherung des Trägers ausgegangen werden.[1189]

1185 BFHE 66, 204 (213).

1186 Troll/Gebel/Jülicher u.a. ErbStG/Gottschalk (57. EL April 2019), § 8 Rn. 112; PK ErbStG u. BewG/Griesel (3. Aufl.), § 8 Rn. 2.

1187 Pecina, Unselbständige Stiftung, S. 198f.

1188 S. Kap. 7, lit. B, Ziff. I.1.

1189 Bei partieller Zweckidentität eine Bereicherung des Trägers generell ausschließend: Pöllath/Richter, in: v. Campenhausen (Hrsg.), Stiftungsrechts-Handbuch (3. Aufl.), § 40 Rn. 10; a.A. Pecina, Unselbständige Stiftung, S. 199, die ausschließlich auf die satzungsmäßigen Zwecke abstellt.

b) Bestimmter Personenkreis bzw. persönlicher Zweck

Wird durch die unselbständige Stiftung ein bestimmter Personenkreis bzw. ein persönlicher Zweck gefördert, ist ein Rückgriff auf § 8 ErbStG nicht notwendig. Die Zuwendung ist in Fällen einer Zweckbindung mittels Vermächtnis als Erwerb von Todes wegen gem. § 3 Abs. 1 Nr. 1 ErbStG steuerbar. Handelt es sich um eine mittels Auflage errichtete unselbständige Stiftung von Todes wegen, wird die Zuwendung nach § 3 Abs. 2 Nr. 2 ErbStG besteuert.

2. Steuerbefreiung nach § 13 Abs. 1 Nr. 16b ErbStG

§ 13 Abs. 1 Nr. 16b ErbStG wird relevant, wenn einer unselbständigen Stiftung etwas zugewendet wird.

Nach § 13 Abs. 1 Nr. 16b ErbStG sind Zuwendungen an inländische Vereine, Stiftungen und sonstige Körperschaften steuerfrei, wenn sie nach Satzung, Verfassung und tatsächlicher Geschäftsführung im Besteuerungszeitraum ausschließlich und unmittelbar gemeinnützigen, mildtätigen oder kirchlichen Zwecken dienen. Die Zuwendung muss darüber hinaus eine freigebige sein.[1190] Die Anerkennung der unselbständigen Stiftung als eigenständiges Körperschaftsteuersubjekt wird ebenso vorausgesetzt.[1191] Fehlt es daran, kommt es auf die Gemeinnützigkeit des Stiftungsträgers an.[1192]

3. Steuerbefreiung nach § 13 Abs. 1 Nr. 17 ErbStG

Ist die unselbständige Stiftung kein eigenständiges Körperschaftsteuersubjekt, kommt eine steuerbefreite Zuwendung nach § 13 Abs. 1 Nr. 17 ErbStG in Betracht.[1193] Voraussetzung hierfür ist, dass der Erblasser die Zweckbestimmung ausdrücklich angeordnet hat[1194] und es sich bei den Zwecken um solche des deutschen Steuerrechts handelt[1195]. Wird ein Erbe, ein Vermächtnisnehmer oder ein Auflagenbegünstigter mit der Auflage bedacht, muss dem Finanzamt ein

1190 Troll/Gebel/Jülicher u.a. ErbStG/Jülicher (55. EL Mai 2018), § 13 Rn. 187.

1191 Troll/Gebel/Jülicher u.a. ErbStG/Jülicher (56. EL Dez. 2018), § 13 Rn. 188.

1192 Hof, in: Richter (Hrsg.), Stiftungsrechts-Handbuch, § 36 Rn. 77; A. Werner, ZStV 2012, S. 129 (132).

1193 So auch Schmidt/Fritz, Stiftung&Sponsoring, 5/2003, S. 16 (19); Pecina, Unselbständige Stiftung, S. 204. A.A. wohl Meincke/Hannes/Holtz ErbStG/Hannes/Holtz (17. Aufl.), § 13 Rn. 78, der meint, die Finanzverwaltung verlange zur Sicherung der zweckgerechten Verwendung die Bildung eines selbständigen Zweckvermögens.

1194 BFH, ZEV 2003, S. 169 (170).

1195 Meincke/Hannes/Holtz ErbStG/Hannes/Holtz (17. Aufl.), § 13 Rn. 77.

Nachweis erbracht werden, dass die Zuwendung zu den begünstigten Zwecken verwendet wurde.[1196] § 10 Abs. 9 ErbStG gilt auch hier.[1197]

4. *Steuerbefreiung nach § 29 Abs. 1 Nr. 4 ErbStG*

Werden Vermögensgegenstände durch Erbschaft oder Schenkung erworben und binnen 24 Monaten ab Entstehung der Steuer an eine steuerlich selbständige Stiftung übertragen, die i.S.d. §§ 52–54 AO gemeinnützig ist, entfällt die Erbschaft- und Schenkungsteuer gem. § 29 Abs. 1 Nr. 4 S. 1 ErbStG rückwirkend. Diese Vorschrift gilt auch für Zuwendungen an unselbständige Stiftungen.[1198] Sie möchte Erwerber einer steuerpflichtigen Zuwendung unter Lebenden oder von Todes wegen ermutigen, die in der Vorschrift genannten Einrichtungen zu fördern.[1199]

Zwei Tatbestände, die die nachträgliche Steuererlöschung ausschließen, dürfen nicht übersehen werden. Sie sind in § 29 Abs. 1 Nr. 4 S. 2 ErbStG geregelt:

Der erste Ausschluss betrifft Stiftungen, die Leistungen i.S.d. § 58 Nr. 5 AO an den Erwerber oder nahe Angehörige erbringen müssen. Bei diesen kann keine nachträgliche Steuererlöschung eintreten. Die Zuwendung soll der Stiftung ungeschmälert zukommen, daher müssen Stiftungen, die Leistungen i.S.v. § 58 Nr. 5 AO erbringen, von der Regelung ausgenommen werden.[1200] Anders als in der Abgabenordnung sind die Leistungen nach § 58 Nr. 5 AO nicht steuerunschädlich.

Der zweite Ausschluss betrifft Erwerber, die aufgrund der Zuwendung bereits die Vergünstigungen nach § 10b EStG, § 9 Abs. 1 Nr. 2 KStG oder § 9 Nr. 5 GewStG in Anspruch genommen haben. Diese können § 29 Abs. 1 Nr. 4 ErbStG nicht mehr geltend machen.[1201] Der Erwerber soll nicht doppelt begünstigt werden.[1202] Welche Begünstigung er wählt, kann er selbst entscheiden.[1203]

1196 Troll/Gebel/Jülicher u.a. ErbStG/Jülicher (55. EL Mai 2018), § 13 Rn. 223.

1197 Troll/Gebel/Jülicher u.a. ErbStG/Jülicher (55. EL Mai 2018), § 13 Rn. 224.

1198 Hüttemann/Herzog, DB 2004, S. 1001 (1006 f.); OFD München, ZEV 2003, S. 239 (239); Troll/Gebel/Jülicher u.a. ErbStG/Jülicher (57. EL April 2019), § 29 Rn. 108.

1199 BT-Drs. 11/7833, S. 10, zu Art. 5, zu Nr. 1.

1200 BT-Drs. 11/7833, S. 10, zu Art. 5, zu Nr. 1.

1201 Meincke/Hannes/Holtz ErbStG/Hannes/Holtz (17. Aufl.), § 29 Rn. 22.

1202 BT-Drs. 11/7833, S. 10, zu Art. 5, zu Nr. 1.

1203 Meincke/Hannes/Holtz ErbStG/Hannes/Holtz (17. Aufl.), § 29 Rn. 22.

5. *Ersatzerbschaftsteuer für unselbständige Familienstiftungen*

a) Besteuerung selbständiger Familienstiftungen

Um eine Familienstiftung handelt es sich nach § 1 Abs. 1 Nr. 4 ErbStG, wenn ein Stiftungsvermögen im Wesentlichen im Interesse einer Familie oder bestimmter Familien errichtet ist. Besteuert wird das Vermögen einer Familienstiftung gem. § 15 Abs. 2 S. 3 ErbStG im 30-Jahres-Rhythmus, indem ein Erbfall auf zwei Kinder fingiert wird, sog. Ersatzerbschaftsteuer. Sie soll verhindern, dass in Familienstiftungen gebundenes Vermögen auf Generationen der Erbschaftsteuer entzogen wird.[1204]

b) Besteuerung unselbständiger Familienstiftungen

Überwiegend wurde bislang angenommen, §§ 1 Abs. 1 Nr. 4, 15 Abs. 2 ErbStG beziehe sich nur auf rechtsfähige Stiftungen. Dem ist das FG Köln[1205] mit seiner Entscheidung 2016 entgegengetreten, die wiederum im Jahr 2017 vom BFH revidiert wurde.

(1) Entscheidung des FG Köln

Das FG Köln argumentierte, weder aus dem Wortlaut der Norm noch nach deren Entstehungsgeschichte oder der Systematik des Erbschaftsteuergesetzes ergäben sich Anhaltspunkte dafür, dass unter § 1 Abs. 1 Nr. 4 ErbStG keine unselbständigen Familienstiftungen zu verstehen seien.

Es meint, da es eine erbschaftsteuerliche Definition des Begriffs Stiftung nicht gebe, müsse der zivilrechtliche Begriff herangezogen werden, der auch unselbständige Stiftungen umfasse. § 8 ErbStG sei nur eine Auffangregelung, die bei Familienstiftungen nicht zum Zuge komme, da hier der begünstigte Personenkreis eng umgrenzt sei und diese Personen direkt besteuert werden könnten. Außerdem greife Sinn und Zweck der Erbersatzsteuer auch hier. Die Gefahr, dass bei einer unselbständigen Stiftung Familienvermögen über Generationen der Erbschaftsteuer entzogen werde, bestehe auch bei einer nichtrechtsfähigen Stiftung. Das gelte vor allem in Fällen, in denen Träger der unselbständigen Stiftung eine Körperschaft des öffentlichen Rechts sei. Hier fehle es an einer natürlichen Person oder einem Anteilseigner, auf den die Erbschaftsteuer zugreifen könne. Das Vermögen bleibe dauerhaft erbschaftsteuerfrei. Dieses Normverständnis

---

1204 BT-Drs. 7/1333, S. 3.

1205 FG Köln, ZEV 2017, S. 52 ff.

verstoße auch nicht gegen das verfassungsrechtliche Bestimmtheitsgebot oder Übermaßverbot.[1206]

(2) Stellungnahme

Klar, deutlich und zu Recht widersprach diesem Verständnis der BFH[1207]. Er lehnt die Annahme einer Ersatzerbschaft für unselbständige Familienstiftungen ab. Seinem Verständnis nach besitzt die unselbständige Stiftung kein besteuerbares Vermögen, das nach § 1 Abs. 1 Nr. 4 ErbStG besteuert werden könnte.[1208] Dessen Eigentümer sei der Träger, auf die wirtschaftliche Betrachtungsweise komme es im Rahmen der Erbschaft- und Schenkungsteuer als Verkehrsteuer nicht an.[1209] Zudem bezögen sich die übrigen Normen des Erbschaftsteuergesetzes, die den Begriff Stiftung verwendeten, ebenfalls nur auf rechtsfähige Stiftungen.[1210]

Die Gleichstellung nichtrechtsfähiger Vermögensmassen ausländischen Rechts mit den rechtsfähigen Stiftungen im Erbschaftsteuerrecht führt ebenso nicht zur Einbeziehung der nichtrechtsfähigen Stiftung in den Tatbestand des § 1 Abs. 1 Nr. 4 ErbStG. Diese Regelung sollte nur Besteuerungslücken bei der Besteuerung ausländischer Vermögensmassen schließen, die zur Ersparnis von Steuern genutzt wurden.[1211]

Die Körperschaftsteuerpflichtigkeit unselbständiger Stiftungen steht ihrer Nichteinbeziehung ebenfalls nicht entgegen, da auch Vermögensmassen körperschaftsteuerpflichtig sein können.[1212]

Besonders anschaulich zeigt *Daragan*, dass es selbst für den Fall, dass die unselbständige Familienstiftung ein Steuersubjekt nach § 1 Abs. 1 Nr. 4 ErbStG wäre, keinen besteuerbaren Vermögenserwerb geben kann.

Eine Familienstiftung als fiktiver Erblasser kann nur das Vermögen fiktiv vererben, was ihr zivilrechtlich real gehört.[1213] Eine unselbständige Stiftung besitzt mangels Rechtsfähigkeit aber kein Vermögen. Sie könnte bei einer fiktiven Erbfolge folglich nur ein fiktives Vermögen vererben.[1214] Das

---

1206 Zum ganzen Absatz: FG Köln, ZEV 2017, S. 52 (55 ff.).
1207 BFHE 257, 341 ff.
1208 BFHE 257, 341 (342).
1209 BFHE 257, 341 (343).
1210 BFHE 257, 341 (343).
1211 BFHE 257, 341 (344).
1212 BFHE 257, 341 (345)
1213 Daragan, ZErb 2017, S. 1 (4).
1214 Daragan, ZErb 2017, S. 1 (4).

wiederum ist nicht möglich. Der BFH lehnt eine Erbfolge im wirtschaftlichen Sinn ab.[1215]

III. Grunderwerbsteuer aufgrund Grundstückserwerbs von Todes wegen

Der Erbschaft- und Schenkungsteuer unterliegt der unentgeltliche Erwerb von Grundbesitz, der Grunderwerbsteuer der entgeltliche Rechtsträgerwechsel.[1216] Da sich beide Erwerbsformen zunächst ausschließen, ist eine Doppelbelastung mit Erbschaft- und Grundsteuer grundsätzlich unwahrscheinlich.

Ein Grundstückserwerb von Todes wegen i.S.d. Erbschaftsteuergesetzes ist daher gem. § 3 Nr. 2 und 3 GrEStG (Grunderwerbsteuergesetz) von der Grunderwerbsteuer befreit.

Denkbar, wenn auch unwahrscheinlich ist der Fall, dass Grunderwerbsteuer anfällt, wenn die unselbständige Stiftung ihre Vermögenszuwendung in Form eines Verschaffungsvermächtnisses erhält und der zu verschaffende Gegenstand nicht im Eigentum eines Erben, sondern eines Dritten steht.

Erhält nämlich ein Vermächtnisnehmer ein Verschaffungsvermächtnis, das auf Übertragung eines Grundstücks gerichtet ist, fällt Grunderwerbsteuer an, wenn der Beschwerte das Grundstück von einem Dritten erwerben muss.[1217] Das gilt nur dann nicht, wenn der mit dem Vermächtnis belastete Erbe Eigentümer des Grundstücks ist.[1218]

IV. Abgeltungsteuer

Gem. § 20 EStG sind Kapitalerträge im Privatvermögen zu versteuern. Die Kapitalertragsteuer beträgt nach § 43a Abs. 1 EStG zwischen 15 und 25%. Sie muss vom Steuerpflichtigen aber nicht im Rahmen der Einkommensteuer angegeben werden, sondern wird vom zuständigen Kredit- oder Finanzdienstleistungsinstitut direkt einbehalten und abgeführt. Die Steuer ist mittels dieses Abzugs abgegolten.

1215 BFHE 71, S. 266 (268); Daragan, ZErb 2017, S. 1 (4).

1216 Halaczinsky, ZEV 2003, S. 97 (97).

1217 Halaczinsky, ZEV 2003, S. 97 (99); Troll/Gebel/Jülicher u.a. ErbStG/Gebel (42. EL Jul. 2011), § 3 Rn. 433. Zu weiteren Situationen, die eine Doppelbesteuerung auslösen könnten, s. Halaczinsky, ZEV 2003, S. 97 ff.

1218 BFHE 112, 415 (417).

Nach § 44a Abs. 7 Nr. 1 EStG sind steuerbegünstigte Körperschaften und Vermögensmassen i.S.v. § 5 Abs. 1 Nr. 9 KStG, folglich auch unselbständige Stiftungen, von der Abgeltungsteuer ausgenommen.

Anders als noch im Jahr 2010 sind die Probleme um die Berücksichtigung von Freistellungsbescheiden und Nichtveranlagungsbescheinigungen von gemeinnützigen unselbständigen Stiftungen im Rahmen der Abgeltungsteuer geklärt.[1219] Die damalige Benachteiligung wurde mit dem Steuervereinfachungsgesetz von 2011 und der Einführung des § 44a Abs. 6 S. 3 EStG behoben.[1220]

V. Abzugsfähigkeit von Spenden an unselbständige Stiftungen

1. Spendenabzug nach § 10b Abs. 1 EStG

Der Spendenabzug kann für Zuwendungen an unselbständige Stiftungen ebenso geltend gemacht werden wie bei selbständigen Stiftungen.[1221] Erfüllt eine unselbständige Stiftung die Erfordernisse des Gemeinnützigkeitsrechts und ist sie ein eigenes Körperschaftsteuersubjekt, wird nach § 10b Abs. 1 EStG der Zuwendende begünstigt. Er kann Spenden (und Mitgliedsbeiträge) bis zu 20% des Gesamtbetrags der Einkünfte als Sonderausgaben abziehen. Alternativ kann er bis zu 4 Promille der Summe der gesamten Umsätze und der im Kalenderjahr aufgewendeten Löhne und Gehälter abziehen. Ähnliches gilt für Zuwendungen von juristischen Personen an unselbständige Stiftungen gem. § 9 Abs. 1 Nr. 2 KStG und gem. § 9 Nr. 5 GewStG für zuwendende Gewerbebetriebe.

§ 10b Abs. 1a EStG erlaubt in einem Zeitraum von 10 Jahren einen Abzug bis zu 1 Million Euro, bei gemeinsam veranlagten Ehegatten bis zu 2 Millionen Euro, wenn die Zuwendung in den Vermögensstock der Stiftung erfolgt. Auch § 10b Abs. 1a EStG gilt für unselbständige Stiftungen.[1222]

1219 Schlüter/Stolte, Stiftungsrecht (3. Aufl.), Kap. 4, lit. B, Rn. 22.

1220 Bereits vor Geltung des Steuervereinfachungsgesetzes wurde die Änderung durch ein BMF-Schreiben vom 16.08.2011 eingeführt, s. BMF, DStR 2011, 1623.

1221 Schmidt EStG/Heinicke (38. Aufl.), § 10b Rn. 17; Hof, in: Richter (Hrsg.), Stiftungsrechts-Handbuch, § 36 Rn. 78 ff.; Hüttemann/Herzog, DB 2004, S. 1001 (1006); Kirchhof EStG/ Kirchhof (18. Aufl.), § 10b Rn. 41 unter der Voraussetzung, dass die unselbständige Stiftung gegenüber ihrem Träger wirtschaftlich selbständig ist, Pecina, Unselbständige Stiftung, S. 207.

1222 BFH, DB 2011, S. 1198 (1200); Hüttemann, in: DSZ – Deutsches Stiftungszentrum GmbH (Hrsg.), Die Treuhandstiftung, S. 48 (50), der auf ein unveröffentlichtes Schreiben des BMF v. 21.03.2000, Az. IV C 6 - S 0171 - 54/00 verweist.

2. *Zuwendungen aufgrund testamentarischer Verpflichtungen*

Spenden sind Ausgaben, die von Steuerpflichtigen freiwillig, also ohne rechtliche Verpflichtung bzw. bei freiwillig eingegangener Verpflichtung ohne Gegenleistung zur Förderung der gesetzlich festgelegten Zwecke geleistet werden.[1223] Einen Spendenabzug nach § 10b Abs. 1 EStG darf folglich nur geltend machen, wer die Zuwendung freiwillig tätigt.

Fraglich ist, ob ein mit einem Vermächtnis oder einer Auflage Beschwerter einen Spendenabzug geltend machen kann, wenn die Zuwendungen an eine steuerbefreite unselbständige Stiftung gehen.

a) Spendenabzug beim Beschwerten

Bei Zuwendungen aufgrund eines Vermächtnisses fehlt es am Merkmal der Freiwilligkeit aus Sicht des Beschwerten. Die Zuwendung erfolgt aufgrund einer testamentarischen Verpflichtung. Der Zuwendende trifft keine eigene Entscheidung über die Ausgabe, sondern befolgt die ihm auferlegte Verpflichtung. Die Möglichkeit, das Erbe auszuschlagen, ändert nichts daran, dass er bei dessen Annahme an die Verpflichtung gebunden ist. Er kann für die Erfüllung des Vermächtnisses daher keinen Spendenabzug geltend machen.[1224]

Das Gleiche muss bei einer Zuwendung aufgrund einer Auflage gelten. Hier fehlt es dem Begünstigten zwar an einem Anspruch gegen den Beschwerten. Dieser Mangel wird allerdings durch den Anspruch der Vollziehungsberechtigten aus § 2194 BGB ausgeglichen. Dem Beschwerten obliegt die rechtliche Pflicht, die Auflage zu erfüllen. Er leistet bei Erfüllung der Auflage somit nicht freiwillig.

Da sowohl Vermächtnis wie auch Auflage regelmäßig nur aus dem Nachlass zu erfüllen sind, fehlt es zudem an einer eigenen Vermögensaufwendung des Erben und an seiner wirtschaftlichen Belastung.[1225]

Reicht das Nachlassvermögen zur Erfüllung der Beschwerungen nicht aus und begleicht der Erbe die Beschwerungen aus seinem Privatvermögen, handelt es sich allerdings um eine freiwillige Zuwendung. Voraussetzung dafür ist, dass der Beschwerte noch nicht unbeschränkt haftet, er also noch Haftungsbeschränkungsmaßnahmen einleiten kann, um von der Haftung für Nachlassverbindlichkeiten mit seinem Privatvermögen befreit zu werden. Erfüllt er in dem Fall die Beschwerungen dennoch mit privaten Mitteln, stellt dies ein privates

1223 BFH, EFG 2017, S. 460 (461).
1224 BFHE 172, 362 (363f.).
1225 Zum Vermächtnis: BFHE 172, 362 (365).

uneigennütziges Handeln dar, was den Spendenabzug nach § 10b Abs. 1 EStG rechtfertigt.[1226]

b) Spendenabzug beim Erblasser

Ebenso wenig ist die Zuwendung beim Erblasser als Spende abzugsfähig. Als Spende können nur Ausgaben abgesetzt werden, die aus dem Vermögen des Steuerpflichtigen im Zeitraum seiner persönlichen Steuerpflicht abfließen. Die Steuerpflicht selbst endet mit dem Tod. Die Vermächtnisanordnung wiederum begründet gem. § 1967 Abs. 2 Alt. 1 BGB eine Schuld der Erben, die mit dem Erbfall entsteht. Bis zum Tod des Erblassers und damit bis zum Ende seiner Steuerpflicht hat er keine Abgabe geleistet, die den Tatbestand des § 10b Abs. 1 EStG erfüllt.[1227]

1226 So wohl auch BFHE 172, 362 (365).

1227 Zum ganzen Absatz: BFHE 181, 472 (473 ff.).

8. Kapitel Schlussbetrachtung

Um die zu Beginn der Arbeit aufgeworfene Frage nach der Tauglichkeit der unselbständigen Stiftung von Todes wegen als Gestaltungsmittel zu beantworten: Ja, sie ist ein taugliches Gestaltungsmittel! Vorteile im Vergleich zur unselbständigen Stiftung unter Lebenden besitzt sie einige: Der Erblasser kann sein Vermögen bis zu seinem Tod in den eigenen Händen halten, sie kann nicht einseitig vom Stifter durch Widerruf oder Kündigung beendet werden und dem Träger muss kein Vermögensvorteil verbleiben – womit sich die dogmatischen Diskussionen wie bei der unter Lebenden gegründeten unselbständigen Stiftung erübrigen[1228].

Wie bei jeder Nachlassgestaltung ist eine umfassende und vorausschauende Gestaltung natürlich unabdingbar. Vor allem müssen die erbrechtlichen Gestaltungswerkzeuge auf den jeweiligen Einzelfall angepasst und gegebenenfalls modifiziert werden. Der Gestaltungsaufwand ist dementsprechend groß. Nimmt der Stifter diesen aber in Kauf, kann man das Gefahrenpotential der unselbständigen Stiftung erheblich minimieren. Insbesondere der Risikofaktor „Stiftungsträger“ kann mittels Gremien unter Kontrolle gebracht werden.[1229] *Westebbe* bezeichnet die letztwillige Stiftungserrichtung sogar als die „rechtlich sicherste Methode“[1230] für die Errichtung einer unselbständigen Stiftung. Einen 100-prozentigen Schutz der unselbständigen Stiftung von Todes wegen erreicht man zwar nicht. Dieser lässt sich jedoch auch bei keiner unselbständigen Stiftung herstellen. Einzig durch eine staatliche Beaufsichtigung und einer damit einhergehenden gesetzlichen Regelung für unselbständige Stiftungen könnte der Schutz der unselbständigen Stiftung erhöht werden. Dies allerdings würde zu Lasten ihrer größten Vorteile gehen: ihrer Flexibilität und der fehlenden Staatsaufsicht. Es lässt sich zudem trefflich darüber streiten, inwiefern die staatliche Aufsicht nicht selbst ein Risikofaktor darstellt. Im Übrigen ist kaum eine Nachlassgestaltung völlig risikofrei. Ein Restrisiko besteht immer, und wenn dies nur die Bedachten oder sich verändernde Lebensumstände sind.

Zu guter Letzt darf auch eine Stellungnahme zur Frage der Errichtung der unselbständigen Stiftung von Todes wegen mittels Auflage oder Vermächtnis

1228 Westebbe, Stiftungstreuhand, S. 191.

1229 Seyfarth, Schutz der unselbstständigen Stiftung, S. 169.

1230 Westebbe, Stiftungstreuhand, S. 190.

nicht fehlen. Für ihre Beantwortung müssen die beiden Errichtungsstufen unterschieden werden.

Auf der ersten Stufe, der Vermögenszuwendung, kann ein Vermächtnis zugunsten des Stiftungsträgers je nach Gestaltungsziel sehr sinnvoll sein.

Auf der zweiten Stufe, der Zweckbindung des zugewandten Vermögens, kann zur Tauglichkeit der jeweiligen Beschwerung keine pauschale Aussage getroffen werden. Welche Beschwerung gewählt wird, richtet sich nach dem Gestaltungsziel des Erblassers. Möchte der Erblasser eine gemeinnützige Stiftung errichten, scheidet das Vermächtnis als Zweckbindungsmittel aus. Sofern die Destinatäre nicht von vorneherein bestimmt sind, greift die äußerst nachteilige zeitliche Begrenzung des Vermächtnisses ein. In diesen beiden Punkten ist die Auflage daher der unbestrittene Favorit, da sie zeitlich unbegrenzt errichtet und, § 2193 BGB sei Dank, der begünstigte Personenkreis gänzlich offen gelassen werden kann. Im Vergleich zur Auflage ist auch die Stellung der Gremienmitglieder in einer mittels Vermächtnis errichteten unselbständigen Stiftung von Todes wegen ein Nachteil.

Andererseits ist die mittels Auflage errichtete unselbständige Stiftung von Todes wegen nicht frei von Risiken. Aus der Anspruchslosigkeit der Begünstigten entsteht eine Menge an Gefahren, deren Minimierung einen erheblichen Gestaltungsaufwand erfordert. Hier ist das Vermächtnis klar im Vorteil, da es den Vermächtnisnehmern einen Anspruch verleiht, bei dessen Nicht- oder Schlechterfüllung Schadensersatzansprüche der Begünstigten bestehen.

Im Ergebnis wird in der Praxis trotz der unbestreitbaren Vorteile des Vermächtnisses dennoch die Auflage das Mittel der Wahl sein. Das allein deshalb, weil ein Großteil aller errichteten unselbständigen Stiftungen gemeinnützig ist. Für falsch halte ich es jedoch, das Vermächtnis, wie das oft in der Literatur geschieht, als Zweckbindungsmittel von vorneherein außer Acht zu lassen. Das ist eine unnötige Beschränkung von ohnehin wenigen Gestaltungsalternativen.

Literaturverzeichnis

Adams, Stephani: Anmerkung zum Urteil des BGH vom 26.01.2005, Az.IV ZR 296/03, ZEV 2005, S. 206–207.

Andrick, Bernd: Stiftungsrecht und Staatsaufsicht unter besonderer Berücksichtigung der nordrhein-westfälischen Verhältnisse. Baden-Baden 1988 (zugl. Diss. Münster 1988).

Arbeitsgemeinschaft Deutscher Stiftungen (Hrsg.): Stiftungen in der Rechtsprechung, Bd.III, bearb. v. Leisner, Walter, Heidelberg 1985 (zit. Leisner, StiftRspr. III).

Augsten, Ursula; Wolf, Anita: Rechtliche und steuerliche Aspekte der unselbständigen Stiftung – unter Berücksichtigung erbrechtlicher Regelung, ZErb 2006, S. 155–162.

Bächstädt, Peter: Die unselbständige Stiftung des Privatrechts. Göttingen, 1966 (zugl. Diss. Göttingen 1966) (zit. Bächstädt, Unselbständige Stiftung des Privatrechts).

Ballerstedt, Kurt; Salzwedel, Jürgen: Soll das Stiftungsrecht bundesgesetzlich vereinheitlicht und reformiert werden, gegebenenfalls mit welchen Grundzügen? Gutachten für den 44. Deutschen Juristentag, in: Verhandlungen des Vierundvierzigsten Deutschen Juristentages; Ständige Deputation des Deutschen Juristentages (Hrsg.), Bd.1, 5. Teil Hannover, Tübingen 1962 (zit. Ballerstedt/Salzwedel, DJT 44).

Bamberger, Heinz Georg; Roth, Herbert; Hau Wolfgang; Poseck, Roman (Hrsg.): Kommentar zum Bürgerlichen Gesetzbuch: BGB, Bd.I, §§ 1–480, 4. Aufl., München 2019 (zit. Bamberger/Roth BGB/Bearbeiter).

Bamberger, Heinz Georg; Roth, Herbert (Hrsg.): Kommentar zum Bürgerlichen Gesetzbuch: BGB, Bd.III, §§ 1297–2385, Rom I-VO, Rom II-VO, EGBGB, 3. Aufl., München 2012 (zit. Bamberger/Roth BGB/Bearbeiter).

Beck-online.GROSSKOMMENTAR: hrsg. v. Gsell, Beate/Krüger, Wolfgang/Lorenz, Stephan/Reymann, Christoph, Stand: 01.10.2018 (zit. BeckOGK/Bearbeiter)

Bengel, Manfred; Reimann, Wolfgang (Hrsg.): Handbuch der Testamentsvollstreckung, 6. Aufl., München 2017.

Bley, Helmar: Die Universitätskörperschaft als Vermögensträger. Freiburg im Breisgau 1963 (zugl. Diss. Freiburg im Breisgau 1963).

Böttcher, Leif: Anmerkung zum Urteil des BGH vom 07.10.2009, Az.Xa ZR 8/08, DNotZ 2010, S. 191–193.

Borgolte, Michael: Von der Geschichte des Stiftungsrechts bis zur Geschichte der Stiftungen, in: Liermann, Geschichte des Stiftungsrechts, (unveränderter Nachdruck der ersten Auflage 1963, hrsg. von Campenhausen, Axel Frhr. von/Mecking, Christoph), Tübingen 2002, S. 13–69 (zit. Borgolte, in: v. Campenhausen/Mecking (Hrsg.), Liermann, Geschichte des Stiftungsrechts).

Brambring, Günter: Die Auswirkungen der Schuldrechtsreform auf das Erbrecht, ZEV 2002, S. 137–140.

Brox, Hans; *Walker, Wolf-Dietrich*: Erbrecht, 28. Aufl., München 2018 (zit. Brox/ Walker, ErbR).

Bund, Elmar: Aufgaben und Risiko des Testamentsvollstreckers – BGHZ 41,23, JuS 1966, S. 60–65.

Bundesministerium der Justiz: Bericht der Bund-Länder-Arbeitsgruppe „Stiftungsrecht" vom 19. Oktober 2001 (zit. Bund-Länder-Arbeitsgruppe Stiftungsrecht 2001).

Bundesministerium der Justiz: Bericht der Bund-Länder-Arbeitsgruppe „Stiftungsrecht" an die Ständige Konferenz der Innenminister und -senatoren der Länder vom 09. September 2016. Veröffentlicht unter: https://www.innenministerkonferenz.de/IMK/DE/termine/to-beschluesse/2016-11-29_30/nummer%2026%20reform%20stiftungsrecht.pdf?__blob=publicationFile&v=2 (Stand: 13.10.2019) (zit. Bund-Länder-Arbeitsgruppe Stiftungsrecht 2016).

Bundesverband Deutscher Stiftungen: Grundsätze guter Verwaltung von Treuhandstiftungen vom 30.03.2012. Veröffentlicht unter: https://www.stiftungsland.de/fileadmin/pdf/ITZ/20140717_Grundsaetze_guter_Treuhandverwaltung.pdf (Stand: 13.10.2019).

Bundesverband Deutscher Stiftungen: Zahlen, Daten, Fakten zum deutschen Stiftungswesen, Berlin 2014 (zit. Bundesverband Deutscher Stiftungen, Zahlen, Daten, Fakten (2014)).

Bundesverband Deutscher Stiftungen: Zahlen, Daten, Fakten zum deutschen Stiftungswesen, Berlin 2017 (zit. Bundesverband Deutscher Stiftungen, Zahlen, Daten, Fakten (2017)).

Bruns, Patrick: Fiduziarische Stiftung als Rechtsperson, JZ 2009, S. 840–846.

Burandt, Wolfgang; *Rojahn, Dieter*: Erbrecht, 3. Aufl., München 2019.

Campenhausen, Axel Frhr. v. (Hrsg.): Stiftungsrechts-Handbuch, 3. Aufl., München 2009.

Damrau, Jürgen: Der Nachlaß vor Beginn des Testamentsvollstreckeramtes, ZEV 1996, S. 81–84.

Damrau, Jürgen; *Tanck, Manuel (Hrsg.)*: Praxiskommentar Erbrecht, 3. Aufl., Bonn 2011 (zit. Damrau PK Erbrecht/Bearbeiter).

Danckwerth, Richard: Das Recht der unselbständigen Stiftungen. Göttingen 1908 (zugl. Diss. Heidelberg 1908).

Daragan, Hanspeter: Die Stiftung und die Familienstiftung des Erbschaftsteuergesetzes, ZErb 2017, S. 1–5.

Daragan, Hanspeter; *Halaczinsky, Raimond*; *Riedel, Christoph (Hrsg.)*: Praxiskommentar Erbschaftsteuergesetz und Bewertungsgesetz, 3. Aufl., Bonn 2017 (PK ErbStG u. BewG/Bearbeiter).

Ebersbach, Harry: Handbuch des Deutschen Stiftungsrechts, Göttingen 1972.

Eckert, Jörn: Sittenwidrigkeit und Wertungswandel, AcP 1999, S. 337–359.

Eidenmüller, Horst: Vorausvermächtnis und Teilungsanordnung, JA 1991, S. 150–155.

Erman, Walter: Bürgerliches Gesetzbuch, Kommentar, hrsg. v. Westermann, Harm Peter/Grunewald, Barbara/Maier-Reimer, Georg, Bd.I, §§ 1–761, AGG, 14. Aufl., Köln 2014 (zit. Erman BGB/Bearbeiter).

Erman, Walter: Bürgerliches Gesetzbuch, Kommentar, hrsg. v. Westermann, Harm Peter/Grunewald, Barbara/Maier-Reimer, Georg, Bd.I, §§ 1–761, AGG, 15. Aufl., Köln 2017 (zit. Erman BGB/Bearbeiter).

Erman, Walter: Bürgerliches Gesetzbuch, Kommentar, hrsg. v. Westermann, Harm Peter/Grunewald, Barbara/Maier-Reimer, Georg, Bd.II, §§ 762–2385, ProdHaftG, ErbbauRG, VersAusglG; VBVG, LPartG, WEG, EGBGB, 15. Aufl., Köln 2017 (zit. Erman BGB/Bearbeiter).

Feick, Ernst (Hrsg.): Stiftung als Nachfolgeinstrument, München 2015.

Fischer, Thomas: Strafgesetzbuch, Kommentar, 65. Aufl., München 2018 (zit. Fischer, StGB (65. Aufl.)).

Frisch, Michael: Anmerkung zum Urteil des LG Mannheim vom 10.11.1998, Az.2 O 193/98, ZEV 1999, S. 443.

Gantenbrink, Matthias: Anmerkung zum Urteil des BGH vom 07.10.2009, Az.Xa ZR 8/08, ZEV 2010, S. 102–103.

Geibel, Stefan J.: Treuhandrecht als Gesellschaftsrecht. Tübingen 2008 (zugl. Habil. Tübingen 2006).

Grunsky, Wolfgang: Zur Abgrenzung der Teilungsanordnung gegenüber dem Vorausvermächtnis, JZ 1963, S. 250–252.

Hackenberg, Martin: Treuhandstiftungen in der steuerlichen Beratungspraxis, NWB 2016, S. 179 - 187.

Halaczinsky, Raymond: Ist eine Doppelbelastung mit Erbschaft- und Grunderwerbsteuer möglich?, ZEV 2003, S. 97–101.

Happ, Annette: Stifterwille und Zweckänderung. Möglichkeiten und Grenzen einer Änderung des Stiftungszwecks durch Organbeschluss. Köln u.a. 2007 (zugl. Diss. Hamburg 2007).

Harder, Manfred: Zuwendungen unter Lebenden auf den Todesfall. Berlin 1968 (zugl. Diss. Berlin 1967) (zit. Harder, Zuwendungen).

Hauger, Helmut: Die unselbständige Stiftung. Heidelberg 1929 (zugl. Diss. Heidelberg 1929).

Heiner, Michael: Stefan Koos: Fiduziarische Person und Widmung, ZSt 2004, Heft 7–8, S. 216–217.

Heinzmann, Friedrich: Der Auflagenvollziehungsanspruch nach § 2194 BGB als Grundlage der unselbständigen Stiftung von Todes wegen, BWNotZ 2012, S. 97–103.

Heise, Arnold: Grundriß eines Systems des gemeinen Civilrechts, 3. Auflage, Heidelberg 1819.

Herzog, Rainer: Die unselbständige Stiftung des bürgerlichen Rechts. Baden-Baden 2006 (zugl. Diss. Osnabrück 2005) (zit. Herzog, Unselbständige Stiftung des bürgerlichen Rechts).

Hübschmann, Walter; *Hepp, Ernst*; *Spitaler, Armin (Hrsg.)*: Abgabenordnung Finanzgerichtsordnung, Kommentar, §§ 43–68, Loseblatt, Stand: 254. Lieferung, Köln 2019 (zit. Hübschmann/Hepp/Spitaler AO, FGO/Bearbeiter).

Hüttemann, Rainer; *Herzog, Rainer*: Steuerfragen bei gemeinnützigen nichtrechtsfähigen Stiftungen, DB 2004, S. 1001–1009.

Hüttemann, Rainer; *Richter, Andreas*; *Weitemeyer, Birgit (Hrsg.)*: Landesstiftungsrecht, Köln 2011 (Bearbeiter, in: Hüttemann/Richter/Weitemeyer (Hrsg.), Landesstiftungsrecht).

Hüttemann, Rainer: Die Treuhandstiftung im Steuerrecht, in: DSZ – Deutsches Stiftungszentrum GmbH (Hrsg.), Die Treuhandstiftung. Ein Traditionsmodell mit Zukunft. Essen 2012, S. 48–63 (zit. Hüttemann, in: DSZ- Deutsches Stiftungszentrum GmbH (Hrsg.), Die Treuhandstiftung).

Ilchmann, Jana: Zuwendungen unter Lebenden auf den Todesfall. Lebzeitige Rechtsgeschäfte oder Verfügungen von Todes wegen?. Hamburg 2010 (zugl. Diss. Bielefeld 2009).

Interministerielle Arbeitsgruppe „Stiftungsrecht“: Bericht der interministeriellen Arbeitsgruppe „Stiftungsrecht“ zu Fragen einer Neugestaltung des Stiftungsrechts, in: Hauer, Rolf/Pilgram Hans/Pölnitz-Egloffstein, Winfried Frhr. von (Hrsg.), Deutsches Stiftungswesen 1966–1976, Tübingen 1977, S. 361–428 (zit. Bericht der interministeriellen Arbeitsgruppe „Stiftungsrecht“, in: Hauer/Pilgram/v. Pölnitz-Egloffstein (Hrsg.), Deutsches Stiftungswesen 1966–1976).

Jakobs, Dominique: Schutz der Stiftung: Die Stiftung und ihre Rechtsverhältnisse im Widerstreit der Interessen. München 2006 (zugl. Habil. München 2005/2006).

Jakobs, Horst Heinrich; *Schubert, Werner (Hrsg.)*: Die Beratung des Bürgerlichen Gesetzbuches in systematischer Zusammenstellung der unveröffentlichten Quellen, Bd.II, §§ 1922–2385, Erbrecht, Berlin, 2002 (zit. Jakobs/Schubert, Beratung des BGB).

jurisPraxiskommentar BGB: Bd.I, §§ 1–240, hrsg v. Herberger, Maximilian/Martinek, Michael/Rüßmann, Helmut/Weth, Stephan/Würdinger, Markus, 8. Aufl., Saarbrücken 2017 (zit. JurisPK BGB/Bearbeiter).

jurisPraxiskommentar BGB: Bd.II, §§ 241–853, hrsg. v. Herberger, Maximilian/Martinek, Michael/Rüßmann, Helmut/Weth, Stephan/Würdinger, Markus, 8. Aufl., Saarbrücken 2017 (zit. JurisPK BGB/Bearbeiter).

jurisPraxiskommentar BGB: Bd.V, § 1922–2385, hrsg. v. Herberger, Maximilian/Martinek, Michael/Rüßmann, Helmut/Weth, Stephan/Würdinger, Markus, 8. Aufl., Saarbrücken 2017 (zit. JurisPK BGB/Bearbeiter).

Kaper, Aaltje: Bürgerstiftungen. Baden-Baden 2006 (zugl. Diss. Berlin 2004).

Kipp, Theodor; *Coing, Helmut*: Erbrecht, Ein Lehrbuch, 14. Bearbeitung, Tübingen 1990.

Kirchhof, Paul; *Seer, Roman (Hrsg.)*: Einkommensteuergesetz, 18. Aufl., Köln 2019 (Kirchhof EStG/Bearbeiter).

Klein, Franz: Abgabenordnung, Kommentar, bearb. v. Gersch, Eva-Maria/Jäger, Markus/Räthke, Bernd u.a., 14. Aufl., München 2018 (zit. Klein AO/Bearbeiter).

Klinger, Bernhard; *Mörtl, Petra*: Das Vor- und Nachvermächtnis, NJW-Spezial 2009, S. 327–328.

Koenig, Ulrich (Hrsg.): Abgabenordnung, §§ 1 bis 368, Kommentar, 3. Aufl., München 2014 (zit. Koenig AO/Bearbeiter).

Kohler, Joseph: Ueber das Recht der Stiftungen, in: Kohler, Joseph/Ring, Viktor. (Hrsg.), Archiv für bürgerliches Recht, Bd.III, Berlin 1890, S. 228–292.

Kohler, Joseph: Lehrbuch des bürgerlichen Rechts, Bd.I, Berlin 1906.

Koos, Stefan: Fiduziarische Person und Widmung. Das stiftungsspezifische Rechtsgeschäft und die Personifikation treuhänderisch geprägter Stiftungen. München 2004 (zugl. Habil. Konstanz 2002–2003).

Kroiß, Ludwig; *Ann, Christoph*; *Mayer, Jörg (Hrsg.)*: Nomos Kommentar BGB, Erbrecht, Bd.V, §§ 1922–2385, 5. Aufl., Baden-Baden 2018 (zit. Nomos BGB/Bearbeiter).

Kuchinke, Kurt: Probleme bei letztwilligen Zuwendungen für Stiftungszwecke, in: Festschrift für Karl H. Neumayer zum 65. Geburtstag, Baden-Baden 1985, S. 389–406 (zit. Kuchinke, in: FS Neumayer).

Kühn, Rolf; Wedelstädt, Alexander von (Hrsg.): Abgabenordnung und Finanzgerichtsordnung, Kommentar, 22. Aufl., Stuttgart 2018 (zit. Kühn/v. Wedelstädt AO u. FGO/Bearbeiter).

Lange, Heinrich; Kuchinke, Kurt: Erbrecht, Ein Lehrbuch, 5. Aufl., München 2001.

Lange, Knut Werner Werkmüller, Maximilian A. (Hrsg.): Der Erbfall in der Bankpraxis, München 2002.

Lange, Knut Werner: Die unselbständige Stiftung von Todes wegen, ZErb 2013, Heft 12, S. 324–330.

Lange, Knut Werner: Erbrecht. Ein Lehrbuch für Studium und Praxis. 2. Aufl., München 2017.

Langen, Werner: Anwendungsbereich und Rechtsfolgen des § 2301 I 1 BGB. Köln 1984 (zugl. Diss., Köln 1984).

Leipold, Dieter: Erbrecht, 21. Aufl., Tübingen 2016.

Liebich, Dieter; Mathews, Kurt: Treuhand und Treuhänder in Recht und Wirtschaft, ein Handbuch, 2. Aufl., Herne, Berlin 1983.

Liermann, Hans: Handbuch des Stiftungsrechts Bd. I, in: Liermann, Geschichte des Stiftungsrechts, (unveränderter Nachdruck der ersten Auflage 1963, hrsg. von Campenhausen, Axel Frhr. von/Mecking, Christoph), Tübingen 2002.

Liermann, Hans: Die unselbständigen Stiftungen, in: Franz, Albert Karl/Liermann, Hans/Nedden, Hans Helmut zur/ Pölnitz, Hans, Frhr. von (Hrsg.), Deutsches Stiftungswesen 1948–1966, Tübingen 1968, S. 229–245.

Linnartz, Franz; Linnartz, Edith; Maibach, Markus; Becker, Niels: Bankauskunft im Erbfall, Köln 2008.

Lübtow, Ulrich v.: Erbrecht. Eine systematische Darstellung, 1. Halbband, Berlin 1971.

Mayer, Jörg: Verspäteter Pflichtteilsverzicht? Anmerkungen zum Urteil des BGH vom 13.12.1996, Az. IV ZR 62/96, MittBayNot 1997, S. 85–88.

Mayer, Jörg: Anmerkung zum Urteil des OLG Karlsruhe vom 07.05.2004, Az. 14 U 103/02, ZEV 2004, S. 333–334.

Mayer, Jörg: Unliebsame Folgen des Pflichtteilsverzichts, ZEV 2007, S. 556–560.

Mayer, Jörg; Bonefeld, Michael (Hrsg.): Testamentsvollstreckung, 4. Aufl., Bonn 2015.

Meincke, Jens Peter; Hannes, Frank; Holtz, Michael: Erbschaftsteuer- und Schenkungsteuergesetz, Kommentar, 17. Aufl., München 2018 (zit. Meincke/Hannes/Holtz ErbStG/Bearbeiter).

Meyer, Isabell: Die Schenkung von Todes wegen: Probleme de lege lata und Plädoyer für eine rein schuldrechtliche Lösung de lege ferenda, ZEV 2017, S. 682–690.

Mommsen, Friedrich: Entwurf eines Deutschen Reichsgesetzes über das Erbrecht nebst Motiven, Braunschweig, 1876.

Motive zu dem Entwurfe eines Bürgerlichen Gesetzbuches für das Deutsche Reich: Bd. V, Erbrecht, 2. Aufl., Berlin, Leipzig 1986 (zit. Motive V).

Möller, Senta: Die Überführung von Treuhandstiftungen in rechtsfähige Stiftungen, ZEV 2007, S. 565–569.

Müller, Matthias: Die Besteuerung von Stiftungen im nationalen und grenzüberschreitenden Sachverhalt, Beiträge zum Transnationalen Wirtschaftsrecht, Heft 113, Juli 2011.

Münchener Kommentar zum Bürgerlichen Gesetzbuch: Bd. I, §§ 1–240, hrsg. v. Rebmann, Kurt/Säcker, Franz Jürgen/Rixecker, Roland, 4. Aufl., München 2001 (zit. MüKo BGB/Bearbeiter).

Münchener Kommentar zum Bürgerlichen Gesetzbuch: Bd. I, §§ 1–240, hrsg. v. Säcker, Franz Jürgen/Rixecker, Roland, 5. Aufl., München 2006 (zit. MüKo BGB/Bearbeiter).

Münchener Kommentar zum Bürgerlichen Gesetzbuch: Bd. I, §§ 1–240, hrsg. v. Säcker, Franz Jürgen/Rixecker, Roland, 6. Aufl., München 2012 (zit. MüKo BGB/Bearbeiter).

Münchener Kommentar zum Bürgerlichen Gesetzbuch: Bd. I, §§ 1–240, hrsg. v. Säcker, Franz Jürgen/Rixecker, Roland/Oetker, Hartmut/Limperg, Bettina, 7. Aufl., München 2015 (zit. MüKo BGB/Bearbeiter).

Münchener Kommentar zum Bürgerlichen Gesetzbuch: Bd. I, §§ 1–240, hrsg. v. Säcker, Franz Jürgen/Rixecker, Roland/Oetker, Hartmut/Limperg, Bettina, 8. Aufl., München 2018 (zit. MüKo BGB/Bearbeiter).

Münchener Kommentar zum Bürgerlichen Gesetzbuch: Bd. V/1, §§ 631–651, hrsg. v. Säcker, Franz Jürgen/Rixecker, Roland/Oetker, Hartmut/Limperg, Bettina, 7. Aufl., München 2018 (zit. MüKo BGB/Bearbeiter).

Münchener Kommentar zum Bürgerlichen Gesetzbuch: Bd. V/2, §§ 651a–704, hrsg. v. Säcker, Franz Jürgen/Rixecker, Roland/Oetker, Hartmut/Limperg, Bettina, 7. Aufl., München 2017 (zit. MüKo BGB/Bearbeiter).

Münchener Kommentar zum Bürgerlichen Gesetzbuch: Bd. 6, §§ 705–853, hrsg. v. Säcker, Franz Jürgen/Rixecker, Roland/Oetker, Hartmut/Limperg, Bettina, 7. Aufl., München 2017 (zit. MüKo BGB/Bearbeiter).

Münchener Kommentar zum Bürgerlichen Gesetzbuch: Bd. 7, §§ 854–1296, hrsg. v. Säcker, Franz Jürgen/Rixecker, Roland/Oetker, Hartmut/Limperg, Bettina, 7. Aufl., München 2017 (zit. MüKo BGB/Bearbeiter).

Münchener Kommentar zum Bürgerlichen Gesetzbuch: Bd.IX, §§ 1922–2385, hrsg. v. Säcker, Franz Jürgen/Rixecker, Roland/Oetker, Hartmut, 6. Aufl., München 2013 (zit. MüKo BGB/Bearbeiter).

Münchener Kommentar zum Bürgerlichen Gesetzbuch: Bd.X, §§ 1922–2385, hrsg. v. Säcker, Franz Jürgen/Rixecker, Roland/Oetker, Hartmut/Limperg, Bettina, 7. Aufl., München 2017 (zit. MüKo BGB/Bearbeiter).

Münchener Kommentar zur Zivilprozessordnung: Bd.II, §§ 355–945b, mit Gerichtsverfassungsgesetz und Nebengesetzen, hrsg. v. Rauscher, Thomas/ Krüger, Wolfgang, 5. Aufl., München 2016 (zit. MüKo ZPO/Bearbeiter).

Mugdan, Benno (Hrsg.): Die gesamten Materialien zum Bürgerlichen Gesetzbuch für das Deutsche Reich, Bd.I, Einführungsgesetz und Allgemeiner Teil, Berlin 1899 (zit. Mugdan, Bd. I).

Mugdan, Benno (Hrsg.): Die gesamten Materialien zum Bürgerlichen Gesetzbuch für das Deutsche Reich, Bd.II, Recht der Schuldverhältnisse, Berlin 1899 (zit. Mugdan, Bd. II).

Mugdan, Benno (Hrsg.): Die gesamten Materialien zum Bürgerlichen Gesetzbuch für das Deutsche Reich, Bd.V, Erbrecht, Berlin 1899 (zit. Mugdan, Bd. V).

Muscheler, Karlheinz: Die Rechtsstellung der Stiftungsdestinatäre, WM 2003, S. 2213–2221.

Muscheler, Karlheinz: Die unselbständige Stiftung, in: Andrick, Bernd/Hellmig, Gerd/Janitzki, Axel/Muscheler, Karlheinz (Hrsg.), Die Stiftung, Jahreshefte zum Stiftungswesen, 1. Jahrgang 2007, Frankfurt am Main u.a. 2007, S. 59–86.

Muscheler, Karlheinz: Das Vor- und Nachvermächtnis, AcP 2008, S. 69–100.

Muscheler, Karlheinz: Erbrecht, Bd.I+II, Tübingen 2010.

Muscheler, Karlheinz: Anmerkung zum Urteil des BGH vom 07.10.2009, Az.Xa ZR 8/08, NJW 2010, S. 341–344.

Muscheler, Karlheinz: Stiftungsrecht. Gesammelte Beiträge. 2. Aufl., Baden-Baden 2011.

Muscheler, Karlheinz: Die unselbständige Stiftung von Todes wegen, ZEV 2014, S. 573–579.

Muscheler, Karlheinz: Die unselbständige Stiftung von Todes wegen und unter Lebenden, ErbR 2016, S 358–370.

Nieder, Heinrich; Kössinger, Reinhard; Kössinger, Winfried (Hrsg.): Handbuch der Testamentsgestaltung, 5. Auflage, München 2015.

Neuhoff, Klaus: Testamentsvollstreckung bei Stiftungen als grundsätzliches Rechtsproblem, ZSt 2008, S. 77–79.

Ott-Eulberg, Michael; Schebesta, Michael; Bartsch, Herbert (Hrsg.): Erbrecht und Banken, 3. Aufl., Bonn 2018.

Palandt, Otto: Bürgerliches Gesetzbuch mit Nebengesetzen, Kommentar, bearb. v. Brudermüller, Gerd/Ellenberger, Jürgen/Götz, Isabell u.a., 78. Aufl., München 2019 (zit. Palandt/Bearbeiter).

Pecina, Andrea Dominique: Die unselbständige Stiftung. Gestaltungen und Konstruktionen. Hamburg 2017 (zugl. Diss. Hamburg 2017) (zit. Pecina, Unselbständige Stiftung).

Pleimes, Dieter: Irrwege der Dogmatik im Stiftungsrecht, Münster, Köln 1954 (zugl. Habil. Berlin o.J.).

Rawert, Peter: Von süffigen Parolen, einem dicken Sargnagel und der Philosophie des „Als ob" – Karsten Schmidt und das Stiftungsrecht, in: Festschrift für Karsten Schmidt, Köln 2009, S. 1323–1341 (zit. Rawert, in: FS für Karsten Schmidt).

Reichsgerichtsräte-Kommentar BGB: Das Bürgerliche Gesetzbuch: mit besonderer Berücksichtigung der Rechtsprechung des Reichsgerichts und des Bundesgerichtshofs, hrsg. v.d. Mitgliedern des Bundesgerichtshofes, Bd.I, §§ 1–240, 12. Aufl., Berlin u.a. 1982 (zit. RGRK BGB/Bearb.).

Reichsgerichtsräte-Kommentar BGB: Das Bürgerliche Gesetzbuch: mit besonderer Berücksichtigung der Rechtsprechung des Reichsgerichts und des Bundesgerichtshofs, hrsg. v.d. Mitgliedern des Bundesgerichtshofes, Bd.II/4, §§ 631–811, 12. Aufl., Berlin u.a. 1978 (zit. RGRK BGB/Bearb.).

Reichsgerichtsräte-Kommentar BGB: Das Bürgerliche Gesetzbuch: mit besonderer Berücksichtigung der Rechtsprechung des Reichsgerichts und des Bundesgerichtshofs, hrsg. v.d. Mitgliedern des Bundesgerichtshofes, Bd.V/1, §§ 1922–2146, 12. Aufl., Berlin u.a. 1974 (zit. RGRK BGB/Bearb.).

Reichsgerichtsräte-Kommentar BGB: Das Bürgerliche Gesetzbuch: mit besonderer Berücksichtigung der Rechtsprechung des Reichsgerichts und des Bundesgerichtshofs, hrsg. v.d. Mitgliedern des Bundesgerichtshofes, Bd.V/2, §§ 2147–2385, 12. Aufl., Berlin u.a. 1975 (zit. RGRK BGB/Bearb.).

Reimann, Wolfgang: Die rechtsfähigen Stiftungen in der Kautelarpraxis, DNotZ 2012, S. 250–269.

Reimann, Wolfgang; *Bengel, Manfred*; *Mayer, Jörg (Hrsg.)*: Testament und Erbvertrag, 6. Aufl., Köln 2015.

Reithmann, Christoph: Erbverträge zwischen mehr als zwei Beteiligten, DNotZ 1957, S. 527–534.

Reuter, Dieter: Die unselbständige Stiftung, in: Campenhausen, Axel Frhr. von/ Kronke, Herbert/Werner, Olaf (Hrsg.), Stiftungen in Deutschland und Europa, Düsseldorf, 1998, S. 203–228.

Richter, Andreas (Hrsg.): Stiftungsrechts-Handbuch, 4. Aufl., München 2014.

Richter, Andreas (Hrsg.): Stiftungsrecht, München 2019.

Rißmann, Stephan (Hrsg.): Die Erbengemeinschaft, 3. Aufl., Bonn 2019.

Rohrberg-Braun, Nina: Die unselbständige Stiftung in der Insolvenz. Frankfurt a.M. 2016 (zugl. Diss. Kiel 2016) (zit. Rohrberg-Braun, Unselbständige Stiftung in der Insolvenz).

Roth, Wolfgang; *Maulbetsch, Thomas*; *Schulte, Johannes*: Vermächtnisrecht, München 2013.

Röthel, Anne: Was bringt die Pflichtteilsreform für Stiftungen?, ZEV 2008, S. 112–116.

Rudolf, Michael; *Bittler, Jan*; *Seiler-Schopp (Hrsg.):* Handbuch der Testamentsauslegung, 2. Aufl., Bonn 2013.

Sachs, Michael: Grundgesetz, Kommentar, 8. Aufl., München 2018 (zit. Sachs/Bearbeiter).

Savigny, Carl Friedrich v.: System des heutigen römischen Rechts, Bd.II, Berlin 1840.

Schack, Haimo: Weiterleben nach dem Tode – juristisch betrachtet, JZ 1989, S. 609–615.

Schauer, Dirk: Die unselbständige Stiftung von Todes wegen – Sicherung der Kontrolle des Stiftungsträgers mit erbrechtlichen Gestaltungsmitteln, npoR 2013, S. 120–125.

Schauhoff, Stephan (Hrsg.): Handbuch der Gemeinnützigkeit, 3. Aufl., München 2010 (zit. Bearbeiter, in: Schauhoff (Hrsg.), Gemeinnützigkeit).

Scherer, Stephan (Hrsg.): Münchener Anwaltshandbuch Erbrecht, 5. Aufl., München 2018.

Schewe, Markus: Die Errichtung der rechtsfähigen Stiftung von Todes wegen. Frankfurt am Main u.a. 2004 (zugl. Diss. Bochum 2003).

Schewe, Markus: Stiftung und Dauertestamentsvollstreckung, ZEV 2012, S. 236–241.

Schewe, Markus: Errichtung einer unselbständigen Stiftung von Todes wegen, in: Beck'sche Online-Formulare Erbrecht, 24. Edition, 3.7 (abrufbar in beck-online).

Schiffer, Jan K.: Rechtsfähige Treuhandstiftung?, StiftungsrechtPlus 7/2010, Veröffentlicht unter: http://www.stiftungsrecht-plus.de/fachinterviews/dr-patrick-bruns/index.html (Stand: 13.10.2019).

Schiffer, Jan K.: Anmerkung zum Urteil des BGH vom 07.10.2009, Az.Xa ZR 8/08, BB 2010, S. 79–80.

Schiffer, Jan K. (Hrsg.): Die Stiftung in der Beraterpraxis, 4. Aufl., Bonn 2016.

Schlitt, Gerhard; *Müller, Gabriele (Hrsg.):* Handbuch Pflichtteilsrecht, 2. Aufl., München 2016.

Schlüter, Andreas; *Stolte, Stefan*: Stiftungsrecht, 3. Aufl., München 2016.

Schmidt, Karsten: „Ersatzformen" der Stiftung Unselbständige Stiftung, Treuhand und Stiftungskörperschaft, in: Hopt, Klaus J./Reuter, Dieter (Hrsg.), Stiftungsrecht in Europa, Köln 2001, S. 175–195.

Schmidt, Ludwig, Einkommensteuergesetz, hrsg. v. Weber-Grellet, Heinrich, 38. Aufl., München 2019 (Schmidt EStG/Bearbeiter).

Schmidt, Oliver: Vermögenszuwendung und Festlegung des Stiftungszwecks bei der Errichtung unselbständiger Stiftungen von Todes wegen, ZEV 2003, S. 316–319.

Schmidt, Marika; *Fritz, Thomas*: Die gemeinnützige nichtrechtsfähige Stiftung – Gestaltungsmöglichkeiten, Stiftung&Sponsoring 2003, Heft 5, S. 16–20.

Schreuer, Hans: Die Elly-Hölterhoff-Böcking-Stiftung der Universität Bonn, in: Schreiber, Otto (Hrsg.), Die Reichsgerichtspraxis im deutschen Rechtsleben, Festgabe der juristischen Fakultäten zum 50jährigen Bestehen des Reichsgerichts, Bd.2, Berlin/Leipzig 1906, S. 306–326.

Schulz, Peter; *Werz, Stefan*: Die (unselbständige) Treuhandstiftung – Eine attraktive Alternative zur selbständigen Stiftung, Vorteile und aktuelle Probleme, ErbStB 2006, S. 224–227.

Schulze, Reiner: Die Gegenwart des Vergangenen. Zu Stand und Aufgaben der Stiftungsrechtsgeschichte, in: Hopt, Klaus J./Reuter, Dieter (Hrsg.), Stiftungsrecht in Europa, Köln 2001, S. 55–72.

Settels, Marion: Destinatsleistungen und andere satzungsmäßige Zuwendungen als Schenkungen. Baden-Baden 2016 (zugl. Diss. Bonn 2016) (zit. Settels, Destinatsleistungen).

Seyfarth, Sabine: Der Schutz der unselbstständigen Stiftung. Gefahrenlagen, Schutzmöglichkeiten, Schutzlücken. Baden-Baden 2009 (zugl. Diss. Jena 2008) (zit. Seyfarth, Schutz der unselbstständigen Stiftung).

Soergel, Hans-Theodor: Bürgerliches Gesetzbuch, Kommentar, Bd.I – Allgemeiner Teil 1, §§ 1–103, hrsg. v. Siebert, Wolfgang, 13. Aufl., Stuttgart 2000 (zit. Soergel BGB/Bearbeiter).

Soergel, Hans-Theodor: Bürgerliches Gesetzbuch, Kommentar, Bd.X – Schuldrecht 8, §§ 652–704, hrsg. v. Siebert, Wolfgang, 13. Aufl., Stuttgart 2012 (zit. Soergel BGB/Bearbeiter).

Soergel, Hans-Theodor: Bürgerliches Gesetzbuch, Kommentar, Bd.XXI – Erbrecht 1 §§ 1922–2063, hrsg. v. Siebert, Wolfgang, 13. Aufl., Stuttgart 2002 (zit. Soergel BGB/Bearbeiter).

Soergel, Hans-Theodor: Bürgerliches Gesetzbuch, Kommentar, Bd.XXII – Erbrecht 2, §§ 2064–2273, §§ 1–35 BeurkG, hrsg. v. Siebert, Wolfgang, 13. Aufl., Stuttgart 2002/2003 (zit. Soergel BGB/Bearbeiter).

Soergel, Hans-Theodor: Bürgerliches Gesetzbuch, Kommentar, Bd.XXIII – Erbrecht 3, §§ 2274–2385, hrsg. v. Siebert, Wolfgang, 13. Aufl., Stuttgart 2002 (zit. Soergel BGB/Bearbeiter).

Staudinger, Julius v.: J. von Staudingers Kommentar zum Bürgerlichen Gesetzbuch mit Einführungsgesetzen und Nebengesetzen, Buch 1, §§ 80–89, bearb. v. Hüttemann, Rainer/Rawert, Peter, Neubearb. Berlin 2017 (zit. Staudinger/Bearbeiter).

Staudinger, Julius v.: J. von Staudingers Kommentar zum Bürgerlichen Gesetzbuch mit Einführungsgesetzen und Nebengesetzen, Buch 2, §§ 662–675b, bearb. v. Martinek, Michael/Omlor, Sebastian, Neubearb. Berlin 2017 (zit. Staudinger /Bearbeiter).

Staudinger, Julius v.: J. von Staudingers Kommentar zum Bürgerlichen Gesetzbuch mit Einführungsgesetzen und Nebengesetzen, Buch V, Einleitung zum Erbrecht, §§ 1922–1966, bearb. v. Kunz, Lena/Mesina, Tanja/Otte, Gerhard u.a., Neubearb. Berlin 2017 (zit. Staudinger/Bearbeiter).

Staudinger, Julius v.: J. von Staudingers Kommentar zum Bürgerlichen Gesetzbuch mit Einführungsgesetzen und Nebengesetzen, Buch V, §§ 1967–2063, bearb. v. Dobler, Katrin/Dutta, Anatol/Gursky Karl-Heinz u.a., Neubearb. Berlin 2016 (zit. Staudinger/Bearbeiter).

Staudinger, Julius v.: J. von Staudingers Kommentar zum Bürgerlichen Gesetzbuch mit Einführungsgesetzen und Nebengesetzen, Buch V, §§ 2064–2196, bearb. v. Avenarius, Martin/Otte, Gerhard, Neubearb. Berlin 2013 (zit. Staudinger/ Bearbeiter).

Staudinger, Julius v.: J. von Staudingers Kommentar zum Bürgerlichen Gesetzbuch mit Einführungsgesetzen und Nebengesetzen, Buch V, §§ 2197–2228, bearb. v. Reimann, Wolfgang, Neubearb. Berlin 2016 (zit. Staudinger/Bearbeiter).

Staudinger, Julius v.: J. von Staudingers Kommentar zum Bürgerlichen Gesetzbuch mit Einführungsgesetzen und Nebengesetzen, Buch V, §§ 2229–2264, bearb. v. Baumann, Wolfgang, Neubearb. Berlin 2018 (zit. Staudinger/Bearbeiter).

Staudinger, Julius v.: J. von Staudingers Kommentar zum Bürgerlichen Gesetzbuch mit Einführungsgesetzen und Nebengesetzen, Buch V, §§ 2265–2302, bearb. v. Kanzleiter, Rainer, Neubearb. Berlin 2019 (zit. Staudinger/Bearbeiter).

Staudinger, Julius v.: J. von Staudingers Kommentar zum Bürgerlichen Gesetzbuch mit Einführungsgesetzen und Nebengesetzen, Buch V, §§ 2303–2345, bearb. v. Herzog, Stephanie/Olshausen, Wolfgang/Otte, Gerhard, Neubearb. Berlin 2015 (zit. Staudinger/Bearbeiter).

Staudinger, Julius v.: J. von Staudingers Kommentar zum Bürgerlichen Gesetzbuch mit Einführungsgesetzen und Nebengesetzen, Buch V, §§ 2346–2385, bearb.

v. Herzog, Stephanie/Olshausen, Wolfgang/Otte, Schotten/Günther, Berlin 2016 (zit. Staudinger/Bearbeiter).

Stein, Friedrich; *Jonas, Martin*: Kommentar zur Zivilprozessordnung, Bd.7, §§ 704–802, bearb. v. Berger, Christian/Bork, Reinhard/Brehm, Wolfgang u.a., 22. Aufl., Tübingen 2002 (zit. Stein/Jonas ZPO/Bearbeiter).

Steffek, Andreas: Die Anforderungen an das Stiftungsgeschäft von Todes wegen. Baden-Baden 1996 (zugl. Diss. Jena 1996) (zit. Steffek, Anforderungen an das Stiftungsgeschäft von Todes wegen).

Streck, Michael: Die Steuerpflicht nichtrechtsfähiger Stiftungen und anderer Zweckvermögen, StuW 1975, S. 135–146.

Strickrodt, Georg: Stiftungsrecht. Geltende Vorschriften und rechtspolitische Vorschläge, 2. Aufl., Baden-Baden 1977.

Strohal, Emil: Das deutsche Erbrecht, 2. Aufl., Berlin 1901.

Strothmann, York: Privatautonome Gestaltungsfreiheit im Recht der Verfügung von Todes wegen, JURA 1982, Heft 7, S. 349–358.

Stumpf, Christian: Auflösung und Satzungsänderung bei unselbständigen Stiftungen, in: Andrick, Bernd/Gantenbrink, Matthias/Janitzki, Axel/-Muscheler, Karlheinz/Schewe, Markus (Hrsg.), Die Stiftung, 11. Jg., Frankfurt a.M. u.a. 2017.

Stumpf, Christoph; *Joachim, Suerbaum*; *Schulte, Martin*; *Pauli, Rudolf*: Stiftungsrecht, Kommentar, 3. Aufl., München 2018.

Sturm, Norbert: Der Vollziehungsberechtigte der erbrechtlichen Auflage und seine Befugnisse. Konstanz 1985 (zugl. Diss. Konstanz 1985).

Stürner, Rolf: Gemeinschaftliches Testament, Wiederverheiratungsklausel und Vermächtnis des überlebenden Ehegatten, JZ 1983, S. 149–150.

Thoma, Katrin; *Söffing, Andreas*: Ausgewählte Beratungsaspekte im Gemeinnützigkeits- und Stiftungsrecht, BB 2003, S. 1091–1093.

Troll, Max; *Gebel, Dieter*; *Jülicher Marc*; *Gottschalk, Paul Richard*: Erbschaftsteuer- und Schenkungsteuer-Gesetz mit Bewertungsrecht und Verfahrensrecht, Loseblatt, Stand: 57. Ergänzungslieferung, München 2019 (zit. Troll/Gebel/Jülicher u.a. ErbStG/Bearbeiter).

Uhlenbruck, Wilhelm; *Hirte, Heribert*; *Vallender, Heinz (Hrsg.)*: Insolvenzordnung, Kommentar, 14. Aufl., München 2015 (zit. Uhlenbruck/Hirte/Vallender InsO/Bearbeiter).

Uricher, Elmar (Hrsg.): Erbrecht, 3. Aufl., Baden-Baden 2017.

Vorwerk, Volkert: Geldzuwendung durch erbrechtliche Auflage, ZEV 1998, S. 297–298.

Wachter, Thomas: Anmerkung zum Urteil des OLG Stuttgart vom 10.06.2009, Az.8 W 501/08, ZEV 2010, S. 201–202.

Werner, Almuth: Wirtschaftliche Selbständigkeit und Vermögenstrennung – steuerliche und zivilrechtliche Perspektiven auf die „Eigenständigkeit" unselbständiger Stiftungen. Zugleich eine Besprechung der Verfügung der ODF Frankfurt vom 30.08.2011, ZStV 2012, S. 129–135.

Werner, Almuth: Anmerkung zum Beschluss des OLG München vom 28.05.2014, Az.31 Wx 144/13, ZStV 2010, S. 144–146.

Werner, Olaf; Saenger, Ingo; Fischer, Christian (Hrsg.): Die Stiftung. Recht, Steuern, Wirtschaft. 2. Aufl., Baden-Baden 2019.

Werner, Rüdiger: Aktuelle Probleme der unselbständigen Stiftung, ZErb 2013, S. 1–6.

Westebbe, Achim: Die Stiftungstreuhand. Eine Untersuchung des Privatrechts der unselbständigen gemeinnützigen Stiftung mit rechtsvergleichenden Hinweisen auf den charitable trust. Baden-Baden 1993 (zugl. Diss. Hamburg 1993) (zit. Westebbe, Stiftungstreuhand).

Wigand, Klaus; Haase-Theobald, Cordula; Heuel, Markus; Stolte, Stefan: Stiftungen in der Praxis, 4. Aufl., Wiesbaden 2015.

Wieczorek/Schütze: Zivilprozessordnung und Nebengesetze, Großkommentar, Bd.9, §§ 724–802l, hrsg. v. Schütze, Rolf A., 4. Aufl., Berlin, Boston 2016 (zit. Wieczorek/Schütze ZPO/Bearbeiter).

Windscheid, Bernhard: Lehrbuch des Pandektenrechts, 6. Aufl., Bd.1, Frankfurt a.M. 1887.

Wochner, Georg: Stiftungen und stiftungsähnliche Körperschaften als Instrumente dauerhafter Vermögensbindung, MittRhNotK 1994, S. 89–112.

Wochner, Georg: Die unselbständige Stiftung, ZEV 1999, S. 125–132.